REVOLUÇÃO
O tempo da transformação chegou

Copyright© 2018 by Literare Books International.
Todos os direitos desta edição são reservados à Literare Books International.

Presidente:
Mauricio Sita

Capa:
Cândido Ferreira Jr.

Diagramação:
Lucas Chagas e Gabriel Uchima

Revisão:
Camila Oliveira e Giovanna Campos

Diretora de Projetos:
Gleide Santos

Diretora de Operações:
Alessandra Ksenhuck

Diretora Executiva:
Julyana Rosa

Relacionamento com o cliente:
Claudia Pires

Impressão:
Epecê

Dados Internacionais de Catalogação na Publicação (CIP)
(eDOC BRASIL, Belo Horizonte/MG)

R454   Revolução: o tempo da transformação chegou / Coordenadores
        Edilson Menezes, Massaru Ogata, Maurício Sita. – São Paulo
        (SP): Literare Books International, 2018.
        16 x 23 cm

        ISBN 978-85-9455-049-1

        1. Empreendedorismo. 2. Motivação. 3. Sucesso nos negócios.
        I.Menezes, Edilson. II. Ogata, Massaru. III. Sita, Maurício.
                                                        CDD 658.4

Elaborado por Maurício Amormino Júnior – CRB6/2422

Literare Books International Ltda
Rua Antônio Augusto Covello, 472 – Vila Mariana – São Paulo, SP
CEP 01550-060
Fone/fax: (0**11) 2659-0968
site: www.literarebooks.com.br
e-mail: contato@literarebooks.com.br

REVOLUÇÃO

O tempo da transformação chegou

Coaches, treinadores e outros grandes mestres mostram como fazer a diferença e vencer, fazendo diferente

Sumário

A essência da transformação
A. Damião Freitas Jr. 7

Revolucione sua qualidade de vida
Ana Maria Bicalho Perrucci 15

Perfis das gerações sobrepostas e a quarta revolução industrial
Bárdia Tupy 25

Revolução sob o olhar quântico, sistêmico, ecológico e biopsicossocial
Beth Lima 31

Uma fantástica jornada em busca do ser
Cibele Correia 39

O autoconhecimento é a chave do sucesso
Denilda de Paulo Duarte Lima 47

Revolucione seus resultados com a gestão do pensamento e das emoções
Douglas De Matteu, PhD 55

Life coaching: realizando sonhos não sonhados
Dr. João Dilavor 63

A estrada do sucesso está sempre em construção
Dra. Janáine Vieira Donini 71

Casais de alta *performance*: como conseguir um relacionamento saudável e feliz!
Dra. Letícia Guedes 77

Carreiras em revolução: como o *coaching* e a mentoria são essenciais para vencer nesta exponencial mudança de era
Edileni Leão 85

Simples passos para ser uma pessoa produtiva
Edson Garcia Soares 93

Eu empreendedor, a revolução do talento e da ousadia: uma cultura a ser criada
Eliana Scherbak & Lia Helena Giannechini 99

Como se livrar do peso do passado
Ezilda Zandonadi Machado 107

Ferramental para revolução de carreira e vida pessoal
Fábio Arruda 115

Revoluções integrais
Fábio Peres..125

Coaching como facilitador no tratamento de diabéticos do tipo II
Francisco Chagas..133

A vida é uma questão de escolha
Giselle Roncada...141

Inteligência emocional: transformando sonho pessoal e profissional em realidade
Keli Salvadori..149

E se...
Kelly Camargo Neiverth..157

Luto & *coaching*
Léo Alves...163

Por uma gestão mais simples e ágil
Leonardo Fonseca...169

Desperte para as mudanças
Leyde Muniz..177

Presença da dimensão da espiritualidade no *coaching*
Lindevany Hoffimann...185

Novos desafios: as lideranças globais e a verdadeira sustentabilidade
Lúcia Mendonça...193

Pensamentos e emoções comandam sua vida?
Lucimara Pizzotti...201

O segredo das alianças poderosas
Luís Gonzaga..207

Strategic thinking for business
Planejar para revolucionar
Luiz Alberto Marchetti Maia..215

Mentoria sistêmica
Marcelo Canal..223

Hackeando sua mente
Mario Takeda...231

Sumário

Me, mim, comigo: a revolução da vida
Marisa Fernandes 241

Mulher à frente do seu tempo: como revolucionar e contribuir para um mundo melhor na sociedade patriarcal
Marlene Caleffo 249

Coaching e constelações sistêmicas: sintonizando com cavalos
Marly Cordeiro 257

Como nossas crenças podem impedir a nossa evolução: identifique e supere suas crenças limitantes
Mônica Alves 263

Qualidade de vida sistêmica
Paula Caputo 271

O que você está fazendo com a sua vida?
Paulo Moreno 279

Uma mulher que decidiu mudar
Pri Queiroz 287

Eneagrama das personalidades: o caminho seguro para a alta *performance* nos relacionamentos pessoais e profissionais
Renato Bittencourt 295

Somos vítimas, não se culpe. Cure-se!
Roberto Almeida 303

O caminho para a mudança
Sandra Nunes Lorenzato 317

O *coach* na sociedade 5.0
Sirlene Costa Ms 325

(R)evolução da felicidade
Thomaz Fischer Levy 331

A revolução é a arte para evoluir
Vanessa Pacheco 339

Carreira: seis momentos cruciais
Walace Alves 345

1

A essência da transformação

Equilíbrio necessário que entrepõe
as relações humanas

A. Damião Freitas Jr.

A. Damião Freitas Jr.

Advanced Coach na metodologia Comportamental Evolutivo, certificado pelo Instituto Edson De Paula, *Trainer Training* em PNL. Certificado pela Actius, graduado em Engenharia de Produção Mecânica pela Unip Campinas. MBA em Gestão de Pessoas com Ênfase em Estratégia pela FGV. Instrutor e docente em técnicas profissionalizantes nas áreas de ENDs, tendo preparado centenas de profissionais para o mercado de trabalho. Possui mais de 30 anos de experiência em empresa multinacional, focado nas áreas de manutenção e engenharia, conhecimento de diversas ferramentas de confiabilidade e habilidades em vários departamentos organizacionais. Fundador, presidente e *trainer* na empresa IAC *Coaching*, palestrante, consultor e mentor em comportamento humano, gestão de pessoas e desenvolvimento de times de alta *performance*. Coautor do livro *Novo Manual de Coaching*, pela editora *Literare Books*. Consultor e analista de perfil comportamental, certificado pela ETalent.

Contatos
www.iaccoaching.com.br
damiaofreitas@iaccoaching.com.br
facebook.com/iaccoaching/
(19) 99381-3237

Estamos vivendo num sistema dinâmico que exige de cada um de nós um entendimento e compreensão cada vez maior de seu eu interior, pois é fundamentalmente necessário o reencontro com suas constâncias e, principalmente, de suas irresoluções, em que estas o destroem, tendo como alvo bloquear e/ou anular suas conquistas, distanciando-o cada vez mais de suas metas e, por fim, eliminar a possibilidade do sucesso.

Saber interpretar estas irresoluções explicitando-as aos detalhes o fará ter uma visão clara do que é necessário para empoderar suas qualidades imbuídas à sua essência, influenciando-se para reverter quaisquer situações indesejadas e, consequentemente, imergir-se no que de fato se propôs, pois as energias desprendidas para manter-se nesta fase de superação irão o auxiliar, aumentando as possibilidades de extrair ações e estratégias para anular e reverter qualquer adversidade, sobretudo, irá elevar este ciclo, valorizando os avanços e não permitindo que seja impresso um rótulo de que você não é capaz.

No decorrer de nossas vidas, nos deparamos com as crises e suas realidades, elas são existenciais; então, reassuma o controle e siga em frente. Obstáculos sempre existiram, mas a pergunta é: como você encara tudo isso? Reflita... Permitir, identificar, priorizar, agir e acompanhar os resultados, desta forma, facilitará a se tornar merecedor das conquistas que pensava estar distante ou mesmo aquelas tidas como impossíveis.

Acredite em você, tudo é uma sistêmica e organizada estrutura, em que a ciência do *coaching* comportamental auxiliará neste processo de realinhamento, tendo em vista sua evolução.

As metodologias empregadas no desenvolvimento humano são das mais variadas, porém não podemos perder a essência que nos trouxe até aqui. Desta forma, acredito em um processo humanista no qual a criação envolve-se em fases, de tal forma, a ter uma progressão sustentável a cada uma delas.

Todo aprendizado tem como base quatro fases, descritas em detalhes no livro "*Novo manual de coaching*". Devemos entender claramente para seguir o passo a passo, assim a evolução, inevitavelmente, será conquistada e, consequentemente, nossa consciência será ampliada de modo expressivo diante da necessidade de interação aos limites impostos por nós mesmos, colocando em prática aquilo que acreditamos e nos comprometemos, para que jamais percamos a referência.

Nestes processos de desenvolvimento faz-se necessário o compromisso consigo mesmo, em que a sustentação entre as etapas é fundamental, pois será este o propulsor para sua evolução.

Todos nós já pensamos em fazer a tão sonhada mudança e torná-la uma revolução, algo que irá elevar todos os níveis de nossas vidas a fatores antes jamais sonhados, contudo, esquecemo-nos do princípio básico que delimita as ações e coloca em jogo o sucesso desta tão esperada transição.

Deparamo-nos com motivos lógicos e evidenciáveis pelos quais é necessário desafiar-se, porém devemos considerar algumas variáveis que acompanham o nosso ser, que interpõem as relações humanas, bem como a consecução de um objetivo. Nossa consciência, sim, ela é fundamentada e pode antever alguns fatores que influenciam de maneira positiva e/ou negativa a trajetória, podendo ela superar a si própria, expandindo o entendimento principal em decorrência das formas e da alusão. Podemos dizer que ela é um atributo de nosso espírito, de nossa mente e dos pensamentos. Portanto, devemos considerar como algo imprescindível.

A existência de fatores irrefutáveis que influenciam as tomadas de decisões, baseadas no consciente, nos permite refletir sobre as possibilidades para alcançar nossos objetivos, porém, sem nos esquecer dos fundamentos que nos impulsionam, sendo estes a inteligência e a moral, que também regem a possibilidade para aprisionar, distanciar ou até mesmo interromper esse caminho. Os pensamentos são fatores-chave para estreitar as estratégias, provocar a inundação de prazeres próprios, bem como, pelo mesmo motivo, aumentar a abrangência do todo para todos, isso significa que a revolução de um simples ativo inunda de expectativa e exacerba o querer fazer a diferença, visando a mudança que tanto almejamos para sermos melhores.

Esses pensamentos fazem alçar-se, sim, o modo de superação interna que todos nós devemos cultivar, desde que seja autêntica a razão pela qual nos dispomos a evoluir. O caminho a percorrer em prol do autodesenvolvimento é sinuoso, porém tangível. Contudo, os esforços empregados para sairmos da estagnação serão evidenciados pelos resultados obtidos pela trajetória anteriormente traçada e fundamentada como vital.

Todo esse processo nos remete a perguntar: quem somos? Principalmente, fazer refletir sobre o ponto de vista de "conheça-te a ti mesmo", pois somente amparado nas reais circunstâncias, poderá galgar as melhorias. Interação, compartilhamento, doar-se para si e aos outros o tornará digno do que tem e de tudo que está por vir.

Sobretudo, para alcançarmos nossos objetivos, temos que elencar e acreditar em cada passo, mas o não fomentar o fará regredir, e uma vez nesta situação, as dificuldades serão maiores e o tempo investido para reverter não estará de acordo com seus propósitos. Desta forma, a energia desprendida atingirá níveis nunca vividos, ocasionando estresse, irritação, perda de foco e descomprometimento.

As fases mencionadas o farão aspirar intensamente de modo diferenciado viver a vida, buscando cada vez mais as suas qualidades, potencializando o que já tem de bom, eliminando os *gaps e overlaps*[1], fazendo com que possa extrair o néctar de cada momento e desprezar o que não lhe pertence. Assim, a dissipação de energia será controlada com tendência a anular as interferências, de modo a acentuar o seu melhor, ampliando o olhar sobre o ambiente e avivando a felicidade plena pelo mérito da conquista de mais uma etapa em sua vida.

Essas etapas se dão em forma de desafios, medos e desencontros, provoca um dissabor momentâneo, nada bom às rotinas preestabelecidas, mas saber enfrentá-los nos enaltece, e o aprendizado deferido nesta jornada, bem como a maneira de felicitar e manter as rédeas de sua vida, faz-nos mais exuberantes a cada instante e salienta a importância do compartilhamento intrínseco, nos quais os sinais mais visíveis correspondem à dádiva de ser você mesmo em quaisquer situações, respeitando seus limites, sem acometer seus princípios éticos e morais.

A pretensão contínua deve ser a mudança pela ordem, que nos faz perceber o todo. Porém, se não entendermos a real razão pela qual estamos neste processo evolutivo, nada adiantará, pois a maior revolução começa em nosso interior, contudo, podemos salientar a importância da interação do meio interior para o exterior, unificando as energias em prol de algo maior.

Redirecionamentos existem e fazem parte desse processo, não se deixe envolver por fatores negativos, entretanto, deve estar disposto a enfrentar qualquer adversidade que estiver à frente, sendo congruente e assertivo, sem ser jamais irascível, pois o exercício que lhe foi apresentado, para alcançar e até exceder as circunstâncias, o fará resiliente. Desta forma, possibilitará o reencontro com sua excelência, potencializando os atributos a você confiados.

1- *Gaps* – Lacunas, intervalo, distanciamento.
   Overlaps – Sobreposição, envoltório.

Portanto, incentivo você a almejar sua essência, desejando-lhe amplitude de decisão e, consequentemente, nas ações, proporcionando-lhe reflexões que possam auxiliá-lo, fazendo-o hoje, melhor do que ontem.

Acredite, pois somente você fará a diferença, seja a si próprio e/ou ao ambiente. Nunca deixe de ser feliz, afinal, a felicidade é momentânea e a sabedoria em conquistá-la a cada momento se faz necessária para tranquilizar a nossa alma e proporcionar um livre e solto pensamento confirmatório, este, sim, eficaz para a evolução humana.

Conhecer seus pontos fortes e, principalmente, aqueles que facilmente transcendem sobre as dificuldades também irá conduzi-lo à essência. É importante ressaltar que pessoas de sucesso são aquelas que acentuam e maximizam suas forças e minimizam suas fraquezas. Portanto, saiba extrair o sucesso das oportunidades, tenha visão analítica, quebre os paradigmas, elimine as ameaças, resguarde os fundamentos-base; não digo que devemos eliminar os pontos fracos e sim ressignificá-los e revolucioná-los de tal maneira, que lhe possibilite viver todas as possibilidades do sucesso auferido. Essa análise de modo integral nos pontos considerados oportunos fundamenta a consciência profusa, revertendo quaisquer desencontros que interfiram em sua projeção e que possam impedir seu desempenho pessoal e profissional. O tempo sempre foi o mesmo, sobretudo a nós mortais, por isso, devemos fazer uso com sabedoria para que perseveremos na caminhada desta fase chamada "Vida". Desde os tempos antigos até os contemporâneos, podemos observar que todos os seres humanos tendem a ter a obstinação às mesmas coisas – sucesso, fama, dinheiro, felicidade, amor, amizade, enfim, realizações pessoais e profissionais. Porém, não damos ênfase ou não consideramos a essência do ser, fazer e ter. Cada fase exige de nós o saber exatamente quais serão as ações a serem realizadas e aperfeiçoadas, contudo, que sejamos éticos.

A participação efetiva dentro do processo de evolução delineará tudo a seu redor, a fim de contemplar a tão esperada revolução, sobretudo, terá suas convicções e virtudes fortalecida, tendo em vista que quando colocamos à frente aquilo que acreditamos, o ambiente conspira a nosso favor e nos proporciona o alcance de tudo que almejamos, todavia, que respeitemos as leis da física, dentro da visão do desenvolvimento humano, repouso de movimento/força resultante/toda ação uma reação.

A inversão destes três pontos citados acima lhes trará um desequilíbrio, pois cada um tem a razão de existir, o "ser" refere-se a como você está lidando com as situações do dia a dia, bem como o quão sábio será o despertar do amor em si mesmo e pelo outro, proporcionando a paz que acalenta a alma e acalma o coração. O "fazer" está relacionado às condições de desempenhar tudo aquilo que se propôs, mesmo que necessite de algumas correções de rota, mas que siga adiante sem perder o foco em seu propósito de vida, doar-se para receber. E, por fim, mas não menos importante, o "ter". Este, sim, resume a conclusão do ciclo, em que você adquirirá tudo o que planejou e aspirou, entretanto, a constância dos propósitos se equipara à veracidade dos atos e fatos, tomando para si o que realmente é privilégio.

Desta forma, temos a convicção do seguimento detalhado das etapas, e a probabilidade de falhar é teoricamente isenta ou nula.

É gratificante chegar ao final desta fase do processo evolutivo e poder compartilhar aprendizados, sobretudo para quem necessita e nos tem como exemplo, principalmente se deixarmos nosso legado. Este sim é a continuidade da vida.

Existem fatores que auxiliam nesta trajetória, um deles é o autoconhecimento. Para desencadear, posso citar:

A motivação ocorre ao logo de um tempo, e é exercida mediante uma força interior, ou seja, cada pessoa tem a competência em provocar estímulos, a fim de torná-los sentimentos nos quais as tarefas passam a ser vistas como desafios e tornam-se prazerosas, mesmo diante das adversidades e sem cessar o movimento, estimulando cada um a enfrentar os desafios. Há também uma conexão às não obrigações do cotidiano, e isso se reflete basicamente em cada um sobre a não recompensa. Também a chamamos de automotivação, ou motivação intrínseca. Além disso, há a motivação extrínseca. É aquela gerada pelo ambiente externo e dispõe para que sejamos recompensados ou nos mantém engajados nos propósitos, porém esse tipo de motivação é muito inconstante, pois depende fundamentalmente dos fatores determinantes para gerar os sentimentos de motivação. Devemos, então, saber lidar com todas essas extensões e, em hipótese alguma, depender somente de uma ou de outra, pois elas se complementam e fazem refletir sobre o quanto cada um de nós está utilizando os conceitos do autodesenvolvimento. A discordância com seus princípios e valores só os fazem estagnar, portanto, atenção aos detalhes que julgam corriqueiros, analise criticamente cada um, acrescente sentimentos a fim de dominá-los e torná-los expansivos, e que você possa extrair o máximo de seus benefícios.

Por fim, premie-se, pois nem tudo é trabalho. Quando você alcançar uma meta que faz jus ao objetivo, comemore. Continue em frente, até a conclusão por completo, agradeça e dê a si mesmo uma recompensa;

pode ser algo bem simples, contudo que o faça. Pratique este ato.

Em toda a vida, se esforce para ganhar, porém não se surpreenda se perder; prenda-se apenas ao sonho de alcançar algo maior. A transitoriedade de tudo é o firmamento de sua personalidade.

Fascinar aos seus dons é submeter-se ao contínuo caminhar do autodesenvolvimento.

> "O exímio é aquele que crê em algo maior e que o faz caminhar pela lei universal."

2

Revolucione sua qualidade de vida

Quando decidimos mudar alguma coisa em nossa vida, nossa motivação é alimentada pelos benefícios que esta mudança trará. A melhoria da nossa qualidade de vida trará muitos benefícios, não só a nós mesmos, como também ao nosso ambiente, e às pessoas à nossa volta. Para melhorar, primeiramente, mensuramos o estado atual, e então definimos as metas de melhoria para alcançar o estado desejado

Ana Maria Bicalho Perrucci

Ana Maria Bicalho Perrucci

Psicóloga com formação em Psicodrama e Análise Transacional. *Master* em Criatividade pela Universidade de Santiago de Compostela – Espanha. Consultora e Docente em Sistemas de Gestão da Qualidade e Desenvolvimento Gerencial. *Master Coach* pelo Instituto Holos/ ICF – International Coach Federation; *Business Coach* pelo Instituto Americas Coaching e ICLA – International Coaches and Leaders Association – Orlando/EUA. Certificada como Analista nos *Assessments*: DISC, Motivadores, Axiologia e SOAR. Sócia da QualiSer Desenvolvimento Empresarial, desde 1991, onde atua com programas de desenvolvimento, consultoria, *coaching* e *mentoring* em atendimentos individuais e grupais focados na melhoria do ser humano dentro e fora das organizações.

Contatos
www.qualiser.com
anamaria@qualiser.com
(11) 99648-5155

Passei uma boa parte da minha vida profissional atuando no campo da psicologia organizacional, ligada a sistemas de gestão da qualidade. Sempre afirmei que: "são as pessoas que fazem a qualidade, e são as mesmas pessoas que fazem a não qualidade". Para qualquer organização passar de um estágio de não qualidade para um estágio de qualidade total, o caminho sempre será por meio da mudança de atitudes e comportamentos das pessoas que a formam.

O cenário se repete em nossa vida. Podemos viver com um bom nível de qualidade de vida ou não, dependendo de nossas atitudes e escolhas. A responsabilidade sempre será nossa. Se quisermos uma revolução nessa área, ela deve começar com a tomada de consciência sobre a situação atual, e então com a decisão de melhorá-la.

Um dos conceitos que aprendi em gestão da qualidade foi que: "só podemos melhorar o que conhecemos, e só conhecemos aquilo que medimos".

Estamos propondo revolucionar a nossa qualidade de vida, mas será que temos uma ideia clara do que isso significa e como podemos medi-la?

O conceito de qualidade de vida pode variar de pessoa para pessoa, pois existem expectativas diferentes em relação à realidade da vida, graus de importância diferentes dados a fatores que compõem a realidade de cada um, e níveis diferentes de satisfação também.

Minha proposta aqui é que você tenha maior clareza sobre alguns conceitos ligados a esse assunto, escolha uma definição de qualidade de vida que faça sentido para você, e que passe então a medir e a melhorar a sua.

> "Qualidade de vida é o método utilizado para medir as condições de vida de um ser humano ou é o conjunto de condições que contribuem para o bem físico e espiritual dos indivíduos em sociedade."(Wikipédia)

A qualidade de vida indica o nível das condições básicas e suplementares do ser humano. Essas envolvem, desde o bem-estar físico, mental, psicológico e emocional, os relacionamentos sociais, como família e amigos, até a saúde, a educação e outros parâmetros que afetam a vida humana.

A OMS (Organização Mundial da Saúde) reuniu especialistas de várias partes do mundo, que definiram qualidade de vida como a percepção do indivíduo de sua posição no contexto da cultura e sistema de valores, nos quais ele vive e em relação aos seus objetivos, expectativas, padrões e preocupações (The WHOQOL Group, 1995).

É consenso geral que, a qualidade de vida envolve uma boa saúde, alimentação saudável, bons hábitos de higiene, sono, lazer, relacionamentos, boas condições de moradia etc. Podemos incluir aqui também o nível de felicidade. Como já dissemos, o conceito é subjetivo, mas geralmente está ligado às condições de bem-estar e satisfação com a vida como um todo.

Para efeitos práticos, já que precisamos medir para conhecer, e então melhorar, proponho uma tabela com 12 fatores, agrupados em quatro dimensões, para nos ajudar a avaliar a nossa qualidade de vida. Você pode incluir outros fatores, ou substituir algum desta tabela, se julgar mais adequado às suas expectativas.

Nos processos de *coaching* trabalhamos, basicamente, com perguntas, e levamos o *coachee* a buscar respostas dentro de si mesmo, para enfrentar os desafios da transformação que busca. Vamos usar aqui também esse método.

Para cada um dos fatores que estou propondo como indicadores da qualidade de vida, vamos trabalhar com algumas perguntas que nos ajudem, de alguma forma, a determinar uma medida para cada fator. A partir destas perguntas, você analisa o seu nível de satisfação com cada fator, decide por uma pontuação e preenche a tabela de avaliação da qualidade de vida, que está a seguir.

Quando estou aplicando esta avaliação a algum (a) *coachee*, costumo usar lápis coloridos. Peço para a pessoa escolher uma cor para cada fator e, então, após responder a si mesma as perguntas relativas a cada fator, decidir pela pontuação (de 1 a 10) de cada um e preencher os espaços correspondentes na tabela de avaliação, com a cor escolhida.

O uso de cores torna a atividade lúdica, prazerosa, e tem um efeito benéfico nas pessoas. Gosto de perguntar por que a pessoa escolheu cada cor, e a resposta pode trazer componentes importantes para serem trabalhados nesta avaliação.

Seguem os fatores com as perguntas para sua avaliação:

Saúde e disposição física: como você avalia sua saúde? Busca manter uma alimentação saudável e se exercita regularmente? Realiza atividades que promovem o seu bem-estar? Sente disposição para realizar suas tarefas?

Desenvolvimento intelectual: quanto você está satisfeito com seu nível de conhecimento? Seus objetivos de desenvolvimento pessoal foram alcançados? Costuma investir no seu desenvolvimento pessoal de modo sistemático e planejado?

Equilíbrio emocional: qual o seu nível de consciência sobre suas próprias emoções e sobre como elas afetam seu comportamento? Consegue controlar suas emoções quando necessário? Compreende e sabe lidar bem com as emoções de outras pessoas?

Relacionamentos: está satisfeito com seus relacionamentos pessoais? Sente amor, respeito e confiança? Mantém laços pessoais saudáveis e produtivos? Consegue identificar e resolver problemas que possam afetar negativamente os seus relacionamentos?

Relacionamento amoroso: vive hoje um relacionamento estável e harmonioso? Isso lhe traz segurança e satisfação? Existe respeito pelas diferenças e conciliação dos impasses em favor de ambos? Planejam um futuro juntos?

Vida social, lazer e diversão: têm atividades sociais focadas em lazer e diversão? Goza suas férias de forma a liberar o estresse e recarregar suas energias? Tem um *hobby* que lhe traga prazer? Desfruta suas amizades?

Autonomia: tem autonomia para sua locomoção e necessidades básicas? Consegue cumprir com tranquilidade suas atividades rotineiras ou depende da ajuda de outros? Desfruta sua independência? Sente segurança e estabilidade?

Recursos financeiros: está satisfeito com seu progresso financeiro? Costuma estabelecer metas financeiras, planejar, e atingir essas metas? Controla o orçamento e costuma obter um saldo mensal positivo, isto é, gastar menos do que ganha?

Satisfação no trabalho: qual o seu nível de satisfação com seu trabalho e carreira profissional? Sente-se suficientemente confiante para usar o que tem de melhor e contribuir ativamente para buscar e implantar soluções, gerar melhorias e aumentar resultados? Esse trabalho lhe permite desenvolver seus talentos e seu potencial?

Realização e propósito: até que ponto você consegue identificar e formular seus objetivos de vida? Tem um propósito claro com o qual alinha seus objetivos e define prioridades? Sente-se próspero e realizado?

Autoestima e felicidade: você acredita em si mesmo, em suas capacidades e seu potencial? O quanto você se valoriza, se contenta com seu modo de ser e demonstra confiança em seus atos e julgamentos? O quanto se considera uma pessoa feliz?

Espiritualidade: acredita em um sentido maior para sua existência? Você pratica alguma atividade que contribui para a sua espiritualidade, sendo ou não uma prática religiosa? Essa prática lhe faz bem, enriquece seu ser interior? Contribui para sua paz e harmonia?

São estes os fatores propostos, com as perguntas para facilitar a sua avaliação. Se desejar, você já pode fazê-la sobre a sua qualidade de vida.

Escolha uma cor para cada fator, e então, após responder a si mesmo as perguntas relativas a cada um, determine uma pontuação (de 1 a 10) para esse fator hoje na sua vida e preencha os espaços correspondentes na tabela de avaliação de qualidade de vida.

Dimensão	Fatores	Avaliação									
		1	2	3	4	5	6	7	8	9	10
Pessoal	Saúde e Disposição física										
	Desenvolvimento Intelectual										
	Equilíbrio Emocional										
Socialização	Relacionamentos										
	Relacionamento Amoroso										
	Vida social, lazer e diversão										
Independência	Autonomia										
	Recursos Financeiros										
	Satisfação no Trabalho										
Autorrealização	Realização e Propósito										
	Autoestima e Felicidade										
	Espiritualidade										

O que fazer agora?

Conforme a pessoa vai respondendo às perguntas relativas a cada fator, vai acontecendo uma expansão da sua consciência sobre a real situação de sua qualidade de vida. Com a visão da tabela preenchida, percebe-se quais fatores receberam uma pontuação melhor, e quais itens apresentam uma oportunidade de melhoria.

Normalmente, escolhemos os dois itens que receberam menor pontuação para estabelecermos o primeiro plano e melhoria. É mais produtivo trabalhar dois fatores de cada vez, mesmo que haja um número maior de fatores com baixa pontuação. Sabemos que mudar não é fácil. O ser humano tem uma tendência à acomodação, e as pessoas têm diferentes ritmos quando se fala em alterar comportamentos. Se propusermos uma mudança mais abrangente, a probabilidade de fracasso aumenta.

Não estamos falando de mudanças drásticas, nem de técnicas mágicas para melhorarmos a nossa qualidade de vida, mas sim de um plano de ação realista, por meio do qual, com consciência e decisão, possamos realmente chegar a resultados palpáveis de melhoria.

Frisamos, novamente, que cada escolha é uma decisão pessoal, e só a pessoa pode escolher e decidir que mudanças quer fazer na sua vida. Propomos um plano de ação simples, com apenas quatro itens, pois planos mais complexos podem parecer mais trabalhosos e aumentar a resistência à mudança.

Trabalharemos neste plano de ação:

Ação: o que vamos fazer para melhorar este fator da nossa qualidade de vida.

Quem: quem se responsabilizará pela ação, e quem pode contribuir para que essa ação se realize. (Pode ser só você, ou contar com a ajuda de mais alguém.)

Quando: fixar uma data-limite para a ação se concretizar.

Como: como a ação acontecerá, que método ou estratégia será utilizada.

Plano de ação para a mudança: como decidir que ações realizar para melhorar os fatores que estão com pontuação mais baixa na tabela de avaliação da qualidade de vida?

As perguntas que servem para analisar cada fator podem nos dar indicações de ações a serem tomadas para melhorar.

Fator:			
Ação	Quem	Quando	Como

Fator:			
Ação	Quem	Quando	Como

Exemplo 1: o fator "recursos financeiros" obteve uma baixa pontuação. Como melhorá-lo?

Pegue a terceira pergunta deste fator: controla o orçamento e costuma obter um saldo mensal positivo, isto é, gastar menos do que ganha?

Desta pergunta, você já consegue tirar duas ações de melhoria:
1. Elaborar um orçamento mensal e segui-lo;
2. Controlar os gastos e não gastar mais do que ganha;
3. Poupar R$ XX por mês a partir do mês zz/yy.

Exemplo 2: fator "saúde e disposição física". Pergunta: busca manter uma alimentação saudável e se exercita regularmente?

Ações de melhoria:
1. Consultar um(a) nutricionista e seguir um cardápio saudável;
2. Caminhar por 1 hora, 3 vezes por semana a partir do dia xx/yy;
3. Começar a frequentar uma academia a partir de zz/yy.

Como mencionado acima, vamos trabalhar com dois fatores de cada vez. Quando as ações de melhoria para estes dois primeiros fatores já estiverem consolidadas, incorporadas à nossa rotina, podemos escolher mais 2 fatores para melhorar.

Assim vamos fazendo escolhas melhor pensadas, mais conscientes, e vamos deixando, cada vez menos, o automatismo tomar conta dos nossos hábitos e dirigir nossa vida.

Continuando a aplicar conceitos da qualidade total, podemos programar uma sistemática simples de "auditorias semanais", para acompanhar os resultados obtidos com os planos de ação implementados. Uma coisa importante a se fazer é comemorar cada pequena vitória alcançada. A comemoração dos resultados age como recompensa, e reforça o novo comportamento.

Um questionário simples pode orientar nesta verificação de resultados. Vamos a ele:

Houve melhoria na sua qualidade de vida esta semana?
Se sim, especifique os resultados obtidos, ou vitórias alcançadas:
1. Melhoria e/ou vitória 1:
2. Melhoria e/ou vitória 2:
3. Melhoria e/ou vitória 3:

Que motivos você tem para se orgulhar, ou para ser reconhecido esta semana?
1. Motivo 1:

2. Motivo 2:
3. Motivo 3:

Que aprendizado essa experiência lhe trouxe? Que lições tirou dessa experiência?
1. Aprendizado 1:
2. Aprendizado 2:
3. Aprendizado 3:

Descreva em poucas palavras como está se sentindo devido aos resultados já alcançados.

Há alguma pessoa a quem você deva agradecer por ter contribuído para os seus resultados? Quem?
Pessoa 1:
Pessoa 2:

Não se esqueça de agradecer também a si mesmo pelo esforço e comprometimento, e comemore suas vitórias.
Lembre-se de que é com suas escolhas e decisões, que você pode criar novos hábitos e gerar mais equilíbrio e harmonia na sua vida. Viva mais saudável, com menos ansiedade e frustrações, com mais qualidade de vida.
Acredito que os passos descritos neste capítulo, se seguidos, podem realmente provocar mudanças positivas em nossa qualidade de vida.
Aplique-os, e nos conte os resultados alcançados.

3

Perfis das gerações sobrepostas e a quarta revolução industrial

As complexas relações entre as quatro gerações contemporâneas impactadas pelo advento da quarta revolução industrial, bem como as consequências diante da terceira onda da *internet*. Como enfrentar estes desafios revolucionários, na era da transição social, quanto aos valores, expectativas, habilidades e comportamentos

Bárdia Tupy

Bárdia Tupy

Master Coach Group e *Life Adventure* – com foco em organizações e no empoderamento pessoal e profissional. Palestrante, *practitioner*, analista comportamental, analista judiciário do Superior Tribunal de Justiça. Experiência efetiva em gestão judiciária, estratégia e desenvolvimento humano, por 25 anos no serviço público. *Trainer* em treinamento organizacional pelo Método F.A.T.O., com formação pela Assero *Coaching* e Treinamento. Formação internacional em Aprendizagem Experiencial e *Coaching* de Equipes, com uso de técnicas em atividades vivenciais *indoor* e *outdoor*, pela *Uno Coaching Group*. Especializada em Gestão de Pessoas e Psicologia Positiva com *coaching* pelo Instituto Brasileiro de *Coaching* – IBC. Especialista em Gestão Judiciária pela Universidade de Brasília – UNB. Atuou como coordenadora de Órgão Julgador da 2ª Turma do STJ. Chefe de gabinete de ministros do STJ, secretária dos Órgãos Julgadores do STJ, secretária de Gestão Estratégica do TRF – 1a Região. Coordenadora de Desenvolvimento de Pessoas do STJ e secretária nacional de Desenvolvimento de Pessoas da Procuradoria Geral da República. Atua na Assessoria Técnica de Estudo e Pesquisa do Centro de Estudos Judiciários do Conselho de Justiça Federal.

Contatos
bardia@globo.com
(61) 98122-8169

A inquietação pulsante, que nos incomoda na era digital, advém do contexto atual da convivência sobreposta das gerações *baby boomers*, X, Y e Z, frente à transição para a Indústria 4.0 – quarta revolução industrial. Essa situação estreita, cada vez, mais a exigência de novas soluções interpessoais e de autogestão, tanto na vida pessoal quanto na profissional, diante das relações transversais existentes nas nossas lidas diárias na sociedade, na família, no trabalho e nas redes sociais.

Apenas para alinhamento conceitual, classificamos os seguintes quadros, respectivamente quanto às gerações e ao que se entende como indústria 4.0, a seguir demonstrados:

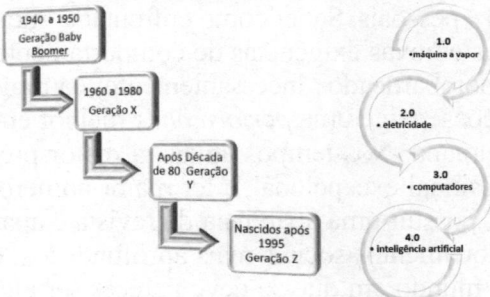

É importante enfatizar que essas gerações possuem características específicas relacionadas com o contexto social, político e tecnológico de cada período por elas vivido e relativo às suas classificações de interesses e comportamentos, bem como a influência das mudanças organizacionais e profissionais advindas das fases da revolução industrial, também impactam nestas relações inter e intrapessoais.

O grande impacto desse desafio é a previsão de profundas mudanças na área comportamental, profissional e social, advindo uma nova era digital, na qual prepondera a conectividade, a informação e o compartilhamento absoluto de produtos e serviços na sociedade.

Neste contexto, reflete-se sobre os seguintes quesitos: como os sentimentos e os pensamentos poderão ser administrados? O que fazer para coordená-los e geri-los na era da quarta revolução industrial frente às tantas mudanças? E quanto às relações afetivas e às necessidades psicológicas deste universo fascinante e radicalmente novo, o que fazer para adaptar-se a esta nova era revolucionária? Identifica-se que a convivência social e individual com esses impactos exigem cuidados e prevenção aos nossos sistemas de vida em sociedade, sejam sociais/profissionais, psicológicos, físicos e indivíduos pensantes, conforme se pode demonstrar no quadrante dos impactos revolucionários, a seguir exposto:

Uma das soluções é a autogestão das habilidades comportamentais, profissionais e pessoais. Saber como enfrentar a imensa carga de informações digitais e novas exigências de comportamentos sociais, com as quais somos bombardeados incessantemente, causando frustrações, angústias e irritações, exige uma *performance* melhor em todas as frentes de atuação humana. Nos tempos atuais, a maior preocupação vem sendo a ser profissional excepcional, a ter maior número de seguidores nas redes sociais, possuir uma aparência de revista e aparentar ser indiferente aos relacionamentos sociais mais aprofundados, ou seja, parece que se vive num mundo em que se deve parecer ser algo que não é, e esconder o que se é de verdade, sob pena de ser excluído socialmente.

Em pesquisa realizada em 2016, pela *World Economic Forum*, foram apontadas as dez principais habilidades futuras, tais como:

Ainda sob outra ótica, necessariamente há que se procurar adaptação também em relação às consequências desta revolução cibernética, em que somos obrigados a virtualizar nossas ações e sentimentos por meio de relações efêmeras e distantes da pessoalidade. Percebe-se o caos à nossa volta, quando damos conta de que nossos valores, conhecimentos, profissões e atividades, na forma em que as conhecemos, estão se ruindo. Verifica-se também que essas novas exigências e condições, nesta era digital, faz ser normal a demonstração constante de uma pseudo, utópica, vazia e imaginária felicidade.

O livro *O paradoxo do chimpanzé* (PETERS/STEVE) traz à baila uma realidade da nossa fisiologia mental: não existe distinção cerebral do que é ou não é real, pois o cérebro não distingue essas informações. E também afirma que o cérebro possui o lado racional, emocional e o que faz o processamento das informações – apelidado, em sua obra, de computador, além de outras partes. Neste contexto, diz-se que o lado emocional sempre irá ganhar do racional. Metaforicamente, é como se o lado racional fosse o homem, o lado emocional, um chimpanzé, e o processamento, um computador. Desta forma, o chimpanzé sempre será o mais forte e o ganhador, no entanto, o homem racional poderá controlá-lo, administrando seus atos com a racionalização dos significados dessas ações. Assim, reforça o autor, no sentido de pensar, racionalizar e depois agir e não deixar as emoções reagirem sem filtros de adestramento pessoal. Tenha-se a certeza de que a evolução, cada vez, é mais rápida, exige grande esforço pessoal e mental em nossas vidas neste sentido.

Fonte: Adaptação do livro *O paradoxo do chimpanzé*, p. 27 e 36.

Neste patamar de conflitos e gerenciamento de uma nova era, ainda despontando, surge um outro fator preocupante: a verificação de que a humanidade nunca foi tão infeliz, apesar dos grandes avanços e conquistas nas áreas das ciências sociais, infraestrutura e indústria. Situação alertada pelo filósofo e escritor psiquiatra, Augusto Cury, em suas palestras, ao afirmar: "Quando somos abandonados pelo mundo, a solidão é superável; quando somos abandonados por nós mesmos, a solidão é quase incurável".

A terceira posição para evolução neste contexto é a de buscar uma causa, uma missão de vida ou trabalhar para deixar um legado à família e à sociedade. Talvez a grande revolução trazida pela Indústria 4.0 está no sentido de que haja a superação como uma arte de se autogerir dominando os pensamentos e continuando-se integral nesta nova era que se inicia no campo da inteligência emocional, com a infinita evolução dos meios tecnológicos e de conectividade mundial; para tanto, se inspira em uma frase de Nelson Mandela: "Seja qual for o Deus, eu sou mestre do meu destino e capitão da minha alma".

Referências

CASE, Steve. *Terceira onda da internet: a reinvenção dos negócios na era digital*, HSM, 2017.
PETERS, Steve. *O paradoxo do chimpanzé: o programa de gestão mental para alcançar a autoconfiança, o sucesso e a felicidade*. Intrínseca, 2016.
SCHWAB, Klaus. *A quarta revolução industria*. Edipro, 2016.
KELLY, Kevin. *Inevitável: as 12 forças tecnológicas que mudarão nosso mundo*. HSM, 2017.

4

Revolução sob o olhar quântico - sistêmico - ecológico - biopsicossocial

Revolução é um processo individual e/ou coletivo, natural e necessário, de mudança. Quando expandimos nossa consciência, descobrimos o propósito de nossa alma, que é "despertar o amor" e manifestá-lo em nosso caminhar na vida. Compreendemos e renunciamos às crenças, pensamentos, julgamentos, sentimentos e comportamentos que nos aprisionam. Abrimos o coração à aceitação, inclusão, reconciliação com o passado e nossa ancestralidade. Com uma nova compreensão, nossos passos se dirigem ao futuro com um novo olhar, e nossas ações servem à vida, visando o bem comum

Beth Lima

Beth Lima

Educadora e psicóloga – formada pela PUC/RS, com extensa experiência trabalhando com pessoas. Utiliza em suas atividades, conhecimentos adquiridos em países como Chile, Espanha, México, Colômbia, Peru, Índia, Alemanha, Brasil e em inúmeras viagens místico-culturais a lugares sagrados do Planeta. Especialista em Psicodrama Terapêutico, Programação Neurolinguística (nível *Master*) e Terapia da Linha do Tempo (nível *Master*). Terapeuta de Watsu e Reflexologia Aquática. Constelações Sistêmicas Familiares e Organizacionais (formada pelo Instituto de Filosofia Prática – Alemanha e Brasil, com Peter e Tsuyuko Spelter). Pedagogia Sistêmica (com Marianne Franke – da Alemanha). Consteladora certificada pela Hellinger Ciência (Brasil, Espanha, Alemanha e México – com Bert e Sophie Hellinger). Colaborou como Tradutora em cinco eventos de Bert e Sophie Hellinger, na cidade de Tlalnepantla – México, a convite da Universidade CUDEC. Traduziu dois livros de Bert Hellinger (do espanhol para português): *Seguindo as pegadas* (áudio-livro em MP3) e *Meditação*. Tem Formação Holística de Base pela UNIPAZ – Universidade Internacional da Paz. Para aprofundar e expandir seus conhecimentos, realizou mais uma formação oferecida pela UNESCO, em parceria com uma Universidade Brasileira (Florianópolis) : "Transformação de Conflitos e Estudos de Paz". Tem formação de *Coaching* em Maiêutica com Dulce Magalhães. Intensificou seus aprendizados com as "Novas Constelações", fazendo formação com Brigitte Champetier (níveis *Expert* e Maestria – Brasil e Argentina). Ao compartilhar seu trabalho em atendimentos individuais, em *workshops* e grupos de estudos, coloca à disposição seu conhecimento, suas vivências e, principalmente, seu amor, a serviço da vida e da paz.

Contatos
Sarvam (Maria Elizabeth Cruz Lima)
Psicóloga - Consteladora
(48) 99101-9190

Sistemicamente, sabemos que há uma teia invisível que nos mantém ligados a um microssistema, que abarca infinidades de pequenos outros sistemas que se intervinculam e se relacionam entre si.

Cada ser humano contém em si mesmo a representação de todo o Universo, incluindo tudo que faz parte da natureza e sua inter-relação com os elementos: terra, água, fogo e ar.

Isso quer dizer que somos influenciados, energeticamente, por tudo que acontece e, de forma simultânea, influenciamos tudo e todos com nossos pensamentos, sentimentos e ações, independentemente de tempo, espaço e lugar. A física quântica nos ajuda a compreender sob esta perspectiva.

Todos os sistemas movem-se buscando, em suas manifestações, a manutenção do equilíbrio de todas as forças que permitem e conduzem a vida.

As polaridades *yin* e *yang* (feminino e masculino), com suas diferentes características, vão permitindo, com sua dança e sua complementaridade, a própria concepção e continuidade da vida.

Existem ordens e leis universais que orientam e conduzem as forças da vida e do amor existentes nos sistemas. Quando essas ordens são transgredidas, todo o sistema sofre, colapsa muitas vezes e entra em desordem. Bert Hellinger nos ajuda a ver e a compreender as implicações e emaranhados a que estamos submetidos, como consequência das desordens que ocorrem em nosso sistema familiar, por meio do método terapêutico, sistêmico fenomenológico das constelações familiares.

Essas ordens e leis são como as margens de um rio, que contêm e direcionam o fluxo da água que, desde sua nascente, vai descendo do alto da montanha e cujo destino é alcançar o mar. Sem essas margens que oferecem um limite, e um continente seguro, as águas se perderiam, poderiam provocar até mesmo inundações e talvez não cumprissem sua missão de fundir-se com o oceano.

Estamos mergulhados em um imenso oceano cósmico de energias que se entrelaçam, se relacionam, se unem, se multiplicam, se separam, criam, estancam ou impulsionam o fluxo natural da vida.

Essa energia primordial que nos envolve, que está na essência e é a fonte de todas as coisas – CHI para os orientais, o amor para os grandes mestres, vibra em todos e, de uma forma singular, em cada um.

Quanto mais vamos ampliando nossa consciência com a jornada de autoconhecimento e autodescobertas, mais compreensões vamos adquirindo sobre a força do amor que nos habita e conduz.

Como seres humanos, somos resultado da união de duas polaridades *yin* e *yang*, que pela força da atração e do Amor, se potencializaram, nos geraram e nos deram a vida. Nosso trabalho é manter-nos em equilíbrio com estas duas polaridades, no ponto meio, entre estas duas forças.

A vida, este grande milagre, carrega por si só, uma verdadeira revolução em todo o sistema familiar ao qual passamos a pertencer a partir da nossa fecundação.

Toda a natureza, com seus elementos – terra, água, fogo e ar – se fazem presentes e se manifestam na vida que recebemos.

O primeiro elemento com o qual temos contato é a água, que nos alimenta, envolve e nos ajuda a crescer no ventre materno, com o líquido amniótico.

Ao crescer, vamos nos transformando interna e externamente, trocando informações com nosso entorno, por meio das carícias, cuidados e amor, que a princípio apenas recebemos dos pais e/ou daqueles que nos mantiveram na vida.

Essa energia de amor que nos acolheu foi a nutrição das águas que nosso coração recebeu.

Com a necessidade de respirar ao nascer, entramos em contato com o ar – segundo elemento que, de forma instintiva, assimilamos.

Este elemento nos coloca em conexão com todos, porque o oxigênio que movimenta o motor da vida nutre da mesma forma cada um.

Ao pisarmos nossos pés na terra, podemos começar a sentir nossas raízes. Por meio do nosso corpo, crescemos e nos elevamos verticalmente e nos expandimos horizontalmente como as árvores que estendem seus galhos em todas as direções.

As raízes nos falam da nossa origem, da nossa ancestralidade, de onde recebemos e tomamos força, energia e amor.

O elemento fogo, em nós, é o grande alquimista e revolucionário. É aquele que nos tira da inércia e da tendência à acomodação, quando tudo está em aparente equilíbrio.

A vida quer de nós, movimento, ação, mudança, crescimento, transformação, e o fogo é o nosso grande aliado neste processo.

Como nos fala Rubem Alves: "O milho da pipoca permanecerá sempre como semente, se não for tocado pelo fogo". Só poderá ser apreciado quando, realmente, atrever-se a dar um salto quântico – morrer como semente, para transformar-se naquilo que veio para ser: pipoca. E isto é uma grande revolução.

Diante de uma crise, como, por exemplo, separações, mortes, doenças, perdas econômicas etc., a própria vida nos convida e proporciona uma verdadeira revolução. Os tsunamis, os terremotos, os grandes vendavais, ciclones e os grandes incêndios que aparentemente só ocorrem com o Planeta, com a natureza, são movimentos que refletem igualmente o que ocorre dentro de nós, quando nos deparamos com situações inesperadas, que nos desestabilizam e provocam o caos. A natureza e a vida se movem, buscando o equilíbrio e a ordem.

Quando, internamente, resistimos ao que ocorre, com a própria vida que recebemos, da forma como ela se apresenta, então nos desconectamos de nossas raízes, vamos perdendo força e nossas vidas pessoal, interpessoal, relacional, profissional entram em desordem.

Muitas vezes, somos abarcados, envolvidos, tomados por circunstâncias ou situações, de forma consciente ou inconsciente, que nos tiram do nosso lugar. Isso pode ocorrer por amor e lealdade a membros de nosso sistema familiar. Passamos a assumir, por exemplo, papéis e lugares que não nos correspondem e nos sobrecarregamos, até mesmo tomando responsabilidades e destinos que não nos pertencem.

Como consequência dessa desordem, entramos em desequilíbrio, adoecemos, perdemos a energia e a conexão com o fluxo natural de amor, que chega até nós por meio dos ancestrais.

Ao contrário, quando nos sintonizamos com a energia da vida, que é puro movimento, estamos permanentemente em constante mudança.

Acontece que, muitas vezes, tendemos à estagnação, à inércia, à acomodação e nos aferramos às zonas de conforto, por acreditarmos que, em "time que está ganhando não se mexe". Essa crença, que nos apega às situações que algum dia foram agradáveis, úteis, faz com que queiramos nos manter e permanecer em determinadas condições, e situações, como se pudéssemos fazer da vida uma coleção de fotografias, de apenas momentos que consideramos positivos.

De acordo com Joan Garriga, em seu livro *A chave da boa vida*, a vida é um jogo em que, às vezes ganhamos e às vezes perdemos. E precisamos aprender a arte que nos ensina Santo Agostinho: "A felicidade consiste em aceitar com alegria o que a vida nos dá e em soltar com a mesma alegria o que a vida nos tira". Garriga segue explicando: "O segredo da boa vida consiste em saber ganhar sem perder a si mesmo e em saber perder ganhando a si mesmo".

Não queremos perder, por isso nos apegamos ao ganhar e assim deixamos de viver a dança e o movimento que a vida proporciona, nos impulsionando para a mudança.

E quantas vezes nos vitimizamos diante de situações críticas ou caóticas.
Independentes de nossa vontade, todos, de uma ou de outra maneira, em alguns momentos, vão passar pelo sofrimento.

Buda entregou ao mundo, como resultado de suas próprias experiências, quatro nobres verdades:

1 – O sofrimento existe;
2 – O sofrimento tem uma causa;
3 – O sofrimento pode ser superado;
4 – E de que maneira? Com o assentimento.

Como podemos superar o sofrimento? Dizendo sim. Isto foi e é assim, tal como é. Aceitando a realidade conforme ela se apresenta, com tudo que faz parte.

Em primeiro lugar aceitamos, logo precisamos assumir a responsabilidade, comprometer-nos a fazer algo para poder mudar o que pode e deve ser mudado. E, por fim, atrever-nos a superar o que não está bem, tratando de fazer o melhor para alcançar a superação e ir além dos limites que nós mesmos impomos.

Muitas vezes, diante das crises, nossas águas internas transbordam os limites, nos inundamos em emoções catastróficas, nos desesperamos, nos asfixiamos, ou seja, também perdemos o ar. Nossa terra, nosso corpo adoece. Nosso fogo entra em ebulição e, muitas vezes, causamos danos e destruição, não apenas a nós mesmos, como aos outros, expressando nossa raiva, nossa indignação de forma incontrolável, com palavras e atitudes destrutivas.

Quando tomamos as crises como grandes oportunidades, humilde e respeitosamente, nos abrimos para aprender com elas, como nossos professores e mestres, então podemos descobrir e caminhar na direção do destino que nos corresponde viver.

Primeiro, sentimos que o caos toma conta de tudo, logo entramos em um processo de negação. Não aceitamos, não podemos acreditar que o que está acontecendo é real e é conosco.

Então, começamos uma reclamação interna, com muitas perguntas do tipo: "por que isto está acontecendo comigo?" etc. Logo iniciamos um confronto com a realidade e nos expressamos com raiva e indignação. Nesta etapa, culpamos a tudo e a todos pelo nosso sofrimento.

Depois, começamos a nos dar conta e a compreendermos. Finalmente, compreendemos. Neste momento, entramos no luto, no silêncio total necessários para podermos transcender e tomar a decisão de mudar o caos por uma vida que vai permitir recuperar o ponto de equilíbrio.

Vivenciamos, muitas vezes, situações que são verdadeiras revoluções negativas, ou destrutivas, que provocam grandes guerras interna e externamente. Essas revoluções nos afetam, mas não nos impulsionam para frente, para o crescimento, para a evolução, para a harmonia, para a felicidade, para a saúde, para o sucesso e progresso, para a liberdade e para a paz que todos desejamos.

As revoluções positivas são conscientes, responsáveis, estão em sintonia com os grandes movimentos da vida, provêm da alma e do coração.

Podemos deixar no passado o que pertence ao passado, agradecer, honrar nossos ancestrais, manter-nos em contato com nossas raízes e começar um novo caminho, com mais força, decisão, confiança e amor.

Colocamo-nos no lugar que nos corresponde e nos direcionamos para a nossa vida, com mais clareza do serviço e missão que viemos realizar.

Cada movimento, mudança, transformação que realizamos alcança, por ressonância, a tudo e a todos. O que viemos fazer aqui neste maravilhoso planeta Gaia, que nos permite a vida, nos ofertando todos os recursos que necessitamos e os aliados que nos apoiam, visíveis e invisíveis? É recordar quem verdadeiramente somos – seres de luz.

Escrever sobre este tema, "revolução", foi uma grande oportunidade de rever minha própria caminhada. Minha curiosidade e inquietude me levaram a buscar a verdade na ciência e na espiritualidade. Transitei pela pedagogia, psicologia, viajei a muitos lugares considerados sagrados do planeta, conheci vários mestres do Oriente e do Ocidente, como Osho e Dalai Lama (Índia), Suryavan Solar (Chile), Pierre Weil (França/Brasil), Tata Cachorra (México), Bert Hellinger (Alemanha/Brasil), entre outros.

Passei, passo e continuarei passando por inúmeras revoluções que a vida me ofertou, por intermédio das crises. Atualmente, trabalho inspirada nos ensinamentos de Bert Hellinger, com as constelações familiares, integrando-as com sabedorias ancestrais, acompanhando pessoas em seus processos de autoconhecimento e superação.

Os mestres ensinam – "Tudo muda". A impermanência é a própria natureza da vida.

E qual é o propósito da vida? É a própria vida – viver.

Estar vivo é estar em constante estado de mudança e revolução.

Toda criação está em um estado de revolução sem fim.

Situações de mudança promovem mudanças em nosso comportamento, nos convidam a ampliar o olhar, manter nossa consciência desperta e o estado de presença se manifesta.

"Ser humano", em sânscrito, significa basicamente ter força, ter o impulso biológico para realizar o que se deseja – "ser feliz e evitar a dor".

O caminho, que nos indicam os mestres, para permanecermos abertos e fluidos, é a prática da meditação.

A partir de uma atitude compassiva em relação a nós mesmos, despertamos a própria paz de espírito e aprendemos a apreciar a nós mesmos.

Passamos a reconhecer que todos querem, igualmente, sentir-se plenos, seguros e felizes. Então, podemos começar a praticar a bondade amorosa e a compaixão.

Também com a prática da meditação, começaremos a compreender que o sofrimento pode ser causa e motivação para o crescimento e autotransformação.

Em minha própria jornada, descobri que o que precisamos, como humanidade, é aprender a ser feliz e espalhar sementes de amor e felicidade.

Esta será a grande revolução que irá ajudar a todos. Dizer sim ao que a vida proporciona, incluindo tudo que faz parte, nos ajudará, como humanos, a darmos juntos um verdadeiro salto quântico em direção à paz.

Compreenderemos o significado e o sentido da fraternidade e viveremos sabendo que todos somos um.

Nosso caminho em direção à luz, em direção ao sol, é como um S, que une as duas energias *yin* e *yang* e nos leva para além dos limites da Terra, em direção ao infinito. Esse caminho se chama superação.

A cada dia vamos dando um passo a mais, e em nosso processo, somos apoiados e apoiamos, somos inspirados e inspiramos. Desta forma, poderemos alcançar juntos: o "progresso e a evolução", com amor e gratidão.

Eu acredito!

5

Uma fantástica jornada em busca do ser

"Ele mergulha e o mar se acalma. Isto pode acontecer em nossa vida, no dia em que tomamos a decisão de não nos mentirmos mais, de não mais nos contarmos estórias, de conhecermos a nós mesmos, de nos perguntarmos o que a vida quer de nós. No dia em que tomamos essa decisão, uma calma misteriosa se faz em nós."
Jean-Yves Leloup

Cibele Correia

Cibele Correia

Coach e terapeuta certificada por renomadas instituições nacionais e internacionais. *Professional & Self Coaching* pelo Instituto Brasileiro de *Coaching* – IBC. Terapeuta renascedora pela Universidade Federal do Ceará (MIMESC-CE). *Practitioner* em Transe Conversacional pelo ACT Institute. Especialista em *Tension and Trauma Realeasing Exercises* (TRE) pelo Instituto *Ligare* de Americana. *Practitioner* em Programação Neurolinguística e especialista em *Coaching* Generativo pelo Metaforum Internacional Brasil – International Association for Generative Change (IAGC). *Practitioner* no Modelo de Validação Virginia Satir pela Semilla. *Coach* formada pela TIGIS – Modelo Inner Game. Graduada em Direito e pós-graduada em Direito do Estado. Funcionária pública, curiosa e autodidata, trabalhou voluntariamente com formação humana. Possui mais de 12 anos de experiência no alívio do sofrimento emocional e em desenvolvimento humano.

Contatos
cibelecorreiacoach.com
cibelecorreiacoach@gmail.com
Facebook: Cibele Correia Coach
(18) 99741-3753

Você é feliz?
Calma. Não responda com tanta pressa. Pare por um instante, respire fundo. Deixe a sua voz interior responder. Ouça. Como assim? Que pergunta é esta?

Um filme passou em sua cabeça, enquanto buscava resposta para tão inusitada pergunta.

Sua vida era padrão classe média. Sua rotina consistia em levantar cedo, chamar as crianças para escola e iniciar a correria de todos os dias. Prepara o café, toma banho, escova os dentes, pega a mochila. Não esquece o agasalho. Café da manhã, trabalho, almoço, trabalho, jantar, trabalho, banho, ufa! Dormir. Dia seguinte, começa tudo outra vez. Fazia o que todo mundo faz. Trabalhava para pagar as contas, sustentar os filhos, dar-lhes boa educação, proporcionar-lhes estudo em uma escola melhor, para que fossem alguém na vida.

Seu dia era cheio. E ela? Vazia.

De repente, se deu conta de que sua vida era vazia de sentido. Vivia no automático, apenas para o "fazer". Era um estado de sofrimento inconsciente, anestesiada pelo ativismo. Ela tornou-se uma ótima cumpridora de tarefas e esqueceu-se de "ser".

Nem havia se refeito do choque de realidade causado pela pergunta, ainda rebobinando o filme da sua vida, quando veio a sentença que a pegou em cheio: você precisa ser feliz para fazer seus filhos felizes! Foi um choque.

Ela não desmaiou, mas sentiu como se fosse. A cabeça rodava, as pernas bambearam e seu peito parecia ter implodido. Aquele peito em que só havia angústia, dor, sufoco, peso, após muitos anos, sentiu novamente o coração bater. Até então, nem lembrava que possuía coração. Como um coração de pedra que se quebra e dá lugar ao coração de carne, vivo, pulsante, assim descreveu o que sentiu naquele momento.

Foi aí que se deu conta de que não era quem gostaria de ser.

Fazia para os outros e não era para si. Uma grande insatisfação surgiu. Sentia necessidade de romper com velhos conceitos, padrões emocionais, situações cotidianas que não correspondiam ao seu mais secreto desejo. Mais do que fazer, queria "ser" para que seus filhos "fossem".

Ouviu uma voz interior convidando-a a partir para a grande aventura de se redescobrir.

A princípio, relutou pensando em que isso iria acarretar. Teria de deixar sua vidinha, que até então era suficiente. Veio o medo de ser diferente. Medo de deixar aquela máscara que a amoldava a tudo e a todos. Teria que parar de podar suas próprias asas, na tentativa de adaptar-se à sociedade, para poder voar. Isso significava deixar rótulos impostos por si mesma, pela família, pela sociedade e assumir o ser único que era.

Precisava ir à luta. Parar de arrumar desculpas e de mentir para si mesma. Decidiu que era hora de assumir as rédeas da sua vida e transformar sua realidade. Desafiador, porém necessário, caso contrário, "iria explodir".

Cruzando o primeiro limiar

Encheu-se de coragem e partiu em viagem para dentro de si mesma.

Esse foi o início da grande transformação em sua vida. Uma revolução sensível, contínua e progressiva.

Sensações ambivalentes começaram a surgir. Experimentava o desafio da descoberta e, ao mesmo tempo, sentia-se insegura. Era prazeroso explorar o novo, porém angustiava-se por romper com o passado. Às vezes, sentia necessidade de isolar-se, sair de cena para organizar-se em meio à confusão em que se via. Em sua antiga realidade, estava acostumada a evitar, negar e esconder sentimentos. Com a travessia, eles vieram à tona e com força. Passou a viver altos e baixos, como um navio entregue ao movimento das ondas. Ora para cima, ora para baixo, necessitava de um porto seguro em que pudesse ancorar suas emoções. Reconhecer sua responsabilidade sobre sua vida e assumi-la era algo totalmente novo e barulhento, com intermináveis brigas consigo mesma e com Deus, realmente não era fácil.

Natural que seja assim. Toda revolução gera caos. Tudo fica bagunçado, fora do lugar. Era necessário um novo elemento que a ajudasse a restabelecer o equilíbrio.

Precisava de apoio e respostas. Procurou a igreja. Acreditava ser ali o lugar onde poderia curar feridas emocionais mascaradas e escondidas, atravessar suas sombras para encontrar a luz e a paz.

Começou admitindo que não conhecia Deus, não tinha esperança nem fé de que mudanças eram possíveis. Expôs toda sua revolta, incredulidade e infelicidade. Teve como resposta um abraço cheio de amor, respeito e aceitação. Era como um convite isento de qualquer julgamento a permanecer em abrigo seguro, onde tinha amparo e proteção.

Sentindo-se acolhida, expôs cada uma de suas feridas à ação de Deus, a quem aprendeu a chamar de pai, reconhecendo-o como o "Ser" amoroso, que buscou durante toda vida. Sentiu que ali poderia ser quem era, independentemente do que fazia. Encontrou o seu lugar, encontrou a quem pertencia e a quem desejava servir.

Aprendeu que a dor é parte normal da existência humana, e em alguma fase da vida, toda pessoa passa por ela. Não estava só no sofrimento e nem sempre poderia evitá-lo. Percebeu que a dor surgia todas as vezes que algo "errado" acontecia em seu corpo, mente ou espírito, e que a melhor saída para lidar com ela era conhecê-la intimamente, estabelecer com ela um diálogo, em vez de tratá-la como inimiga. Aceitar a realidade como esta se apresenta foi a abertura para as mudanças que queria. Não se trata de ser submissa ou resignada, mas de abrir mão da necessidade de querer manter o controle sobre tudo e todos, o que não passa de uma ilusão.

Vivenciar a espiritualidade a ensinou a calar a mente e a encontrar um espaço de silêncio e quietude, que transcendia sentidos humanos. Desenvolveu a percepção além dos cinco sentidos e ampliou seu campo de possibilidades a partir do estado de presença, do eu, aqui, agora.

Seria muito bom se tudo isso solucionasse a questão. Mas não era tão simples assim. O chamado a ser feliz requer asas para viver as coisas do alto, mas também requer pés firmes na terra para viver a realidade. A viagem interna, através da espiritualidade, foi maravilhosa e trouxe recursos até então desconhecidos. Tesouros guardados que a levaram a enriquecer sua experiência como ser humano e reconhecer que há um universo de infinitas possibilidades agindo em nosso favor, quando estamos em sintonia com ele.

Mas, havia muito mais a percorrer para encontrar seu objetivo final.

Era preciso estar atenta. Transpor a fronteira era apenas um passo em seu caminho. Se fizesse dele seu ponto final, corria o risco de se amoldar novamente à zona de conforto acrescida da dimensão espiritual. Ou ainda fazer da vivência da espiritualidade sua nova área confortável. A espiritualidade era um recurso, um meio para chegar lá e não o fim em si mesmo.

A iniciação

Mais confiante, aberta às infinitas possibilidades e cheia de coragem, foi em busca da sua grande mestra. Aquela que contém toda sabedoria para iniciá-la em seu processo de transformação pessoal em busca da tal felicidade.

Essa talvez tenha sido a etapa mais longa, difícil e desafiadora. Porém a mais libertadora e de maiores aprendizados. Foi o momento de abrir mão de planos, sonhos, ilusões, crenças inibidoras e falsas certezas. Momento de morte do "eu antigo", para que pudesse renascer o "novo eu".

Iniciou fazendo o caminho de volta. Do ponto em que se encontrava em sua vida, retornando capítulo por capítulo, revivendo cada momento de sua história, com suas dores e alegrias, encontros e desencontros, derrotas e vitórias. Era um processo intenso, desgastante e energizante, ao mesmo tempo. Quem a guiava ora era sua mestra, ora era sua mente. Normalmente, quando dava ouvidos à sua mente, acabava por perder-se no caminho, rodar em círculos, como num deserto sem pegadas, e acabava sempre no mesmo lugar. Não evoluía. Nesses momentos, precisava recorrer à espiritualidade, centrar-se, silenciar a mente inquieta e falante, para escutar a voz da mestra.

Essa voz suave e firme sabia exatamente onde e como chegar. A voz da mestra era, ao mesmo tempo, a orientação e o encontro, a experiência de guiar e "estar com". Cada encontro podia resultar em um abraço prazeroso, cheio de alegria ou em lágrimas de sangue. Tal a dor vivenciada e, nesse caso, ela e sua mestra encontravam juntas a capacidade de beijar a ferida cruenta e transformá-la em uma linda pérola, símbolo da fase superada.

Em seus devaneios da vida de outrora, jamais imaginou dar ouvidos e entregar-se a uma mentora. Nem mesmo imaginava estar tão perto dela. Por isso, ao deparar-se com ela, o primeiro impacto foi um misto de "sei quem você é" com "eu é que devo te ensinar". Até porque, em muitos momentos, a sentia, mas não a via, pelo contrário, costumava rejeitá-la. Quando passou a aceitá-la e ouvi-la, percebeu quanto sua presença era necessária e o quão grande era o poder de transformação que ela possuía. Desenvolveu com ela, uma relação de amor incondicional e também de discipulado. Aprendeu a ouvi-la com atenção, em especial quando as profundas inquietações existenciais insistiam em aparecer. Afinal, ela tinha uma sabedoria nata. A sabedoria contida em todo ser humano, que o possibilita respirar sem que ninguém o ensine como funciona o sistema pulmonar. A sabedoria do bebê, que sabe exatamente a hora e como se apoiar em seus próprios pés e dar os primeiros passos sem que alguém lhe diga "levante-se, apoie-se, coloque um pé diante do outro".

Foi a sua mestra quem lhe possibilitou destravar o que estava emperrado e dar passos concretos para alargar a percepção do invisível, permitir-se vivenciar outras possibilidades e explorar caminhos e conhecimentos diferentes. Com ela, resgatou habilidades esquecidas, aprendeu a ter novas atitudes, deixou de lado verdades absolutas e trouxe de volta a criatividade e flexibilidade. Recobrou a coragem e a ousadia. Aprendeu a fazer do que não deu certo, um aprendizado, e a rir de si mesma quando as coisas saíam dos padrões considerados normais. Mais do que isso, aprendeu a não desistir diante da dificuldade. Desenvolveu a perseverança, a disciplina, a tenacidade e a paciência. Entendeu que, algumas vezes, era preciso tempo para aprender o que se tem que aprender. Desapegou-se de coisas inúteis, para dar lugar ao que era essencial. Floresceu em si a gratidão a tudo e a todos, em especial a sua grande mestra, a criança que fora, de quem, agora, não mais se separava.

Cruzando o segundo limiar

Com toda essa bagagem adquirida ao longo da jornada, é chegado o momento de atravessar novos limiares, enfrentar efetivamente os dragões e iniciar a conquista da felicidade. É o momento de ir para o novo mundo, é o momento da ação.

Ela já não é mais apenas uma aprendiz. Possui conhecimento, ferramentas e mais clareza do caminho. Tudo isso, faz dela uma pessoa corajosa, destemida, forte para ir mais fundo em direção ao seu alvo. As palavras-chave agora são arriscar, ousar, aprofundar. Ela alcançou a felicidade por si mesma, agora essa felicidade deve ir além, transcender, alcançar aqueles que lhe são caros. Ser feliz para que os outros sejam felizes. Esse era seu objetivo.

Assuma o leme da sua vida e não mais espere por possibilidades. Ela cria oportunidades.

O tombo

No auge da sua força, um baque. O inesperado. A dor de um rompimento não programado. Um dos pilares que a sustentava nessa jornada, desmorona, e ela se vê no chão. A noite escura da alma a alcança. Hora de recuar. Não desiste. É apenas uma parada estratégica para refazer as forças. Ela tinha suas fragilidades e isso não deveria ser ignorado, pois quando era fraca, parecia mais forte.

É tempo de ouvir com atenção o que sua mestra diz. Libertar-se de falsas seguranças, deixar o controle, soltar expectativas é essencial para a conquista do seu objetivo. Hora de juntar todas as partes que compõem seu ser, para ir além.

Plenitude

Após a grande batalha entre o bem e o mal, entre as forças que adquiriu e aquela que a queria derrubar, experimentou a apoteose.

Permitir a união entre a dor mais profunda e a serenidade do desapego faz nascer a grande confiança.

Saiu da mediocridade e experimentou a integralidade. Agora sua jornada tem um novo sabor. Conheceu uma felicidade que não se acaba em coisas materiais, palpáveis.

Ela tornou-se quem veio ao mundo para SER. Era feliz e, por isso, irradiava felicidade. Agora segue sua vida com um novo sentido.

Somos todos um

Essa poderia ser a minha, a sua ou a história de qualquer pessoa que deixa o tempo passar e, repentinamente, acorda do sono da vida sem sentido.

Algumas não acordam e acabam fazendo parte das estatísticas que elevam o número de depressivos e ansiosos.

Outras decidem descobrir o que é "ser" e iniciam a jornada revolucionária em busca de tesouros esquecidos, sábios mestres, dádivas, deixando para trás velhos hábitos, crenças, maneiras de ver a vida que não lhes serve mais. Dispostas a abrir mão da mesmice, do conhecido, buscam o sentido da vida, percorrendo um novo caminho, sujeito às provas, perigos, desafios, medos e também cheio de boas surpresas, conquistas, superação. Vivenciam novas experiências e ampliam sua percepção de mundo. Tornam-se mais maduras, completas, felizes, plenas.

Essas pessoas trilham a sua jornada do herói e tornam-se seres mais humanos e mais divinos.

Desejo a você uma fantástica viagem em busca do SER!

6

Coaching esportivo para transformar

Cada atleta tem os seus recursos internos, que são desenvolvidos na prática esportiva e que resultam em sua *performance*, mas a saúde mental e o controle emocional são fatores primordiais para o bom desempenho do desportista. O *coaching* esportivo apoia o atleta a formular metas com resultados específicos em cada período, a ter o autocontrole e a usar as suas habilidades de forma a desenvolver um alto desempenho em sua carreira

Denilda de Paula Duarte Lima

Denilda de Paula Duarte Lima

Graduada em Literatura e Língua Portuguesa. Bacharel em Direito/UNESA-RJ. Pós-graduada em Psicologia Jurídica pela Universidade Cândido Mendes/RJ. Participou do Seminário da ONU – Empretec /SEBRAE-RJ. Formada em *Executive* e *Life Coach* pela *SBCoaching*. Possui sólida carreira na área de educação. E atua como *Coach* Esportiva de atletas de dentro e fora do Brasil.

Contatos
denildadipaula@hotmail.com
Facebook: Denilda de Paula
Instagram: denilda_depaula
(21) 99282-5453

> "Você se transforma naquilo que você pensa a maioria do tempo."
> Brian Tracy

Considerado o precursor do *coaching*, Timothy Gallwey aplicou a metodologia a princípio no esporte, especificamente na área do tênis. Depois de comprovada a sua eficiência através dos resultados, aplicou no golfe e no esqui e, hoje, esta metodologia é usada de forma universal. No mundo corporativo, esta experiência foi testada por muitos gestores e líderes empresariais. O *coaching* passou a ser utilizado também para o desenvolvimento humano, nas áreas de negócios e de vida.

No esporte, esta metodologia é procurada por atletas do mundo inteiro, que buscam novas técnicas e ferramentas no processo de acelerar resultados e potencializar os recursos, para alcançar o estado esperado. Nesse processo são usadas ferramentas práticas e rápidas para a transformação e o desenvolvimento pessoal.

No processo de *coaching* esportivo, o profissional auxilia o atleta a ter o controle emocional sobre o corpo, a concentrar-se no foco e a perceber a importância de uma dieta equilibrada e variada, que irá garantir a saúde física e mental. O desportista que tem saúde física e mental elabora com firmeza e determinação os filmes mentais da realização do seu objetivo.

O atleta que passa pelo processo de *coaching* entende que os seus potenciais já conhecidos podem ser aprimorados. As ferramentas utilizadas no processo apontam erros que podem ser corrigidos. O atleta aprende técnicas de autocontrole, para diminuir a ansiedade e o estresse, que lhe causam o baixo rendimento.

De nada adianta treinos excessivos, diários e constantes, se na hora do jogo o atleta não estiver focado em seu objetivo e determinado a alcançá-lo. A concentração e a determinação devem estar presentes na hora do confronto, pois a preparação prévia será vã, se essa concentração não for exercida naquele momento. Num confronto com uma equipe ou um adversário, ainda que menos preparado, o atleta só alcança a vitória se estiver, verdadeiramente, preparado física e emocionalmente para esses momentos.

É muito comum o atleta de futebol deslumbrar-se com a fama, o sucesso e a remuneração alta que esse esporte traz. No entanto, o jogador determinado a alcançar a sua melhor *performance*, os seus melhores resultados e, finalmente, a vitória precisa de determinação e foco. É necessária muita concentração antes e, principalmente, durante uma competição.

O trabalho do profissional de psicologia que tem conhecimento e experiência para analisar as raízes do comportamento humano é ajudar o indivíduo na resolução de problemas, como dificuldade de relacionamento em grupo, problemas familiares ou distúrbios psicológicos, que causam o baixo rendimento num atleta; o *coach* utiliza técnicas e ferramentas de motivação no processo de transformação e desenvolvimento pessoal, com foco no objetivo e na alta *performance* do seu *coachee*, auxiliando-o também a entender que metas definidas e alcançadas direcionam ao objetivo.

A competição traz inúmeros benefícios para as pessoas que se entregam a uma atividade com o intuito de disputar alguma colocação, visto que, ao competir, o atleta reconhece e desenvolve suas habilidades naquela modalidade de esporte, desafia a si mesmo, sai de sua zona de conforto e descobre áreas de oportunidades para melhorar a técnica e o equilíbrio mental. E é a partir do estabelecimento de metas, que o atleta melhora o seu desempenho.

> "O segredo da mudança é concentrar toda a sua energia, não na luta contra o velho, mas na construção do novo."
> Sócrates

Considerando os tipos de metas, como as de processo, desempenho e resultado, o atleta e o seu *coach* estabelecem como alcançar o objetivo desejado.

As **metas de processo** são as ações e os exercícios daquele esporte especificamente, ajustando o corpo àquela atividade. Nessas metas devem se concentrar a maior parte dos objetivos, por serem metas que o atleta detém o controle e ajusta-as às suas necessidades.

As **metas de desempenho** ou desenvolvimento são atividades direcionadas a alcançar padrões de desempenho cada vez melhores aos anteriores. Sendo, por isso, metas utilizadas como motivadoras, uma vez que apontam o progresso do atleta.

As **metas de resultado** são intuitos voltados para resultados da disputa pela melhor posição, como, por exemplo, a conquista da medalha de ouro ou do troféu desejado. Estas metas não devem ser usadas com excesso, pois podem aumentar o nível de ansiedade do competidor, já que para alcançar o resultado desejado o atleta disputa, inclusive, com a qualidade dos adversários.

Um atleta bem-sucedido, que coleciona vitórias, tem disposição e garra para conquistar sempre mais. Esse atleta continua se preocupando com o seu físico, com sua *performance* e com a sua saúde, por isso fica cada vez mais determinado. Enquanto o atleta malsucedido cria um ciclo vicioso de não se aprimorar, por isso não conquista, e isso o leva ao desânimo, consequentemente, a poucas vitórias ou nenhuma...

"Um homem não está acabado quando enfrenta a derrota.
Ele está acabado quando desiste."
Richard Nixon

No entanto, existem atletas que conseguem lidar bem com a desmotivação, ausência de resultados, adversidades e frustrações. Não perdem o foco, mantêm-se firmes em seus objetivos e conseguem reagir diante de uma derrota e dar a volta por cima. Algumas vezes, sozinhos, mas em sua grande maioria, com a ajuda de um profissional da área. É nesse momento que se faz necessário o processo de *coaching* esportivo.

Foi assim que o jogador Pedro Paulo reagiu a tantas adversidades em sua carreira.

Um rapaz de apenas 17 anos, membro da Seleção Brasileira de Futebol, na categoria sub17, em plena forma física e com grandes resultados, sofre uma lesão rompendo o ligamento do joelho direito, num amistoso da Seleção com o seu time, o Cruzeiro-MG. Felizmente, apesar das dores física e psicológica, o restabelecimento foi rápido. A família foi muito importante, relata o atleta. Após seis meses de recuperação, lá estava o jovem de volta aos gramados registrando o seu nome nas competições. Segundo o atleta, o ano de 2012 foi mágico. Muitas vezes, fazendo os gols decisivos da partida. Poder estar ali fazendo parte do elenco de um time que ganhou campeonatos pela Europa, campeonato brasileiro da sub20, em que sentiu o gosto de ser o autor do gol da vitória contra o Internacional – RS, era um sonho se realizando.

O ano de 2013 seria mais um ano mágico na carreira do PP, como gosta de ser chamado, porém, aos 47 minutos do segundo tempo, no último jogo do campeonato, em um lance isolado, ele torce o joelho esquerdo. Depois de alguns exames, descobre que, mais uma vez, vai ter que submeter-se a mais uma cirurgia. Confiante de que a recuperação seria tão boa quanto a primeira, não levou a sério o tratamento.

E ao retornar aos campos, após oito meses de tratamento, o joelho do craque não resistiu e o ligamento, mais uma vez, foi rompido. Mesmo sabendo que a sua parcela de culpa era grande, o jovem ficou muito abalado e chegou a pensar que não voltaria a ser o mesmo em campo. Devido à ociosidade, adquiriu o hábito da ingestão de bebida alcoólica em excesso. Com a ajuda do pai, foi para o AA e se espantou com o que viu e ouviu. Decidiu focar em sua recuperação. De volta aos campos, sentiu-se novamente confiante e, ao fazer um gol, olhou para a arquibancada e viu o pai torcendo por ele. As dificuldades que havia passado viraram um filme de cinco segundos, naquele momento.

De volta aos gramados, pôde sentir mais uma vez o gosto de ser campeão nos campeonatos da Europa, isso o tornava mais confiante. Virou jogador profissional e começou a ver um novo horizonte. Acontece que, ao ser contratado para jogar em um time de Portugal, as coisas não saíram como esperadas. Mais um período difícil. Dificuldade de adaptação ao estilo de jogo de sua nova equipe, treinador que não cumpre com a palavra, muitas surpresas ruins. Aquele craque, que muitas vezes fez a rede balançar com lindos gols, para a alegria dos torcedores, estava triste e desmotivado com a profissão que era o seu sonho de criança.

Chegou a pensar em desistir e dar seguimento aos estudos, mas a família, mais uma vez, teve uma participação muito importante em sua vida e não deixou que ele desanimasse. Mais uma vez, o craque foi convidado a jogar fora de seu país e aceitou o convite para jogar na Tailândia, com o apoio de sua família.

Feliz por estar de volta aos gramados, mas sem foco e sem objetivo, parecia que os seus pés não acompanhavam os seus pensamentos. Determinado a mudar aquela situação, o jovem passou a treinar ostensivamente. PP tinha o objetivo de se superar, a cada dia. Já havia conseguido derrubar algumas crenças limitantes e criar metas a curto e longo prazos. Nos dois primeiros jogos após o início do processo de *coaching*, o seu time não ganhou, mas o jovem garantiu que o seu desempenho foi notório. Afirmou, inclusive, que há muito tempo não jogava tão bem. Chamou a atenção de empresários de outros países, que já o procuraram para fazer propostas. No momento que este texto está sendo escrito, o craque conseguiu, mais uma vez, se superar e usar as suas habilidades para fazer os dois gols da vitória de seu time, *Lampang* F.C. – Tailândia. E no que depender de Pedro Paulo, o seu time vai sair da posição que está no campeonato tailandês.

O *coaching* esportivo serviu para que PP estabelecesse as suas metas com datas e resultados específicos em cada período, isso servirá como parâmetro, para que a sua evolução seja quantificada e para poder identificar o que deve ser reformulado na estratégia inicial.

Por isso, no c*oaching* esportivo, o orientador deve, junto com o seu cliente, estabelecer metas a curto e longo prazos. Se o objetivo é ganhar o campeonato ou uma competição que tenha várias etapas (longo prazo), para isso será necessário que alcance os melhores resultados em cada jogo ou etapa (curto prazo). Nos esportes coletivos, um atleta sozinho não pode ser responsável pelo melhor ou pior resultado, mas consegue se superar e ajudar a sua equipe.

Os objetivos de longo prazo são mais difíceis de serem focados, uma vez que parecem estar distantes, mas desde a primeira etapa da competição ou desde o primeiro jogo de um campeonato, as derrotas e as vitórias vão contar para o resultado final. Todos os passos na direção do objetivo são importantes.

As metas de processo devem ser realistas, mensuráveis e ajustáveis. É necessário que não haja excesso ao estabelecê-las e nem que sejam estabelecidas apenas as metas de resultado. É preciso acreditar e entender que, quando se estabelecem metas, não se tem a solução imediata, mas etapas a serem percorridas.

FOCO- O objetivo deve ser definido com clareza.
Metas de resultado/ longo prazo.

COMO- Como vai atingir?
Metas de processo/ longo prazo.

REDEFINIÇÃO- Estabelecer nova realidade para os neurônios.
METAS de processo/curto prazo.

ROTINA- O que fazer para melhorar o rendimento?
METAS de resultado/ curto prazo.

RESULTADO- Comemorar!
Metas realizadas – objetivo alcançado!!!

O atleta que passa pelo processo de *coaching* esportivo acredita no seu potencial, foca nos seus objetivos e comemora os resultados, fruto de muita garra, determinação e muita persistência.

7

Revolucione seus resultados com a gestão do pensamento e das emoções

Imagine como seria acelerar seus resultados e ter domínio de seus pensamentos, suas emoções e, consequentemente, de seus comportamentos e resultados... Descubra, agora, algumas técnicas que podem revolucionar a sua vida pessoal e profissional

Douglas De Matteu, PhD

Douglas De Matteu, PhD

Doutor em *Business Administration,* PhD e mestre na Arte do *coaching* pela Florida *Christian University* – EUA. Mestre em Semiótica, Tecnologias da Informação e Educação. Especialista em *Marketing*, Educação a Distância e em Gestão de Pessoas com *Coaching*. Bacharel em Administração e *Master Coach* com reconhecimento internacional. *Trainer* em PNL. Docente na Fatec de Mogi das Cruzes. Coordenador do Grupo de Ensino e Pesquisa em Liderança e *Coaching* – GEPLICO da FATEC. CEO do Instituto de Alta Performance Humana – IAPerforma. Representante oficial do SysPersona e da International School of Business and Coaching – EUA, no Brasil. Desenvolve treinamentos *in company*, palestras, formações em *Coaching*. Coordenador e autor de mais de 25 livros.

Contatos
www.iaperforma.com.br, www.intersbc.com
www.syspersona.com, www.douglasmatteu.com.br
douglas@iaperforma.com.br
(11) 3995-4758

> Sua mente cognitiva pode ser uma Ferrari, mas se suas emoções não forem o combustível adequado, você jamais sairá do lugar.

A busca por conhecimento é, sem sombra de dúvidas, uma dimensão extremamente relevante para quem quer conquistar maiores e melhores resultados. Porém, somente a lógica, a racionalidade e o conhecimento jamais serão suficientes se você não aprender a gerenciar seus pensamentos e emoções.

Provavelmente, é mais fácil focalizar a racionalidade, a aritmética, encontrar o resultado das incógnitas X ou Y, ou ainda fazer uso da fórmula de *Bhaskara,* para ajudar a resolver equações de segundo grau, do que calcular o seu saldo bancário emocional.

A matemática é regida por leis e regras racionais, porém compreender o ser humano, seus pensamentos e suas emoções, certamente é a equação mais complexa e completa que se possa imaginar.

Com o uso das leis matemáticas é possível calcular os batimentos cardíacos e até estabelecer uma média, parametrizar o ritmo recomendado de uma pessoa em repouso, que é de aproximadamente 60 a 100 batimentos por minuto. Agora, o desafio é estabelecer padrões e métricas para um coração apaixonado ao ficar frente a frente com o seu amor.

Responda, verdadeiramente: quantas vezes você conseguiu, conscientemente, interromper o seu pensamento no sentido de parar de pensar em uma pessoa, seja por estar apaixonado, ou até por raiva, e não conseguiu? Você consegue parar de pensar? Analise rapidamente: seu pensamento fica mais no passado ou no futuro? Quantas pessoas ficam aprisionadas no passado e sofrem com depressão? Ou ainda por ansiedade? Isso porque sua mente vive mais no futuro.

Lembre-se: ou você gerencia seus pensamentos e emoções, ou será gerenciado por eles.

O livro *O poder do agora*, de Eckhart Tolle, oferece um olhar prático sobre a relevância de gerenciarmos nossos pensamentos, em especial no que tange a manter a nossa mente no aqui e agora. Mantenha-se focado nesta leitura, pois o descuido pode levar a sua mente a divagar por inúmeras questões que geralmente gravitam em nossa mente.

Em uma era hipertecnológica, as pessoas sofrem com um volume imenso de informações e estímulos tecnológicos que podem minar sua atenção, neutralizar o seu foco e prejudicar, severamente, sua *performance*. Manter o foco significa também eliminar distrações e opções.

Além de saber gerenciar o foco, é importante tomar consciência sobre como sua mente gera significado nas situações. Nesse sentido a regra também conhecida como Regra de "90/10", de Steve Covey (2011), que afirma que nós possuímos o controle de apenas 10% do que acontece em nossa vida, os outros 90% se deve à forma como reagimos aos acontecimentos dos quais não possuímos controle. Que, de certa maneira, pode ser ratificada com a ideia da Virginia Satir: "A vida não é do jeito que queríamos que ela fosse. Ela é do jeito que é! A forma como lidamos com ela é que faz total diferença".

Faz sentido? É inútil pensar que podemos evitar que o voo ou o ônibus atrase, que possamos resolver a questão do trânsito, controlar quando chove ou não chove, as pessoas, a economia ou a política. Quando assumimos uma postura de controle das emoções, determinamos como vamos reagir a cada situação, qual o significado e emoção que será atrelada à experiência de forma consciente.

Uma forma eficaz de gerenciar suas emoções é gerenciar seus pensamentos.

Responda: em algum momento da sua vida, talvez, você deixou de ter o controle das suas emoções e acabou se arrependendo de alguma atitude tomada? De zero a dez, como se encontra sua motivação agora? Seu nível de energia, disposição para trabalhar ou até mesmo para sonhar? Conseguir se colocar no lugar das outras pessoas, ser empático é fácil para você? Em algum momento da sua vida faltou autoconfiança para executar alguma tarefa ou para enfrentar algum desafio? De zero a dez, como está sua autoestima?

Para responder essas questões, é necessário ter coragem de olhar para si mesmo e ser capaz de desnudar-se, de encarar o seu "eu" mais íntimo. Ampliar sua percepção sobre você mesmo, seus pensamentos e sentimentos são fundamentais para potencializar sua Inteligência Emocional, IE:

> (...) IE excedeu de longe aquelas expectativas, comprovando ser um poderoso modelo para a educação na forma de aprendizado social/emocional, e é reconhecida como ingrediente fundamental de liderança destacada, assim como um agente ativo para vida plena. (GOLEMAN, 2012, p.7).

Tendo como referência o autor, podemos fazer uma breve reflexão da nossa vida. Estamos vivendo uma vida plena? Talvez você perceba que, em alguns momentos, poderia ter agido de maneira diferente e, certamente, após uma avaliação, chega à conclusão de que foram tomadas decisões errôneas, por falta de controle emocional.

Encontramos, nas empresas, profissionais de níveis técnicos e acadêmicos excepcionais, porém agressivos, desmotivados e incapazes de desenvolver bons relacionamentos.

É notório que as empresas contratam as pessoas por suas capacidades cognitivas, seus títulos e características técnicas e as demitem por seus comportamentos.

Seu comportamento está diretamente ligado à forma de pensar e de gerenciar as emoções. Diante desses desafios, as organizações são cada vez mais seletivas nas contratações, e submetem os candidatos a *assessments*, diagnósticos comportamentais, como *DISC, SOAR, SYSPERSONA*, que analisam além do que o candidato diz em uma entrevista, para avaliar tendências comportamentais, com o objetivo de refinar a escolha do candidato para atender o perfil da organização, potencializando bons relacionamentos entre os colaboradores, sendo também uma bússola ao autodesenvolvimento, em especial, para ser utilizado em processos de *coaching*.

As empresas e profissionais buscam em treinamentos específicos desenvolver as competências emocionais que são preciosas para resultados da vida pessoal e profissional.

Com objetivo de contribuir com treinamentos e processos de *coaching,* desenvolvi a Roda da Inteligência Emocional com base nos cinco pilares da Inteligência Emocional, de Daniel Goleman, que são: autoconhecimento, automotivação, empatia, gerenciamento da emoção e capacidade de se relacionar.

A partir destes cinco pilares, expandi para dez dimensões, que ramificam as cinco dimensões para maior compreensão e avaliação. Usando como base os referenciais do *coaching*, o convite é para você ampliar sua percepção sobre cada uma das dimensões, pensando verdadeiramente no seu significado e, posteriormente, mensurando seu grau de satisfação com cada dimensão. Após ter preenchido a roda, você terá um resultado gráfico de como está a sua gestão das emoções.

O próximo passo é determinar quais das dez variáveis você pode dedicar tempo e energia para melhorar, o que poderá acarretar em potencialização das demais áreas, ou seja, qual será a alavanca para dar início ao desenvolvimento da sua inteligência emocional.

Defina ações concretas e mensuráveis para potencializar os seus resultados. A ideia é sair da subjetividade das emoções, para ações concretas.

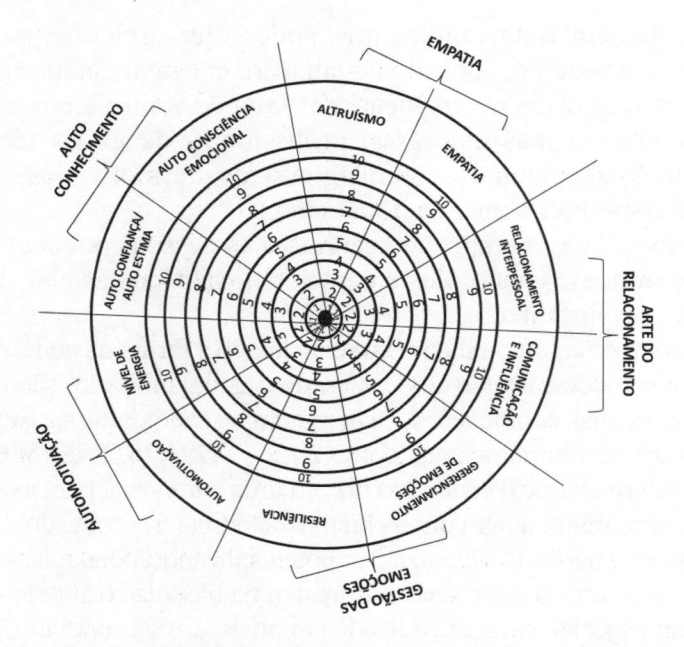

A Roda permite você olhar para seu "eu" interno e descortinar questões que vão interferir na sua inteligência emocional. Lembre-se: desenvolver a IE é um diferencial competitivo no ambiente de trabalho, gerenciar suas emoções, ser resiliente, hábil no gerar empatia, ser capaz de criar vínculos com outras pessoas e, principalmente, ter autoconsciência das suas emoções pode revolucionar sua forma de viver e de entregar resultados.

Considere que a felicidade, bem como a infelicidade, é uma escolha proativa. Há situações que nosso círculo de influência jamais conseguirá mudar. Mas, como pessoas proativas, podemos ser felizes e aceitar o fato de que não podemos controlar e concentrar esforços no que podemos mudar. (COVEY, 2011)

Em nossos treinamentos e formações em *coaching*, costumamos desenvolver o aumento da percepção dos treinandos, para despertar a consciência individual, ajudar a definir um foco e estratégias efetivas, para conquistar os objetivos evidenciando a autorresponsabilidade frente aos resultados da vida, e também sobre como ampliar seu autoconhecimento e gerenciar de forma eficaz suas emoções. Pessoas e situações só vão tirar você do controle, se você permitir. É sua responsabilidade se blindar emocionalmente e agir racionalmente, escolhendo viver as emoções positivas apesar das situações adversas. Quando você aprender a fazer isso tudo, você revolucionará sua vida.

É importante, também, você escolher utilizar palavras positivas no seu dia a dia e nutrir sua mente com positividade. Ela é como um terreno fértil; você pode plantar lindas e perfumadas flores e fazer um belo jardim colorido, ou pode juntar lixo e entulho. A escolha é sua. Seja responsável por cultivar e zelar pelo seu jardim, e jamais deixe que outrem jogue entulho ou lixo. Esteja em alerta constante.

Busque sempre desenvolver relacionamentos saudáveis. Quando começamos um relacionamento profissional, pessoal ou amoroso, estamos, de certa forma, convidando a pessoa a viver no nosso mundo. Se eu tenho uma forma de enxergar a vida e propósitos parecidos com os de outra pessoa, as possibilidades de construir um relacionamento saudável são maiores. Por outro lado, o inverso também é verdadeiro. Selecione seus relacionamentos.

Sabiamente, o grande filósofo Sócrates disse: "Conheça-te a ti mesmo". Resgatando a relevância do autoconhecimento, que também é sinalizada por Carl Jung quando diz: "Quem olha para fora sonha, quem olha para dentro desperta". Que esta leitura promova o despertar.

Pense, agora, em tudo que leu. Ouça seu inconsciente, veja as possibilidades e sinta que talvez você possa, real e verdadeiramente dar um novo direcionamento à sua vida e responda: o que você pode fazer, agora, para começar a aplicar os conhecimentos aqui ofertados e desenvolver ainda mais a sua autoconsciência, autorresponsabilidade e sua Inteligência Emocional?

Referências
COVEY, Stephen R. *Os 7 hábitos das pessoas altamente eficazes*. Rio de Janeiro: BestSeller, 2011.
CURY, A. *O código da inteligência e a excelência emocional*. Rio de Janeiro: Thomas Nelson Brasil, 2010.
GOLEMAN, Daniel. *Inteligência emocional*. Rio de Janeiro: Objetiva, 1995.
_____. *O cérebro e a inteligência emocional: novas perspectivas*. Rio de Janeiro: Objetiva, 2012.
MATTEU, Douglas de; FOGAÇA, Thiago. *Gerencie suas emoções e acelere os seus resultados*. In SITA, Mauricio; (Coord.) *Capital intelectual. A fórmula do sucesso: grandes especialistas mostram como investir no desenvolvimento contínuo desse diferencial*. São Paulo: Literare Books, 2013.
O'CONNOR, Joseph. *Manual de programação neurolinguística: PNL: um guia prático para alcançar os resultados que você quer*. Rio de Janeiro: Qualitymark, 2011.
TOLLE, Eckhart. *O poder do agora*. Rio de Janeiro: Sextante, 2010.

8

Life coaching: realizando sonhos não sonhados

Esta é a história de vida de um sonhador, nascido no sertão nordestino, que nunca desistiu de seus sonhos. Com a formação em *life coaching*, reconhece a realização de sonhos não sonhados. *Life coaching* é o treinamento para a vida. João Dilavor realizou sonhos, como trabalhar em quatro bancos; casar e ter quatro filhos; graduar-se em pedagogia e ciências contábeis. Além de mestrado e doutorado em universidades públicas, ser professor efetivo da Universidade Federal do Ceará e empresário contábil

Dr. João Dilavor

Dr. João Ferreira de Lavor
(João Dilavor)

Life coach, doutor em Educação Brasileira e mestre em Desenvolvimento e Meio Ambiente pela Universidade Federal do Ceará (UFC). Pedagogo e bacharel em Ciências Contábeis pela Universidade Estadual do Ceará (UECE). Professor adjunto da Universidade Federal do Ceará (UFC), Campus em Quixadá (CE), nas disciplinas de Empreendedorismo, Ética, Direito e Legislação, Teoria Geral da Administração, Contabilidade e Custos. Ex-professor substituto da Universidade Federal do Ceará, na FEAAC – Faculdade de Economia, Administração, Atuárias e Contabilidade nas disciplinas de Contabilidade para não contadores. Introdução à Contabilidade, Contabilidade Governamental II e Auditoria governamental. Ex-professor da FAC – Faculdades Cearenses, nas disciplinas de Contabilidade Instrumental, Contabilidade Pública e Orçamento e Contabilidade Comercial II. Empresário contábil.

Contatos
www.joaodilavor.com.br
joaodilavor@gmail.com
(85) 3472-6905/3282-5172

Eu me defino como um sonhador. Sonhador no sentido menos pejorativo, porque muita gente acha, aqui no Brasil, que sonhar é sinal de pensar em coisas impossíveis, ou perder tempo com divagações sem nexo. Entretanto, eu sempre gostei de pensar no futuro como um otimista, obstinado, e sempre tive atitude para realizar. Nunca esperei por ninguém. Sempre fui proativo, acreditei nos meus sonhos e nas minhas intuições, sempre assumi minhas decisões e nunca culpei ninguém por minhas falhas e meus erros. Falhei muito, mas levantava a poeira e seguia em frente. Caí muito e, na maioria das vezes, arranjava forças e começava tudo de novo.

Normalmente eu menciono que fiz *coaching* sem saber, e sou *coach* (treinador), também, inconscientemente. Sou uma pessoa de fé. Fé em Deus, depois de muita experiência, muitos tropeços e acertos, descobri que eu não tinha fé em mim, mas em Deus e não sabia. Eu era muito soberbo e achava que bastava ter fé em mim mesmo, que tudo seria resolvido. Após uma das maiores provações da minha vida, aconselhado por meus filhos e um amigo/irmão, resolvi ler a Bíblia e vários livros religiosos. Daí tive a certeza de que não somos donos de nada. Nem bens materiais, nem mulher e filhos, nem amigos, nem nosso próprio corpo, nem nossa própria vida. Tudo é de Deus. Nós somos pó (terra) e ao pó (terra) voltaremos. É só uma questão de tempo cronológico (de Chronos).

José Roberto Marques diz uma coisa interessante: "Sou filho, logo existo". Somos obrigados a reconhecer nossa origem, honrar e respeitar nossa história. É como manda as Leis de Deus, divulgadas por Moisés: "Honrar Pai e Mãe". Nascemos do amor de nossos pais e resistimos em honrá-los como eles realmente merecem. Depois de muitas desilusões da vida é que reconhecemos a grandeza e a sabedoria de nossos pais. Honrar e respeitar nossa história é valorizar nossa família, nossos pais, nossos irmãos, nossos amigos e parentes. Como se faz isso? Só com muito amor e perdão, porque viver em família é comungar de erros e acertos, de alegrias e tristezas, de saúde e doenças, de raivas e perdão, enfim, são relacionamentos gostosos, prazerosos, mas que requerem muita paciência e sabedoria.

Voltando aos meus sonhos realizados, que não foram sonhados, quero retornar à minha infância pobre nas Cajazeiras dos Paulos, distrito de Guassussê, município de Orós, no Ceará. Residindo naquela casa de taipa, com piso de terra batida, sem água encanada nem energia elétrica, somente com luz de lamparina, dormindo em redes, porque não tinha cama. Comendo carne ou outras misturas, uma vez por semana, quando tinha. Como se diz aqui no interior do Ceará, comendo mungunzá d'água no sal. Isso era lá pelos anos de 1965. Depois que fomos morar na cidade de Orós, as coisas ficaram menos dramáticas para a família do Sr. Lavoisier e de Dona Neném, meus pais.

A partir de 1972, eu estudava e trabalhava, e em 1976, fui selecionado para menor aprendiz do Banco do Brasil, em Orós (CE). Foi o primeiro sonho não sonhado realizado. Foi uma maravilha, pude ajudar meus pais e ainda comprar meus apetrechos pessoais. Iniciava-se uma nova fase da minha vida que, no *life coaching,* chamamos de novo ciclo de vida.

Em 1977 e 1978, realizei os sonhos de ser selecionado para o Bradesco, também na cidade de Orós, e me casei em 13 de maio de 1978. Novo ciclo de vida, vislumbrava-se com mais responsabilidade, mais trabalho, mais estudos e mais determinação. Isso era alta *performance* ao estilo João Lavor. Nesta época, passei nos concursos para a Caixa Econômica Federal, o Banco do Nordeste do Brasil S.A. e a Rede Ferroviária Federal S.A., que eram três instituições federais de concursos difíceis, na época, e de salários bons que daria a mim e a minha família certa estabilidade.

O IBC – Instituto Brasileiro de *Coaching* assevera os temas ou propostas de sessões de *coaching* como sendo: "No tema de sessão ou proposta de sessão, devemos sugerir entre *Autofeedback* para primeira sessão, Roda da Vida para segunda sessão, *feedback* Projetivo 360º para a terceira sessão. Na quarta sessão, será a Roda do Processo Evolutivo. Na quinta sessão, serão crenças e valores ou significados. Na sexta sessão é a missão, montando sua autobiografia na sétima sessão. Na oitava sessão, será a visão e legado. Na nona sessão, será a Roda da Abundância, e na décima, será o planejamento e a rota de ação". Estes temas de sessões vão mudar a vida do *coachee* ou cliente, no processo de *life coaching.* Hoje, 2017, é fácil pensarmos em fazer *coaching,* trabalhar o autoconhecimento, pensar em desenvolvimento humano, enfim, mudar de vida com ferramentas e atitudes orientadas e cientificamente comprovadas.

No ano de 1982, tive a oportunidade de escolher entre dois dos melhores empregos da época; então pedi demissão da Caixa Econômica Federal e fui admitido no Banco do Nordeste do Brasil S.A. (BNB), dois empregos federais do maior gabarito; isso foi feito e decidido na cidade de Iguatu (CE). Daí, fui trabalhar no BNB, na cidade de Brejo Santo, também interior do Ceará, mais especificamente no Cariri cearense. Lembro-me de uma cena hilariante, em que o colega Perboyre e eu estávamos no BNB Clube de Brejo Santo, juntamente com o juiz de direito da cidade, e a conversa trilhou para salários. O juiz ficou irritado, porque mostramos os contracheques e descobrimos que ganhávamos mais do que um juiz de direito. Na época, muitos pais e mães preferiam que os filhos fossem bancários desses bancos do que serem médico, por exemplo. Esse exemplo foi para demonstrar a importância desses empregos e concursos públicos. Então, ser aprovado na Caixa Econômica Federal e no BNB foram dois sonhos realizados e não sonhados.

Segundo o IBC, na sessão de *life coaching*, o *coach* vai trabalhar com o *coachee* o estado atual e a perspectiva de onde este último, com a ajuda do *coach*, vai querer chegar em termos desejados. Utilizar o roteiro escolhido da sessão – roda vida, para identificar o estado desejado. Na roda da vida, temos nossa situação pessoal, na qual verificamos o estado da saúde e disposição, desenvolvimento intelectual e equilíbrio emocional. Já no profissional, temos a realização e o propósito, recursos financeiros e contribuição social. Na situação relacionamentos, trabalhamos com família, desenvolvimento amoroso e vida social. Finalmente, na situação qualidade de vida, vamos observar criatividade, *hobbies* e diversão, plenitude, felicidade e espiritualidade. Desenvolver esta roda da vida é uma maneira de se aperfeiçoar a evolução humana no sentido psicológico, saindo do plano material de saúde, da fisiologia propriamente dita, até o plano espiritual de abstrações do consciente, passando pelo subconsciente e indo até o inconsciente.

Em 1992, fui selecionado pelo BNB, para um curso interno de qualificação, com mais de 512 horas na sede do BNB, em Fortaleza (CE). O BNB sempre foi uma das empresas que mais investiu em qualificação de seus funcionários. Neste curso, tínhamos aulas teóricas e práticas com os melhores professores de MBA – *Master Business Administration* – de universidades como UFRJ – Universidade Federal do Rio de Janeiro, UFRS – Universidade Federal do Rio Grande do Sul e USP – Universidade de São Paulo. Depois desse curso, fui nomeado gerente geral do BNB, na cidade de Sousa (PB). Foi onde eu tive acesso à literatura motivacional e li livros como *A lei do triunfo*, de Napoleon Hill, *O maior vendedor do mundo*, de Og Mandino, *Como fazer amigos e influenciar pessoas*, de Dale Carnegie, *Quem pensa enriquece*, de Napoleon Hill, *O poder do hábito*, de Charles Duhigg, dentre outros. Nesta época, assinei a revista *Venda mais e Você S/A*. Alguns poderiam pensar: o que quer um bancário com revista sobre vendas e sobre carreira? Isso mudou a minha vida. Tive acesso, também, ao *marketing* direto ou *marketing* multinível, que é um conceito norte-americano de vendas, também conhecido como *marketing* de rede. É um modelo comercial de distribuição de bens ou serviços, em que os ganhos podem advir da venda efetiva dos produtos ou do recrutamento de novos vendedores. Diferencia-se do chamado "esquema em pirâmide", por ter a maior parte de seus rendimentos oriunda da venda dos produtos, enquanto, na pirâmide, os lucros vêm, apenas ou majoritariamente, do recrutamento de novos vendedores.

Foi uma mudança traumática e muito complicada, porque passei por uma crise no trabalho e terminei sendo transferido para Fortaleza, onde depois de dois anos, saí definitivamente do BNB. Daí, fui experimentar um negócio próprio com uma fábrica de embutidos, em sociedade com minha esposa. Fizemos tudo como manda o figurino, treinamentos, capacitação do pessoal operacional, registro nos órgãos de inspeção estadual, alvará de funcionamento, registro sanitário, mas as vendas nunca atingiram o chamado "Ponto de Equilíbrio" (Receitas = Custos + Despesas), assim, nos endividamos e quebramos com nove meses de atividades.

Segundo José Roberto Marques, do IBC, existem hábitos de pessoas altamente eficazes, que dentre eles estão:

– Honrar e respeitar a própria história. Para conquistarmos o sucesso, é importante reconhecer nossos erros, bem como nossas vitórias e origens. Tudo que aconteceu faz parte de quem somos hoje, e ignorar isso não muda nossa história. Por isso, é fundamental saber aproveitar todas as experiências de vida, as derrotas e aprendizados, para seguir em frente e vencer os novos desafios.

Foi nessa linha de pensamento que segui em frente e fui batalhar por oportunidades para sustentar minha família dignamente. Colhi frutos do meu *network* da época do BNB, e um amigo me acolheu na empresa em que ele trabalhava. Passei dois anos lá, aprendi e ensinei muitas coisas, deixei muitos amigos e uma história de amizades e bons relacionamentos.

– Foco no Positivo. Pessoas otimistas, que sempre enxergam o lado positivo dos acontecimentos, são mais automotivadas, resilientes, felizes e produtivas, pois acreditam verdadeiramente em seu poder de realização. Manter o foco no positivo é essencial ao sucesso, pois tudo começa a partir de uma programação mental também positiva, em que vencer é um objetivo, mas também uma certeza de que a pessoa é capaz de chegar ao topo.

Sempre fui muito positivo, acreditei em mim e na minha capacidade de resolver problemas e enfrentar dificuldades. Nessa época, montei meu escritório de contabilidade, também ajudado por pessoas da época do BNB, e comecei um negócio que foi e está sendo minha redenção até a presente data. Este foi um sonho realizado que não foi sonhado, mas foi planejado inconscientemente, porque desde quando eu trabalhava no BNB, em Brejo Santo, fiz o curso de técnico em contabilidade, em 1984, e este curso veio me servir definitivamente, em 1999.

– Autoconhecimento. Quanto mais eu me conheço, mais eu me curo e me potencializo. O autoconhecimento confere um maior empoderamento sobre nossos pontos fortes e de melhoria e permite à pessoa conhecer suas potencialidades e eliminar pensamentos e atitudes que limitam seu sucesso.

Esse empoderamento eu consegui graças ao estudo e à atitude de sempre procurar realizações e oportunidades para mim e minha família. Nesta época (2001), realizei mais dois sonhos não sonhados, que foi me graduar em pedagogia pela Universidade Estadual do Ceará (UECE) e, ao mesmo tempo, no último semestre de Pedagogia, como formando, fui aprovado no mestrado em desenvolvimento e meio ambiente, pela Universidade Federal do Ceará (UFC).

– Criar um ciclo de abundância. O universo conspira ao nosso favor e nos devolve, exatamente, o que mandamos para ele. Se fazemos o bem, recebemos o bem em troca. Do mesmo modo, se fazemos o mal, por ele também seremos encontrados. Por isso, alimente um ciclo de abundância ao seu redor, rodeie-se de pessoas positivas, ajude quem precisa, demonstre compaixão, amor, respeito e afeto, procure evoluir sempre. Agradeça e permita que as pessoas aprendam com você e se permita aprender com elas também.

Em 2003, defendi minha dissertação de mestrado, na Universidade Federal do Ceará (UFC), em desenvolvimento e meio ambiente. Um sonho não sonhado e tanto. Já em 2009, passei para professor efetivo na Universidade Federal do Ceará, no Campus de Quixadá (CE). Em 2010, fui selecionado para o doutorado em educação brasileira, da Universidade Federal do Ceará (UFC), em Fortaleza, no núcleo de avaliação educacional, da Faculdade de Educação, tendo defendido minha tese de doutorado, em 6 de junho de 2014. Não deixam de ser feitos significativos para honrar minha história. Aquele menino de pé descalço, lá das Cajazeiras dos Paulos, num sítio de um distrito da pequena cidade de Orós, no meio do sertão brabo do semiárido nordestino. Se foi possível comigo, será possível com qualquer um. Acredite e mãos à obra.

O *life coaching* é isso: defina seu sonho, faça o *autofeedback*, acredite em Deus e em você, tenha atitude proativa, encontre seu estado atual e projete seu estado desejado. Traga seu futuro para o presente e viva o presente. O passado são lembranças que precisam ser avaliadas, mas nunca viva do passado nem no passado, porque a gente vive no presente, e o presente é uma dádiva de Deus, por isso que é presente. Cuidado com suas crenças, seus valores e significados, suas verdades. Elas não devem ser imutáveis, devem ser perenes na medida em que não prejudiquem outras pessoas, mas baseadas em princípios morais e éticos de valorização do ser humano, de paz, amor e harmonia entre os povos. O *life coaching* nos ajuda a fazer nossa autobiografia, definir nossa missão de vida. Trabalhar nossa visão e nosso legado. Você já pensou o que vai deixar para honrar sua história de vida? Por que sua vida valeu a pena? O que você quer que escrevam em sua lápide? Qual a sua obra?

Referências

IBC Coaching. *Professional self coaching*. Disponível em: <http://www.ibc-coaching.com.br/landing-page/professional-self-coaching/?gclid=CjwKEAj-wr_rIBRDJzq-Z-LC_2HgSJADoL57H3fOM7znRH9SsJOtVO8824yrViE5iqwS-GYCtw_9JXSxoCAOTw_wcB>.
Jrm Coaching. *Menu*. Disponível em: <http://www.jrmcoaching.com.br/>.

9

A estrada do sucesso está sempre em construção

O que o inspira?

Dra. Janáine Vieira Donini

Dra Janáine Vieira Donini

Personal &Self Coach pelo Instituto Brasileiro de *Coaching*. *Executive & Master Coach* pelo *Development*. Doutora em Agricultura Tropical pela Universidade Federal de Mato Grosso. MBA Em Gestão Estratégica pela Universidade Federal de Mato Grosso. Engenheira Sanitarista Ambiental pela Universidade Federal de Mato Grosso. Gestora Pública. Palestrante.

Contatos
www.janainedonini.com.br
janainedonini@gmail.com

Às vezes, a observo e vejo a mulher que se tornou. Títulos acadêmicos, reconhecimentos sociais, bem-sucedida, feliz, com grandes e significativas amizades... Nem parece aquela frágil menina que outrora conhecera, moldada com tantas crenças limitantes e medos.

E tudo começou, ou recomeçou, com o entendimento de que o processo de crescimento, rumo ao sucesso é contínuo, e que a felicidade encontra-se no caminho, nas descobertas feitas a cada conquista.

E como sei disso? Sou eu esta mulher, e o entendimento deste processo ocorreu, durante a procura em responder a pergunta: "o que inspira você?" E o que me inspirava? Precisava responder isso à minha essência. E aí começa a aventura do autoconhecimento, uma grande e poderosa revolução interna em busca do sucesso.

Ao procurar no dicionário, encontrei a seguinte definição da palavra sucesso: "aquilo que sucede; acontecimento, fato, ocorrência; resultado positivo após alguma tentativa ou esforço, seja ele profissional, acadêmico ou pessoal". E para inspiração, o resultado foi: "aspiração, estímulo, impulso, ardor, instinto, centelha...".

A centelha que havia em mim não era a mais forte ou maior, porém causou o ardor, a paixão necessária para entender e buscar o resultado positivo almejado em todas as esferas de minha vida, todos os papéis que exerço, entender realmente qual era meu propósito de vida. Para isso, passei por um processo decisório, com definição de um plano de ação com objetivos e metas norteadoras.

As definições, tanto de inspiração, quanto de sucesso estão diretamente ligadas à ação. Logo, o agir é tão ou mais importante do que a decisão em ter sucesso, e a partir daí, seguir o caminho que conduz a ele. É sobre isso que vou falar, do passo mais importante após a decisão, a ação, a execução de tudo que fora pensado e planejado em busca do objetivo almejado.

A proposição de Marshal Goldsmith, quando diz que "o que te trouxe até aqui não te levará até lá", é importante na percepção de que nossas atitudes atuais não nos levarão à nenhuma realização diferente das que temos agora, que os acontecimentos passados servem apenas como experiência, e devem ser somados aos conhecimentos adquiridos no decorrer de nossas vidas, visando aprimorar nossa *performance*.

Logo, se quisermos resultados diferentes, temos que ter atitudes diferentes, esse é o grande diferencial de pessoas que conseguem resultados grandiosos: gerar poder através da habilidade de agir, pois todo êxito está ligado com a ação e é a ação que produz resultados.

"A grande finalidade da vida não é o conhecimento, mas a ação."
Tomas Huxley

Para isso, a mudança é necessária, mas dizem que mudar é difícil. E os acostumamos tanto com essa ideia, que ela se tornou uma verdade em nossos dias, paradigma que, muitas vezes, nos impedem de avançarmos em direção aos nossos objetivos. Comumente vemos pessoas focando no que não querem, esbarrando nos obstáculos do insucesso e encontrando culpados para isso e, infelizmente, permanecendo em suas zonas de conforto, dando a sensação de estagnação.

É importante entendermos que todo paradigma está ligado a uma crença e que nossas crenças é que nos dão ou não a permissão para agir.

A mudança é um enorme privilégio, nos leva sempre a experimentar novas versões de nós mesmos e da vida que temos. Mas como iniciar o processo de mudança? Com permissão a novas possibilidades, novos pensamentos, novas crenças, novas formas de encarar as dificuldades. Perguntar-se: o que quero? Onde quero chegar? Sustentar-se em um processo de *coaching* e outras alternativas de ajuda, empoderando-se na descoberta de seu propósito de vida.

Nesse processo de evolução pessoal, elenquei alguns passos que foram muito importantes para as ações efetivas na realização de meus objetivos:

Priorizar

Dispersar-se é muito fácil, é nos deixar levar pelo que, inicialmente, é mais interessante do que aquela meta que exige muito mais de nós. As redes sociais, principalmente, têm tirado muito nosso foco, do nosso tempo profissional, do nosso próprio empreendimento quando proprietários, dos objetivos que traçamos a curto, médio ou longo prazos. E os maiores perdedores somos nós mesmos.

Então, é necessário priorizar, dar prioridade aos nossos objetivos e sonhos, colocá-los em primeiro lugar em relação às demais atividades que aparecem rotineiramente. Apenas conseguimos gerenciar nosso tempo e nos tornar mais assertivos em nossas ações, se soubermos priorizar o que é importante, em detrimento das urgências.

E aqui entra a importante ferramenta de gestão de tempo, que alguns autores já trabalharam brilhantemente, e eu, de forma particular, gosto muito da tríade do tempo, por Christian Barbosa, que divide as atividades em três critérios: importante, urgente e circunstancial.

A esfera da importância refere-se às atividades feitas por você e que são significativas em sua vida. A esfera da urgência reúne todas as atividades para as quais o tempo é curto ou se esgotou. E a esfera das circunstâncias, por sua vez, cobre as tarefas desnecessárias. Cada pessoa tem sua tríade, sendo que a esfera a ser priorizada é aquela que contém as atividades verdadeiramente importantes em sua vida, aquelas que trazem os resultados mais efetivos.

Planejar

Como gostaria de estar daqui a dez anos? Parece um questionamento incoerente diante do inesperado da vida, saber exatamente o que queremos, porém, definir os passos para chegar até esse objetivo é hábito que proporciona maior disciplina e empenho na realização dos objetivos e metas.

Infelizmente, a maioria das metas e objetivos nem sai do papel, e não é necessariamente por falta de vontade, e sim ausência de planejamento, que é uma ferramenta que ajuda a definir caminhos para alcançarmos nossos objetivos, tanto os de longo quanto os de curto prazo.

Paixão

É o "gosto muito vivo, acentuada predileção por alguma coisa", segundo o dicionário, é um sentimento impulsivo e forte, é algo que nos movimenta. A paixão dá motivação e autoconfiança para alcançarmos nossos objetivos e metas. É necessidade básica do ser humano, encontrar satisfação e paixão no que realiza.

É importante refletir sobre nossas histórias de vida e explorar a trajetória realizada até então, oportunizar a descoberta de momentos de alta *performance*, *gaps* de habilidades, identificar os valores e necessidades que nos orientam, descobrir talentos e paixões que visem o alinhamento das escolhas profissionais futuras, com a essência e estilo de vida, ou mesmo realinhando as carreiras já em andamento, potencializando as chances de sucesso.

Esses passos foram essenciais no processo de autoconhecimento e norteadores à ação efetiva para as mudanças acontecidas em minha trajetória. A partir da mudança de foco e das atitudes mais assertivas, a autoestima somente teve um aumento significativo e as crenças possibilitadas superaram as crenças limitantes que existiam.

10

Casais de alta performance: como conseguir um relacionamento saudável e feliz!

A "fórmula", o "segredo", a "receita" do sucesso de um relacionamento, e a maneira com que um casal é preparado para ser um casal de alta *performance*

Dra. Letícia Guedes

Dra. Letícia Guedes

Psicóloga clínica, *Mastercoach*, especialista em Terapia Cognitivo-Comportamental, MBA em Gestão Empresarial. Mestre e doutoranda em Psicologia, professora de pós-graduação, supervisora de estágio e de Caso Clínico. Articulista de um grande Jornal do Estado de Goiás. Palestrante e conferencista. Escritora, terapeuta de casais e sexual e hipnoterapeuta.

Contatos
www.casaisdealtaperformance.com.br
www.draleticiaguedes.com.br
draleticiaguedes@gmail.com
(62) 98317-4447

A história do casamento surgiu com a ordem burguesa, mas só ganhou feição a partir do século XVIII, quando a sexualidade passou a ocupar um lugar importante dentro do casamento. Nesta época, eram os pais quem cuidavam do casamento dos filhos, e o casamento não se consagrava em um relacionamento de amor, muito pelo contrário, era um negócio de família, um contrato que não visava o amor e o prazer, mas o conselho de suas famílias e o bem destas.

A escolha do cônjuge era sempre para beneficiar as famílias tradicionais, portanto, as paixões, bem como o afeto, não tinham peso nessas decisões, e a sexualidade tinha como fim a reprodução, e fazia parte da aliança do casamento. Os casamentos eram arranjados pelos pais dos noivos. Por muitas vezes, os casais nem sequer se conheciam, então não havia nenhum sentimento entre eles.

O critério para a escolha dos pares visava o poder econômico e social entre famílias que tinham posse e/ou o reconhecimento e prestígio pela sociedade. Portanto, como não era dotado de sentimento e tampouco paixão entre a díade, o relacionamento costumeiramente era adúltero e frio e, por muitas vezes, o homem podia ter mais de uma mulher. Como papel principal da mulher no casamento, havia a reprodução e, posteriormente, o cuidado com os filhos.

Já com o advento da igreja, o casamento nas sociedades ocidentais passou a ser consagrado por ela, que teve e tem uma grande influência na história do casamento e em sua manutenção. Os ideais cristãos pregavam a virgindade e a castidade, e assim, os prazeres da carne tinham que ser renunciados, até o momento da união do casal por meio do sacramento do casamento, a fim de ganhar o reino dos céus.

Ao longo do tempo, o casamento sofreu grandes e incontáveis mudanças. Elas começaram com a valorização do amor individual, no qual o casamento começou a se estabelecer, não mais por interesses sociais, econômicos e políticos, e sim por amor e paixão, algo que não existia há tempos em uma relação conjugal, e que não era valorizado.

Atualmente, o casamento ideal propõe ao casal que se amem e que tenham expectativas a respeito do amor e da felicidade no casamento.

Buscando encontrar este amor tão cobiçado, o matrimônio é hoje em dia um grande sonho que a maioria dos indivíduos pretende realizar. Entretanto, este anseio pela felicidade conjugal perpassa por incontáveis obstáculos, a começar pelas dificuldades emocionais dos seres humanos e dos contratempos da vida. Esses são alguns dos desafios pelos quais os casais atuais vêm enfrentando, pois se orientam ainda hoje pelo modelo romântico de casamento proposto antigamente.

Os problemas entre os casais são tão frequentes, que as taxas de separação em todo o mundo são surpreendentes. Nos Estados Unidos, estima-se que o divórcio atinja metade dos casais em seu primeiro casamento, e que o percentual é de 60% entre as pessoas que se encontram no segundo casamento.

Já os dados encontrados junto ao IBGE – Instituto Brasileiro de Geografia e Estatística, mostram que, em 2015, foram realizados 1.137.321 casamentos civis, representando um aumento de 2,8% em relação a 2014. A relação de casamento, segundo o IBGE, aumentou 15,7%, representando 0,5% do total de casamentos registrados em relação a 2013. No Brasil, considerando o total de casamentos, as uniões entre cônjuges solteiros representavam 76,1% do total de casamentos. Em segundo lugar, com 9,6% dos casamentos realizados em 2015, estavam os casamentos entre mulher solteira e homem divorciado, e em terceiro, as mulheres divorciadas com os homens solteiros, 6,4%. A diferença das idades médias ao casar, segundo o IBGE, entre homens e mulheres, eram de três anos, sendo que os homens se casaram em média aos 30 anos e as mulheres, aos 27 anos.

Na nossa sociedade, nos tempos atuais, os indivíduos se divorciam não porque o casamento não é importante, mas porque sua importância é tão grande, que os cônjuges não aceitam que ele não corresponda às suas expectativas. Assim, é justamente a dificuldade dessa exigência que o divórcio reflete, e quase sempre os divorciados buscam o recasamento. No Brasil, segundo os dados do IBGE (2015), a Pesquisa Estatística do Registro Civil apurou 328.960 divórcios concedidos em primeira instância ou por escrituras extrajudiciais. Houve um declínio no número de divórcios contabilizados pela pesquisa em relação a 2014, quando o total de divórcios concedidos em primeira instância ou por escrituras extrajudiciais foi de 341.181. A Pesquisa Estatística do Registro Civil, 2015, revelou ainda que, em média, o homem se divorcia mais velho que a mulher, geralmente com 43 anos, enquanto a mulher tem 40 anos.

Segundo a literatura, o divórcio é sempre vivenciado como uma situação extremamente dolorosa e estressante. O tempo que os ex-cônjuges levam para a elaboração do luto pela separação, geralmente é bem maior do que o luto por morte de alguém querido.

Afinal, o que é importante para o sucesso de um relacionamento? Vários autores sugerem dedicação e compromisso de ambas as partes, além de uma comunicação assertiva e voltada à resolução de problemas. A divisão de papéis também tem se mostrado de suma importância para que cada um possa fazer o seu papel no relacionamento e que eles sejam claros e negociáveis, tendo como foco o auxílio mútuo.

O respeito entre casais é uma das motivações para que o relacionamento seja duradouro, em que cada um possa respeitar o espaço do outro, respeitando os limites do cônjuge e estando comprometido a fazer o relacionamento dar certo com empenho e dedicação. Para que o relacionamento possa crescer, o casal não apenas tem que dividir seus sonhos, mas buscar realizá-los juntos, tendo metas e objetivos em comum. Como consequência, temos o desenvolvimento e o crescimento da díade.

A relação conjugal vai se manter enquanto for prazerosa e útil para o casal. Valorizar o outro significa muito para o relacionamento, faz com que o(a) parceiro(a) sinta-se respeitado e amado, eleva a autoestima e fortalece a relação.

O relacionamento é uma grande oportunidade, ele é essencial, pois precisamos um do outro para sobreviver. Ninguém nasceu para ser sozinho, mas para estar com o outro, aprendendo, crescendo, respeitando e sabendo lidar com as diferenças, e acima de tudo, cultivando o amor. Já parou para pensar que o relacionamento é a maior oportunidade de crescimento e de desenvolvimento que o ser humano tem? É a grande possibilidade de aprender novas habilidades, desenvolver as já existentes, lidar com o desafio e o novo e, no final, ainda ganhar uma família de presente.

Mas o que o *coaching* tem a ver com isso? Inclusive, o *coaching* é um processo realizado, na maioria das vezes, de forma individual. Então, não é bem assim que ocorre comigo, desde quando me formei e comecei a atuar como *coach* profissional. Eu já vinha de uma formação em terapia de casal através de um doutorado que estou fazendo, porém, muito além de qualquer título, havia a minha enorme vontade de contribuir com as famílias e resolvi atuar na base delas, pois se elas tivessem uma base boa e bem fundamentada, logo também teriam sustentação e poderiam se manter e, inclusive, crescer. E assim escolhi os casais como sendo o meu público-alvo. Porém, quando cheguei à formação de *coaching*, vi que os profissionais atendiam de maneira individualizada e pensei em uma forma de aplicação de uma metodologia tão importante e eficaz na díade, que já chegava em meu consultório, uma vez que sou psicóloga clínica por formação.

Pois então, o que fazer para transformar os casais que nos procuram, em casais de alta *performance*? Fácil, fácil, vamos pensar juntos em algumas das técnicas. Selecionei algumas, pois o espaço é insuficiente para trabalhar as inúmeras existentes.

Roda da vida

Uma das primeiras técnicas que aplico é a roda da vida (avaliação do nível de satisfação), pois compreendo que é necessário avaliar as áreas fortes e deficientes de cada um dos membros do casal. No primeiro momento, eles fazem a roda separadamente e depois criamos uma oportunidade para que eles possam compartilhar a sua autoanálise. O mais interessante é que um contribui com a roda do outro e vão se ajudando, além de traçarmos novos comportamentos esperados de cada uma das áreas presentes na técnica (espiritualidade; plenitude e felicidade; criatividade, *hobbies* e diversão; vida social; relacionamento amoroso; família; contribuição social; recursos financeiros; realização e propósito; equilíbrio emocional; desenvolvimento intelectual e saúde e disposição). Os clientes passam a compreender que só há equilíbrio se todas as áreas são contempladas e se as equilibrarmos. Portanto, olhamos atentamente para os comportamentos que estão deficitários para planejarmos mudanças.

Já para os tópicos apresentados pela técnica que os cônjuges estão bem, nós exaltamos e valorizamos, para que eles aprendam a enxergar as qualidades, virtudes e bons comportamentos um do outro. Outro ponto importante é que eles definem "tarefas de casa" para serem feitas em conjunto e, também, separadamente, e um está convocado a contribuir com as atividades do outro, logo, eles se ajudam mutuamente e vão se desenvolvendo quase sem perceber.

A roda da vida os leva a começarem a definir as primeiras tarefas, metas e objetivos que vão fazer com que cada um cresça individualmente e em conjunto, pois estipulamos atividades e alvos que eles vão buscar juntos, visto que eles começam a perceber que juntos são muito mais fortes e conseguem chegar mais rápido e mais intensamente nos alvos que estipularam.

Missão e propósito

Em seguida a esta ferramenta, eu tenho como costume conduzi-los à ferramenta "missão e propósito". Questionamos, juntos, qual o sentido da vida de cada um. Qual o sentido da vida conjugal/familiar? Escrevemos uma missão de vida para cada membro da díade e escrevemos nova missão pensando na família e no relacionamento deles. Nesta ferramenta, temos como objetivo utilizar os talentos dele e dela, na potencialidade máxima, a fim de fazer com que eles possam performar, porém em conformidade com os seus valores.

Já refletiram que não existe razão para estar em um relacionamento, se eu não o percebo como minha missão ou parte da minha missão de vida? Como me dedicar a uma relação se eu não vejo sentido nela? Não é possível, por isso, para o casal crescer e encontrar o seu verdadeiro e mais assertivo caminho, é necessário entenderem qual a real razão de estarem juntos. Quando você descobre a sua missão, você se torna melhor nela.

Dreamlist

Essa sessão é linda e muito emocionante. É uma viagem na vida do casal, do dia em que eles se conheceram, até o dia da sessão e uma nova viagem ao futuro. Imaginamos os próximos cinco, dez e até 20 anos e perguntamos onde eles desejam estar. Além de muito emocionante, pois o casal é capaz de olhar e relembrar a sua história e as suas conquistas até aquele momento, isso os fortalece e os faz perceber o quanto já percorreram lado a lado. Esta ferramenta nos faz, literalmente, sonhar com o que gostaríamos de ser/ter ou fazer, e isso traz brilho aos olhos do casal.

Após fazermos uma visualização detalhada do passado, presente e do futuro do casal, eles são convidados a colocarem tudo em uma folha de papel, além de definirem os prazos e levantarem qual o caminho que vão percorrer para chegar lá, juntos, pois existem habilidades essenciais de um e de outro. A fim de entenderem como funcionará o plano de ação, aplico o *roadmap*.

Roadmap

É a forma com que o casal trabalha para obter os resultados que almeja. É o plano de ação que eles montam, a fim de conquistarem os seus objetivos pessoais, que os tornam interessantes para si e para o(a) parceiro(a), e a maneira de conquistar o que almejam, juntos!

Eles definem o passo a passo, olhando do futuro para o presente, e depois selecionam qual tarefa ficará para cada um deles, ou seja, há uma divisão de tarefas e são estipuladas as datas para a realização das ações, e é definido um dia para que sentem e vejam se o que definiram está sendo cumprido e, de fato, está sendo efetivo para a concretização do objetivo escolhido.

Por fim, a "fórmula", o "segredo", a "receita" do sucesso de um relacionamento, e a maneira com que um casal é preparado para ser um casal de alta *performance*, perpassa por: trabalhar os seus valores, gerenciar o tempo de cada um, levá-los a sonhar juntos e, também, planejar o alcance das metas juntos, trabalhar o autocontrole e a gestão das emoções. Com as ferramentas corretas e os profissionais capacitados, é possível fazer com que qualquer casal que esteja disposto arregace as mangas, pegue nas mãos e seja/se torne um casal de alta *performance*!

Referências

ARAÚJO, M. F *Amor, casamento e sexualidade: velhas e novas configurações.* Universidade Estadual Paulista, São Paulo, 2002.
ARIÈS, P. *O amor no casamento.* Em Ariès, P. e Béjin, A. (Orgs) *Sexualidades ocidentais* (pp.153-162). São Paulo: Brasiliense, 1987.
BERGER, P. & Kellner, H. *Marriage and the construction of reality.* Em P. H. DREIAZEL.(Org.), *Recent sociology,* New York: The Mac Millow Company, 1970.
CARNEIRO, F. T. *Casamento contemporâneo: o difícil convívio da individualidade com a conjugalidade.* Psicologia: Reflexão e Crítica, vol. 11, núm. 2, Porto Alegre, 1998.
COSTA, G. P. *O amor e seus labirintos.* Porto Alegre: Artmed, 2007.
GOTTMAN, J. M. *Why marriages succeed or fail.* Nova York: Simon & Schuster, 1994.
IBGE. Instituto Brasileiro de Geografia e Estatística. Anuário Estatístico Brasileiro, 2015.
ROGERS, C. R. *Novas formas do amor: o casamento e suas alternativas.* Rio de Janeiro: José Olympio, 1985.

11

Carreiras em revolução: como o *coaching* e a mentoria são essenciais para vencer nesta exponencial mudança de era

Vivemos um momento de incrível mudança de era, nunca antes experienciada por nossas gerações. As transformações atuais mudaram a forma como nos relacionamos com nosso eu e com o mundo. As novas tecnologias, os avanços em neurociências, ciências comportamentais e psicologia positiva indicam que é necessário evoluir também o nosso propósito sobre trabalho e carreira. Neste artigo, você terá acesso a conceitos e reflexões que irão ajudá-lo a revolucionar seus sonhos e ações rumo a um futuro que já chegou

Edileni Leão

Edileni Leão

Idealizadora do método *Grant Talent*, ao longo de 15 anos, desenvolveu carreira corporativa internacional em multinacionais, nas áreas de recursos humanos, planejamento estratégico, inovação e tecnologia. Empreendedora entusiasta, viajou por diversos países em busca de vivências multiculturais, experiências impactantes e contato com as mentalidades de sucesso, referências no segmento de Desenvolvimento Humano. Com sólida formação acadêmica e certificação internacional em *coaching* e mentoria, busca, constantemente, a sua evolução. Tem como missão ajudar pessoas a despertarem seus talentos e ativarem o seu pleno potencial, para que possam viver uma vida extraordinária e construir uma carreira com propósito e sucesso.

Contatos
www.granttalent.com.br
eleao@granttalent.com.br
(11) 99932-5210 / (19) 98263-6309

O futuro já chegou! O que outrora parecia ficção virou realidade. Sabe aquele mundo que assistíamos no cinema, com cenários de sonhos, cheios de impossibilidades e que nos levava à crítica de que tudo aquilo jamais viria a ser? Pois é, o imaginário concebido pela mente humana tornou-se real e sentido em cada momento da nossa vida. Percebeu aqui o poder da mente? A mesma que criticou fez florescer um mundo em alta velocidade, sem fronteiras, conectado aos conhecimentos antes mantidos como mistérios da humanidade. Aquilo que era impensável hoje está dentro de nossas casas, nos nossos bolsos, em nossos corpos, nas mãos das nossas crianças e avós. Habituamo-nos a carregar junto a nós tudo aquilo que nem sabíamos que seria tão importante para nossa vida e felicidade. A velocidade das transformações é cada vez maior. Temos duas opções, ou nos adaptamos aos saltos evolutivos da humanidade ou vamos desaparecer. Afinal, que mundo é esse? A atual transformação é conceituada como a Quarta Revolução e se concentra no poder da tecnologia, inteligência artificial, robótica e do mundo digital. De acordo com Klaus Schwab, do Fórum Econômico Mundial, ela se caracteriza pela velocidade, alcance e impacto, sendo, portanto, exponencial. Diante desse cenário tão desafiador, uma questão é fundamental: como podemos nos tornar exponenciais também? A resposta que surge traz em si um grande dilema: é preciso mudar! Esse é o desafio primordial. Se hoje temos maior permissão para sonhar, criar, errar e aprender, basta termos o propósito claro de que uma revolução pessoal é imperativa, para que possamos alcançar um novo sentido de realização e contribuição. Todavia, por que é tão difícil mudar? Em geral, as pessoas tendem a ser resistentes à mudança e, muitas vezes, com medo, permanecem numa situação de infelicidade e frustração por não saberem o que, como e por que devem mudar. As crenças que ainda limitam os seres humanos estão atreladas a conceitos ultrapassados de subsistência, não de vida plena, com propósito e merecimento. Em vez de se tornarem protagonistas de suas vidas, abrem mão da liberdade de escolha e permanecem paralisados e oprimidos diante de todas as possibilidades oferecidas por este mundo novo, principalmente no que diz respeito ao trabalho e à carreira. É alarmante o número de pessoas que estão sofrendo profunda depressão por causa do trabalho. Incertezas, complexidade, sucessivas crises, desemprego e novas leis trabalhistas abalaram os alicerces daquilo que tínhamos como certo: estude bastante, tenha um emprego vitalício, mantenha sua carreira e seja feliz. Sinto muito afirmar, mas este mundo não existe mais e o atual o convida à revolução e à realização das mudanças necessárias para se tornar exponencial. O ser humano precisa acreditar que tem o poder criador e que merece pertencer a um mundo no qual suas conquistas e realizações estão logo ali, na esquina dos desafios diários vencidos contra si mesmo e contra as interferências externas, que causam resistência. Como preconizado por Timothy Gallwey, um dos criadores do *coaching* e autor do livro *O jogo interior do tênis*, "para sermos campeões na vida, primeiro é necessário vencer nosso jogo interior e, só assim, estaremos prontos para os adversários externos".

Carreiras em revolução

O futuro é um cenário de profundas transformações: tecnologia, globalização, escassez de recursos, maior longevidade. Se existem mais pessoas no mundo, como é possível encontrar a sua oportunidade de trabalho e trilhar uma carreira brilhante? Hoje, vivemos um paradigma: a ideia de emprego deu lugar à necessidade de um trabalho com propósito e felicidade. Mas, como ser feliz, se paira o medo de que nossos conhecimentos são obsoletos, nossas profissões serão extintas e seremos substituídos por robôs? A resposta está na essência do que é ser humano, não somente na técnica. Segundo o relatório Futuro dos Empregos, do Fórum Econômico Mundial, as habilidades essencialmente humanas, como solução de problemas complexos, pensamento crítico, empatia, criatividade, inteligência emocional, flexibilidade cognitiva, dentre outra serão responsáveis pela nova configuração do mundo. Fique tranquilo. Se você sabe que a tendência virou realidade, este é o momento para desenvolver competências, habilidades e potencializar talentos, de modo a garantir seu espaço no mercado de trabalho e sua carreira de sucesso. A seguir, questionamentos e planos de ação sugeridos como essenciais. Dedique-se àquilo que é fundamental para realizar-se como profissional bem-sucedido.

1. Autoconhecimento: expansão da consciência e despertar de talentos

O primeiro passo em sua jornada para a revolução consiste numa avaliação profunda do seu eu. É necessário refletir sobre tudo aquilo que o edifica como pessoa e que dá razão à sua existência. Por vezes, esta é uma decisão difícil, pois não estamos acostumados a nos confrontar, de modo a descobrir o que emitimos como luz própria ou criamos como sombras de nós mesmos. Saiba que, por mais complexo que possa parecer para você, é essencial para a sua transformação. A descoberta que o autoconhecimento irá lhe proporcionar é fantástica e o levará à seguinte conclusão: é preciso SER, para poder FAZER e, em seguida TER. Para guiar seu processo e focar na sua transformação para o estado exponencial, questione:

Quem é você? Quais são seus valores e propósitos? Você sabe qual a sua missão? Já identificou o trabalho que lhe traz satisfação? Qual carreira deseja trilhar? Qual o legado que pretende construir? Você conhece as novas demandas do mercado? Com que velocidade você está se aprimorando e adquirindo novas competências? Você utiliza seus talentos com maestria? Quais são suas conquistas profissionais? Em uma entrevista de emprego, como você responderia sobre quem é você, quais seus pontos fortes e oportunidades de melhoria? Qual o alcance e o impacto de suas ações no dia a dia do trabalho? Você é grato por suas conquistas?

Desenvolva o hábito e estabeleça um momento para estar junto a si e abraçar tudo aquilo que você é, faz e tem como ser humano que é único e capaz de grandes realizações.

2. Inteligência Emocional (IE): ativação do potencial e transformação de vida

Segundo Daniel Goleman, criador desta teoria, os alicerces fundamentais da IE são estruturados com base nas competências pessoais que refletem a habilidade de lidar com o eu, ou seja, podemos conhecer e controlar nossas emoções e temos a capacidade de automotivação. Além desse aspecto fundamental, destacam-se as competências sociais que estão direcionadas aos relacionamentos com os outros, como, por exemplo, a capacidade de empatia e liderança. IE é um conjunto de habilidades que todos podemos desenvolver. Portanto, para que você possa alcançar resultados extraordinários em sua vida, é primordial utilizar o potencial do seu cérebro. Saiba equilibrar o seu lado racional com o emocional e descubra a possibilidade de tornar-se líder de si mesmo.

Você conhece suas emoções? Consegue controlar seus impulsos, mesmo em momentos de grande estresse? Tem espírito de equipe? Como você se relaciona com os colegas? Em caso de divergências no ambiente organizacional, qual a sua postura, como lida com conflitos? Você sabe transmitir uma visão positiva e engajar as emoções das pessoas no cumprimento de metas? Qual seu estilo de liderança? Com qual velocidade você controla suas emoções? Como define o melhor tempo para falar, ouvir ou agir? Qual o impacto das suas decisões profissionais nos seus relacionamentos? Qual o alcance de suas ações?

3. Liderança: a emoção que impulsiona

No mercado de trabalho, liderança tem dois aspectos. Um deles é o conceito que envolve pessoas e a sua capacidade de liderar. O líder é capaz de traduzir uma visão em ações estratégicas que tocam na motivação das pessoas. Grandes líderes conseguem descobrir o melhor que existe em cada pessoa e fazê-las acreditar que são capazes de evoluir sempre. Líderes são formadores de líderes.

No âmbito da liderança empresarial, residem as premissas relativas à inovação, à criatividade e à capacidade de serem altamente produtivas. Empresas líderes são o grande sonho dos profissionais, são referências para os concorrentes, antecipam demandas e geram desejos. Atualmente, não basta ser líder, é necessário diferenciação para manter-se no topo. Na atual era da conectividade e das mídias sociais, a reputação construída ao longo de anos pode ser facilmente destruída, portanto, as empresas que não conseguirem manter a velocidade, o alcance e o impacto exponencial estão fadadas ao desaparecimento.

E você, como será lembrado? Como um líder ou como seguidor? Qual seu estilo de liderança? Como você atuaria num ambiente menos hierárquico e mais colaborativo? Já vivenciou situações nas quais tomou a frente para a resolução de problemas complexos? O quanto você tem usado a sua intuição e criatividade no dia a dia do trabalho? O quanto você é capaz de ajudar empresas a se manterem líderes em seus segmentos? Quais são os seus diferenciais frente aos concorrentes no mercado de trabalho?

4. Máxima *performance*: plenitude naquilo que você é, tem e faz de melhor

Segundo Gerd Leonhard, palestrante e escritor futurista, a máxima *performance* está atingindo a perfeição. Aquilo que era bom o suficiente já não existe mais. Sempre haverá um caminho para a melhoria. Essa afirmação é um fato que percebemos no competitivo mercado de trabalho atual. Empresas buscam profissionais com histórico de sucesso e resultados relevantes ao longo de suas carreiras. As áreas de recursos humanos responsáveis por aquisição de talentos, desenvolvimento organizacional e avaliação de desempenho estão em constante transformação para adaptarem seus processos e se tornarem parceiros do negócio, com foco na máxima *performance* das pessoas e na sustentabilidade das empresas.

Como é possível atingir a máxima *performance*? Primeiro, é necessário ter clareza e propósito sobre os objetivos a serem alcançados. Mesmo diante de tantas transformações, a visão clara e o compartilhamento de responsabilidades são fundamentais para as realizações acima das expectativas. Segundo, somente com foco, consistência, experimentação, repetição e melhoria contínua é possível chegar à máxima *performance*.

Quais são seus objetivos profissionais mais ousados? Você tem clareza ao definir o propósito de suas metas? Como líder, consegue engajar pessoas, de forma consistente, a serem melhores a cada dia? Você tem sonhado grande e estabelecido metas desafiadoras para sua vida e carreira? Consegue responder a um entrevistador sobre qual projeto executou com máxima *performance*? Você se recorda do resultado alcançado e dos *feedbacks* de sua última avaliação de desempenho? Como você tem se desenvolvido para crescer como profissional e se tornar desejado pelas melhores empresas para se trabalhar?

5. Plano de Ação: defina como e quando irá realizá-lo

Dimensões	*Coaching*	Mentoria
Autoconhecimento	Defina quem você é. Estabeleça metas profissionais e reflita sobre as competências e recursos necessários para concretizá-las. Identifique seus talentos e foque em seus pontos fortes.	Busque apoio junto àqueles que já vivenciaram este momento de revolução e que podem ajudá-lo na sua transformação. Um mentor alia sabedoria e experiência às suas necessidades de desenvolvimento.

Inteligência emocional	Aprimore sua maneira de relacionar-se. Desenvolva a criatividade, intuição e o controle das suas emoções. Seja um facilitador da mudança.	A mentoria especializada irá ajudá-lo a desenvolver sua maturidade e autonomia profissional.
Liderança	Aprimore seu estilo de liderança. Lidere novos projetos e adquira novas competências. Ajude pessoas a se transformarem no melhor que podem ser. Desenvolva pessoas e forme novos líderes.	Identifique um líder que o inspire. Aprenda, absorva experiências, discuta sobre seus desafios e aflições. Alguém sempre já passou por situação parecida.
Máxima *performance*	Estabeleça metas desafiadoras, tenha clareza e propósito bem definidos. Utilize seus talentos com maestria. Aprenda a desaprender. Seja consistente. Se errar, corrija rápido. Busque a excelência.	Inspire-se em empreendedores de sucesso, líderes e pessoas comuns que já realizaram grandes feitos. Busque um mentor profissional especializado em carreira e cresça cada dia mais.

    Desejo que este material se torne referência para a revolução rumo ao seu sucesso profissional, e que a felicidade por sua carreira bem-sucedida seja inspiração para todos aqueles que buscam a realização do seu propósito de vida. Gratidão!

12

Simples passos para ser uma pessoa produtiva

Cinco simples ações que, aplicadas de maneira correta, podem levá-lo a ter alta *performance* na vida pessoal e profissional. Vamos juntos?

Edson Garcia Soares

Edson Garcia Soares

Graduado em Administração de Empresas e especialista em Gestão de Pessoas pela Unifafibe. Especialista em Gestão de Pessoas e Organizações sustentáveis pela USP. *Life & Executive Coaching* pelo CAC: Center for Advanced Coaching, EUA. Trabalha há cinco anos transformando pessoas comuns em pessoas de alta *performance,* por meio da metodologia *Coaching*. Minha missão de vida é desenvolver o potencial máximo do ser humano, para ser feliz no âmbito pessoal e profissional.

Contatos
www.efconsultoriaecoaching.com.br
edson@efconsultoriaecoaching.com.br
(17) 99226-6297 / 98803-7373

E por aqui começamos nossa jornada de simples passos que podem nos levar a atingir alta *performance* na vida pessoal e profissional, alcançando os objetivos traçados. São passos simples que, se aplicados de maneira correta, podem fazer toda a diferença em nossas vidas. Começarei contando uma situação pessoal.

Passo 1 - Lista da felicidade!

Eu, Edson Garcia, desde pequeno, participo de algumas organizações filantrópicas, pois sempre gostei de fazer o bem sem olhar a quem, então era frequente minha visita a asilos, creches, eventos beneficentes, porém, é aí que entra nosso primeiro passo a ser dado.

Eu teria vontade de participar de qualquer uma dessas filantropias, se eu não estivesse "feliz" e disposto a ajudar as pessoas?

Pois é, parece simples demais, porém é a realidade. Nós só fazemos o que gostamos, quando estamos realmente felizes e dispostos a fazer aquilo, então nosso primeiro passo é literalmente ser FELIZ!

Todos nós temos dias difíceis, a vida nos bate, deixando-nos cabisbaixos, tristes, cheios de problemas... E se tivéssemos nossa lista da felicidade?

Primeiro desafio para você. Pegue uma folha qualquer, pode ser de caderno, sulfite, como desejar. Dê a ela o título de "Minha lista da felicidade" e descreva abaixo tudo aquilo que você faz no seu dia a dia que traz felicidade, como um simples abraço em quem se gosta, um almoço em família, churrasco com os amigos, ver um filme, dentre tantas outras coisas...

Qual a finalidade disso?

Tomando por base que só fazemos algo de bom, ou de forma eficaz, quando estamos bem com nós mesmos, se tivermos nossa lista da felicidade, sempre que estivermos mal, ou com probleminhas, temos nossa lista de coisas a fazer, para voltar a ter um sorriso no rosto e continuar a caminhada! Faz sentido?

Então, aplique este primeiro passo!

Passo 2 - Definir meu objetivo neste exato momento de vida!

Todos nós queremos muitas coisas e queremos tudo ao mesmo tempo, mas a grande verdade é: quem quer tudo, nada tem!

Precisamos exatamente definir qual é o nosso maior desejo nesse exato momento de vida: casar, viajar, ter um filho, fazer uma faculdade, subir um degrau em minha profissão, me relacionar melhor com a família, ser um melhor marido, mudar de profissão, começar a fazer inglês, e tantos outros exemplos. Nossas prioridades mudam a cada segundo, não se assuste. Mas se tivéssemos 30 planejamentos que gostaríamos e não escolhêssemos apenas um para realmente dar um primeiro passo e torná-lo real, será que realmente conseguiríamos dar um primeiro passo "efetivo" em algum deles?

Podemos ter 30 planejamentos de vida, sim, desde que comecemos a caminhar um a um para conquistá-los...

E você, esse é seu segundo desafio, tire um tempinho e pense: o que eu realmente quero para este momento?

Pegue um papel, cartolina, onde preferir, escreva bem grande e com muita ênfase qual é seu desejo neste momento (sem pressa, é o seu futuro. Reflita e então faça sua escolha). Após isso, continue nosso próximo passo...

Passo 3 - Construindo meu mapa mental

Em nosso caso, especificamente, o mapa mental será designado como uma imagem que ilustre nossa decisão, que represente fielmente aquilo que desejamos...Desenhe, tire uma foto, pegue uma imagem na *internet* ou faça um recorte de uma revista...

Encontre uma imagem que simbolize exatamente esse seu desejo, uma imagem que, ao bater o olho, você saberá que representa exatamente sua escolha...

Após montar sua imagem, vem o principal!

Coloque-a exatamente no primeiro lugar onde você olha quando acorda, pois será exatamente a primeira mensagem que você receberá todos os dias. Você irá se lembrar logo ao acordar o porquê de se levantar mais um dia da cama e continuar sua batalha diária!

Isso se torna um hábito (movimentar seus pensamentos para o objetivo) irá se refletir em suas ações! Uhul! Pensamentos positivos, ações positivas são iguais a resultados positivos!

Monte sua imagem e vamos ao próximo passo!

Passo 4 - Análise *swot* Pessoal

Você, muito provavelmente, já deve ter ouvido o termo análise *swot*, uma ferramenta usada em empresas para descobrir quais são as suas forças e fraquezas, e o que essas forças podem gerar de oportunidades e o que as fraquezas podem gerar de ameaças. Mas, e se você usasse esta ferramenta, pensando única e exclusivamente em você? Qual seria o resultado?

Responda as questões abaixo, garanto que vai valer muito para seu autoconhecimento e ajudar você em nosso último passo!

1) Quais seus pontos fortes, principais forças, qualidades, virtudes e talentos?
2) Quais são seus pontos a serem melhorados, principais fraquezas, defeitos ou dificuldades?
3) Que oportunidades podem surgir aproveitando essas forças que você tem para atingir seu objetivo definido?
4) Que ameaças podem surgir através de suas fraquezas e que podem influenciar negativamente e impedir você de atingir seu objetivo?

Passo 5 - Entrando em ação!

Agora que você já está feliz, definiu seu objetivo, criou a imagem que vai reforçar todos os dias o seu objetivo para este exato momento de vida, e se conheceu um pouco mais, sabendo de suas forças e fraquezas e o que isso pode ajudar você ou te atrapalhar...

Falta somente uma coisa: entrar em ação!

Então vamos lá, pense em seu objetivo, em quem ficaria feliz se você o atingisse (100% de nossas conquistas têm também um grande impacto na vida de pessoas próximas a nós). Pense em como seria dar um primeiro e efetivo passo para que isso realmente possa acontecer e se tornar real...

Deixe o objetivo o mais específico possível e pense em pequenas ações que poderia fazer para começar a dar um pequeno passo. Pegue um papel e faça seu planejamento. Defina "o que fazer", "quando fazer", "de quem preciso para fazer", "quando estará finalizado".

Mais importante do que se planejar é aplicar, então aplique! Reflita sobre as escolhas e os caminhos a seguir, quais as consequências de suas escolhas e das ações a serem tomadas!

*OBS: ter alta *performance* significa que você fez o melhor que podia, canalizando o máximo de suas energias, para obter o melhor resultado possível. Significa tirar os planejamentos do pensamento, elaborá-los e entrar em ação.

Pare de somente pensar e comece a agir e, principalmente, saiba que o resultado de qualquer decisão tomada é uma consequência da vida. Dar certo ou errado faz parte do percurso. A grande diferença entre vencedores e perdedores é que aqueles que vencem, independentemente do resultado final, sabem que fizeram tudo que estava ao seu alcance para conseguir atingir o objetivo, e assim já têm motivos de sobra para se sentirem satisfeitos.

Seja um vencedor, coloque o passo a passo em prática, e tenha uma vida de alta *performance*!

Precisando de mim, meus contatos estão no começo do texto. Então entre em ação e entre em contato!

Boa sorte, caro leitor...

Grande e fraterno abraço!

13

Eu empreendedor, a revolução do talento e da ousadia: uma cultura a ser criada

Este artigo fala sobre mulheres e seus talentos empreendedores, e como podemos conquistá-los aprendendo do zero. Conta histórias sobre o empreendedorismo feminino. Descreve, também, os sete passos para conquistar esta capacidade tão essencial ao mundo atual. Ela se conecta com o universo interior e o autoconceito feminino, garantindo o aprendizado do eu empreendedor

Eliana Scherbak e Lia Helena Giannechini

Eliana Scherbak

Coach, palestrante e administradora. Missão: contribuir para a construção de um mundo melhor, por meio do *coaching*, palestras e treinamentos, auxiliando as pessoas a realizarem seus sonhos. CEO da empresa Aba Treinamentos. Administradora e especialista em Gestão. *Life* e *Business Coach* – IBC. Consultora SEBRAE. Colaboradora na elaboração de cursos de Desenvolvimento Humano. 20 anos de TRN (treinamentos) e palestras. Coautora do *e-book*: *Atitudes simples, resultados extraordinários*. Empresas parceiras: Faculdade Fama e SENARPR.

Contatos
www.abacoaching.com.br
contato@abacoaching.com.br

Lia Helena Giannechini

Coach, escritora, psicóloga e consultora de RH. Faz da vida uma experiência de enriquecimento de valores, contribuindo para alcançar sonhos e missão. Dez anos de experiência em cursos de desenvolvimento humano e TRN em empresas. Dois anos como professora da Unisal e na UNIMEP. Experiência Internacional: Cali, Colômbia, com Psicodrama e TRN (treinamentos) de líderes comunitários. Publicações: *Doido, eu?* Clube de Autores, 2012. Coautora do *e-book Atitudes simples, resultados extraordinários*.

Contatos
www.alemdooceano.wordpress.com
lhgiannechini@gmail.com

O estudo do empreendedorismo no Brasil, iniciado a partir de 1980, esteve muito vinculado ao que se passava dentro das organizações (Gartner, 1988). Autores como Dolabela e Filion trazem uma nova perspectiva, em que apresentam, a partir de traços de personalidades, as diferenças daqueles que começam negócios próprios (Dolabela e Filion, 1999).

A literatura desta área contém histórias de sucesso de mulheres que marcaram seu tempo, tendo origem nos seus modelos familiares (Moore e Buttner, 1997; Machado, 2003). É o exemplo de Luiza Helena Trajano, do Magazine Luiza, e de Sonia Hess, da camisaria Dudalina, entre muitos outros.

Nossa pergunta é:
- E quando esses modelos não existem?
- Estamos fadados a repetir as histórias de fracasso ou podemos mudá-las?
- Onde está a força propulsora para gerar um negócio?
- E como encontramos histórias de quem começou literalmente do zero?
- Quais as mudanças que elas tiveram que conquistar para empreender?

Vemos, historicamente, que a mãe da criatividade foi sempre a necessidade, e é a partir dela que empreendedores(as) têm desenvolvido estratégias inovadoras e construído empresas de sucesso.

A história que não aconteceu

Helena Gritti Gianechinni, modelista da mãe do ex-presidente Fernando Henrique Cardoso, foi uma empreendedora que não aconteceu. No período de 1930 a 1960, próximo à Praça Marechal Deodoro, em São Paulo capital, nos Campos Elísios, essa mulher tinha a seu serviço dez costureiras, que produziam vestidos de noiva e de festas. O talento para criar modelos exclusivos, inspirados em revistas francesas, trazidos da Europa por amigos e familiares, a fizeram desenvolver um negócio de fundo de quintal.

Durante muito tempo, sustentou toda a família, através de sua oficina de costura. Os recursos para formar os filhos na USP e na PUC de Campinas foram retirados dessa atividade profissional, um feito grande para a época, que não pode ser aproveitado pela família, por falta de uma visão empreendedora de seus sucessores.

Ela não conseguiu abrir as portas de um negócio próprio, como empresa. Talvez a assustassem os impostos, a contabilidade ou o preenchimento da papelada dos registros trabalhistas. Ou, quem sabe, ela tivesse medo de fugir ao modelo feminino da época, se destacando como mulher de negócios, por isso não ousou profissionalizar-se, nem alçar voos maiores.

E a história continua...

- Quantas mulheres cheias de talento você conhece?
- Pessoas que têm dons especiais que poderiam contribuir para a transformação do mundo?
- Quantas Alcione Albanesi (Lâmpadas FLC) existem por aí?
- Será que os talentos e características desta mulher são únicos?
- Você conhece pessoas com dons especiais, que poderiam contribuir para a transformação do mundo?

Sabemos que gerar valor para uma sociedade é contribuir para que a mudança no mundo se estabeleça, permitindo uma transformação que atinja cada dia mais pessoas.

Cansadas de ver pessoas cheias de talento escondidas atrás de suas crenças limitantes, duas mulheres se uniram para superar os seus próprios medos e ajudar mais pessoas a empreender. Assim, nasceu o CriareVite[1], um projeto que atenderá Mulheres & Mães, gestantes ou não, que querem criar seus filhos sem esquecer de ser profissionais e de realizar seus sonhos. Para isso, disponibilizaram o processo de *coaching* em grupo a distância, utilizando esta poderosa ferramenta para despertar as características empreendedoras e potencializar as existentes.

"Há um mundo que está esperando que digamos sim! Sim, eu vou! Sim, eu posso! Sim, eu quero!"

O *coaching* e o empreendedorismo

O *coaching*, é hoje, uma ferramenta que possibilita a compreensão e o desenvolvimento dos talentos necessários para empreender. O universo empresarial exige resultados, e com novas ferramentas

1. Disponível em: www.crearevitecoachingemaes.com.

disponibilizadas neste processo, eles são encontrados a cada sessão.

A revolução na vida do empreendedor começa através de um mapa mental, uma rede neural de programação, que se idealiza para começar uma nova visão. E nele se processa a autodescoberta de pontos fortes e pontos de melhoria para alcançar um sonho. São exercícios como a roda da vida ou a roda da abundância, entre muitos outros, que fazem com que os *coachees* (clientes) se reconheçam em suas características e criem um sentido de missão e valores, que lhes permitam alcançar seus objetivos com uma qualidade acima do esperado. Assim, os seus negócios são alinhados ao universo, através de valores que resultam em um sentido de vida mais amplo e transformador do eu e dos valores de uma sociedade, contribuindo de forma significativa para um mundo melhor.

Na proposta que é feita ao cliente existe um espaço de transição entre a realidade atual e o sonho a ser conquistado, com processos de desenvolvimento que afetam todas as áreas do ser. E, através de técnicas da imaginação ativa, o cliente desenvolve uma percepção de futuro. O seu corpo reage a essa projeção para encontrar o que ele procura.

Quando falamos em imaginação ativa, estamos falando numa ferramenta trazida da psicologia por Jung, e utilizada pela Programação Neurolinguística – PNL. Assim como na Administração, temos a ferramenta *SWOT*. Estes são exemplos de como o *coaching* extraiu o melhor de cada área dedicada ao desenvolvimento humano para realmente promover uma revolução em tempo real e acelerar as conquistas de novos objetivos e outros empreendimentos.

Uma história que deu certo

O agronegócio é uma atividade de domínio masculino, entretanto, Eliana Sherbak, instrutora da área comportamental de um curso de mulheres com foco em despertar o empreendedorismo, teve oportunidade de conhecer muitas histórias diferentes. É o caso de sua aluna, Regina.

Na propriedade, junto com o esposo, desenvolvia a atividade de leite. Regina foi convidada para uma formação em que descobriu um talento: trabalhar com massas caseiras. Não parou por aí. Continuou se capacitando e aprendeu por meio de cursos a fazer o diagnóstico de viabilidades. Depois de adaptados os recursos que tinha disponível em casa, começou a produzir pães e cucas que vendia de porta em porta.

A habilidade empreendedora foi ganhando corpo, assim como a capacidade de negociar, e com isso, conseguiu um espaço na feira municipal da cidade. Ciente do valor da capacitação, adaptou seus horários para continuar investindo em seu autodesenvolvimento, e foi assim que Eliana a conheceu, deixando a família responsável pela feira para fazer mais um treinamento, dessa vez específico para mulheres.

Ela sim foi, desde o princípio, um exemplo. Mas, a história não parou. O que era apenas um negócio pequeno se tornou o grande investimento da família, que por outros motivos abriu mão do sítio, e hoje tem uma confeitaria na cidade, onde as habilidades dos filhos, que aprenderam com a mãe a ser empreendedores, têm impulsionado o negócio da família.

Os sete passos para empreender

Ao buscar uma atividade própria, alguns recursos são imprescindíveis para que o negócio vá para a frente. E, nisso, as habilidades empreendedoras precisam ser conquistadas passo a passo, tornando-se talentos que fazem a alma do negócio.

Para empreender, é preciso ficar atento aos seguintes passos:

1. Acredite no seu potencial de criar algo novo.

Você tem características que estão no fundo de um baú imaginário em seu inconsciente, que precisa ser resgatado para que os seus tesouros possam vir à tona. Eles são nosso arsenal de armas e suporte ancestrais e vêm à mente como uma imagem para criar uma nova realidade.

2. Descubra seu talento.

Não temos tudo o que precisamos para empreender e por isso é preciso aprender a contar com os nossos talentos nativos. Eles são a alma de um negócio. Com eles, vamos em frente, seguindo a via do coração, da emoção e do *feeling*, que fazem com que o mundo seja decodificado em oportunidades que outras pessoas não reconhecem. Talentos aparecem quando aprendemos a seguir instintos e estamos prontos para alçar voos que os outros nunca fizeram.

3. Reconheça o potencial que o mercado tem em relação à sua ideia.

É preciso estar atento ao mercado, ao que as pessoas precisam no momento. Saber tudo sobre o ramo que você quer seguir é fundamental, listando o que já foi feito e o que ainda não existe.

4. Estude tudo o que for preciso para entender de seu negócio.

Mas, nem tudo são flores. É preciso aprender a estudar as ferramentas que existem, para seu negócio funcionar. O conhecimento deve ser profundo. Crie intimidade com o negócio. Saiba tudo o que existe em relação ao que você quer fazer. Como uma orquestra, com a regência de uma batuta, num compasso marcado pela partitura comandando os vários instrumentos.

5. **Organize a produção através de técnicas administrativas.**
Saber de técnicas administrativas de todos os setores é a essência para um negócio bem-sucedido. E onde se aprende isso, para a prática do dia a dia de um negócio próprio? As consultorias são um bom começo para aprender e implantar formas administrativas que combinem com seu negócio e ofereçam soluções desconhecidas para você. Escolher essa parceria é uma chave para o sucesso.

6. **Busque parceiros.**
Falamos de consultorias no item anterior. Parceiros são ideais para que seu empreendimento seja produtivo. São pessoas que fazem o que você não pode fazer no momento. E são pagas pelo cliente final, com uma margem de lucro que você administra como parte de seu negócio. Além de controlar a *performance*, você cria laços de credibilidade com seu negócio.

7. **Ampliar a qualidade de seu produto.**
Existe um desdobramento natural de um produto. E ele está cada dia mais avançado com novas tecnologias. Na área de distribuição ou *supply chain*, é uma ferramenta de TI que acompanha o produto desde o início de sua produção. Novas tecnologias são implantadas para você atender seu cliente com a máxima eficiência. Há um *chip* que carrega toda a informação de tudo o que aconteceu, desde o processo de fabricação até a entrega. Isso gera qualidade.

Eu empreendedor

O propósito de uma vida é chegar até a missão cumprida. Recebemos talentos que herdamos através da genética, cultura, família e capacidades que nascemos com elas ou aprendemos ao longo da educação e treino que a vida promove. Assim eles ficam escondidos até terem uma função.

Quando começamos a empreender, a certeza de que podemos vencer os desafios da área que escolhemos vem à tona, e fazemos desse caldo de aprendizagem e heranças uma fábrica de criatividade que nos impulsiona para fazer uma coisa nova. Assim nascem muitos empreendimentos que não contam com a experiência familiar ou ancestral.

É adicionar uma expectativa de querer vencer, aliada à busca de conhecimentos que ninguém tem, pelo menos ninguém próximo a você. E contar com o Universo enviando respostas a perguntas que você se faz e cria uma experiência de buscar, encontrar, agradecer e seguir seu destino. Aquele que você mesmo se propôs a aceitar.

Criar um valor para essa missão e entregar ao mundo o que lhe foi conferido para beneficiar pessoas torna a roda da vida um milagre e uma força para vencer. A missão é maior que o talento, mas depende dele para chegar à diferenciação necessária para criar produtos únicos, que somente seu talento poderia inventar, vencendo desafios que você não previa. Assim, seu propósito se alia a todo o universo, porque você entendeu a força criadora que existe em si mesmo. E entrega para a realização uma energia que faz acontecer, o que muitos não teriam coragem para fazê-lo, nem a determinação de vencer obstáculos que sempre se apresentam.

Nasce assim uma força empreendedora. Talentos, coragem, determinação e conhecimentos novos são os ingredientes dessa receita desafiadora, que se cria a partir de uma resolução e um propósito determinados, incutidos nesse simbolismo individual do Eu empreendedor.

O EU EMPREENDEDOR não deixa de ser um papel novo, como se jogar de um parapente para uma aventura desafiadora e sem volta. Você terá que se relacionar com ele, querendo ou não, para descobrir suas capacidades e seus limites até a mais profunda intimidade instigante que conseguir de si mesmo, deixando para traz um EU ACEITAÇÃO que todos temos incutido em nossos padrões de crescimento e de vida. E ganhar muito espaço para criar, fazer, acontecer, beneficiar pessoas e partir sempre do desconhecido assustador para a organização de um caos que todos os talentos criativos aprendem a conviver. O caos inovador.

Ao criar seu EU EMPREENDEDOR, você se torna autor de uma história singular, que compromete o que você tem de melhor para beneficiar pessoas, e com sua criação faz o mundo seguir em frente no projeto de Deus para o Universo, porque Ele criou seu talento para um propósito que só você pode descobrir e entregar ao planeta

Referências
DOLABELA, F. *O ensino de empreendedorismo: panorama brasileiro.* In: SEMINÁRIO A UNIVERSIDADE FORMANDO EMPREENDEDORES, maio 1999b, Brasília. Brasília: CNI, 1999b. Apostila. – Pesquisado.
FILION, L. J. *Empreendedorismo: empreendedores e proprietários –gerentes de pequenos negócios.* Revista de Administração, São Paulo, v. 34, n. 2, p. 5-28, abr./jun. 1999.
GARTNER, W. B. *Who is an entrepreneur? Is the wrong question.* American Journal of Small Business, New York, v. 12, n. 4, p. 11-32, 1988.
MOORE, D. P.; BUTTNER, E. H. *Women entrepreneurs.* London: Sage Publications, 1997.
MACHADO, H. P. V. et al. *O processo de criação de empresas por mulheres.* RAE-Eletrônica, v. 2, n. 2, jul./dez. 2003.

14

Momento presente: como se livrar do peso do passado

A quantidade de pensamentos além do essencial não é apenas sinal de que você está conectado com o mundo, pode ser um sinal de que você esteja desconectado de si mesmo

Ezilda Zandonadi Machado

Ezilda Zandonadi Machado

Coach pessoal, profissional e de liderança. Palestrante e instrutora em treinamentos de equipes de alta *performance*. Líder *Coach*, consultora empresarial de implantação de processos de melhoria contínua. Diretora de Serviços Acadêmicos na Faculdade de Tecnologia – FATEC, de Assis. Docente de pós-graduação, nos cursos MBA Liderança e *Coaching* e MBA em Gestão Estratégica de Recursos Humanos, na Faculdade Estácio de Sá de Ourinhos. Atuou como docente do Ensino Superior em disciplinas de Sistemas de Informação, nas instituições FEMA e FATEC, de Assis. Mais de 25 anos de experiência em empresas no setor de TI, gestão de departamento e programação. Analista de sistemas e gerente de projetos. *Personal & Professional Coach* pela Sociedade Brasileira de *Coach* – SBC. Curso de formação em Neurociência para *Coaches*. Pós-graduada em Gerenciamento de Projetos pela FVG. Especialista em Desenvolvimento de *Softwares* pela UFSCAR. Graduada em Administração de Empresas pela Faculdade de Administração, de Assis.

Contatos
ezildacoach@gmail.com
Página: Ezilda Zandonadi Coach
(18) 99655-8071

Alavanca

Ouvimos, ao longo da vida, que as crianças não vêm com receita de "como serem educadas", mas acredito que temos um ingrediente essencial que, se utilizado na medida certa, tanto o processo como o resultado serão os melhores possíveis. Este ingrediente é o amor. Correção com amor, explicação com amor, repreensão ou limite com amor.

Também nunca recebemos uma receita de "como ser feliz e ter uma vida plena". Aprendi com os revezes da vida e confirmei essa teoria com alguns anos de estudos: o ingrediente essencial para se ter uma vida plena e revolucionar sua forma de viver é aprender a viver bem o momento presente, e é sobre isso que falarei com vocês nestas páginas. Quero compartilhar com vocês algo que parece magia, e nos abre os olhos para ver o mundo e a nossa própria realidade sobre outro prisma e nos fortalecer para enfrentar situações de dificuldades e usá-las de maneira que sejam alavancas em nossas vidas, melhorando relacionamentos, diminuindo ansiedade e criando ações para que os sonhos se tornem realidade.

Alguns dos conceitos dos quais falaremos podem ser repetitivos para algumas pessoas, mas se você chegou até aqui, estes conceitos poderão fazer muita diferença em sua vida, pois somos, hoje, o resultado de nossa própria história, das experiências vividas. As informações, pensamentos e atitudes repetidas alteram o funcionamento da nossa mente.

Em uma situação real: ontem alguém disse algo que não agradou e você ficou sem resposta, travou, ficou sem reação, e hoje teria uma resposta pronta, responderia com sabedoria. Hoje faria tudo diferente! Você já passou por situações assim? Então poderá refletir sobre o momento presente, e se isso não fizer sentido agora, pode ser uma semente que terá muito valor em algum momento futuro na sua vida.

Devemos viver o agora, pois o passado não volta, e o futuro ainda não chegou. Ok, é fácil falar, e com certeza já ouviu isso inúmeras vezes, mas como viver isso e o que realmente significa?

Você gostaria de controlar melhor seus sentimentos, melhorar seus resultados e planejar melhor seu futuro?

"O importante não é aquilo que fazem de nós, mas o que nós mesmos fazemos do que os outros fizeram de nós." (Jean-Paul Sartre, filósofo)

Adaptando esta frase, vamos refletir: "O que importa não é o que o outro fez para você, e sim o que você faz com o que o outro fez para você".

Esta frase mudou a minha percepção e a forma como eu percebo as coisas que acontecem ao meu redor. Saí do papel de vítima e passei a ser protagonista dos meus próprios pensamentos, sentimentos e reações. A partir desta nova percepção, eu escolho como as palavras me afetam.

Alguém falou algo que magoou muito. Mexeu com seu ego. O que você sente? Raiva?

Então vamos lá: O que foi falado é verdadeiro?

Se sim, o que você pode fazer a respeito? Aceite como crítica positiva, isso servirá de alavanca para não recorrer ao erro numa próxima oportunidade.

Se não é verdade, o que adianta você se contaminar com a raiva? Qual o benefício da sua raiva? Enquanto você sofre, o outro continua igual. Você fica cego e começa a se defender atacando o outro. O que ganha com isso, além de intoxicar o seu ser? Basta argumentar, mostrar a verdade, e não mais do que isso. A verdade sempre virá à tona. O que o outro fará com sua resposta? Você também não tem poder sobre isso. Mas pode decidir: o que vai fazer com o que o outro fez para você?

Momento presente

Viver o momento presente não é apenas estar fisicamente aqui e agora, é estar aqui por completo.

Viver o momento presente não é ignorar o passado, pois ele faz parte da sua história.

Viver o momento presente não é se esquecer do futuro e entregar tudo ao destino, pois seu futuro quem constrói é você mesmo.

Viver o momento presente não é continuar a fazer o que sempre fez, se entregar ao destino e esperar que coisas diferentes aconteçam na sua vida.

E, definitivamente, viver o momento presente não é se conformar apenas com o que tem hoje.

Quantas vezes ouvimos ou dissemos: "Para o fulano é fácil, para mim as coisas sempre foram difíceis, quero ver o que ele faria se estivesse no meu lugar!".

Eu digo: se ele estivesse no seu lugar e tivesse tomado decisões diferentes, também estaria em situação diferente. E você também pode fazer isso. A partir de agora, você pode fazer um futuro diferente, pois, se continuar a fazer as mesmas coisas que sempre fez, continuará a ser e ter sempre da mesma forma.

Pare!!!!! Pare de se lamentar, tome agora as rédeas de sua vida e faça diferente.

Se quer ser o protagonista de sua história, peço que releia esta frase, até fazer sentido para você.

Peço que pense em uma situação de sua vida em que você não está satisfeito. Algo que incomoda e você gostaria que fosse diferente.

Não temos o poder de mudar o outro, o que está em nossas mãos é mudar a forma de pensar, sentir e agir. A mecânica quântica e a neurociência explicam que o outro e o que nos rodeia são reflexos de nós mesmos. Com nossa mudança, o que nos rodeia recebe esta nova energia, e percebemos que o mundo agora está diferente!

Autoconhecimento

Vivemos em tempos em que a quantidade de informação que ouvimos em uma semana pode ser maior do que nossos avós ouviram em várias décadas. Novidades tecnológicas, catástrofes mundiais, quebras de paradigmas, a sociedade e o meio profissional nos cobra estarmos conectados às mídias sociais e antenados com as notícias, a cada minuto. Isso nos leva a um distanciamento de quem está próximo, uma aproximação de quem está longe, e um desligamento de si mesmo. Conhecemos o mundo e desconhecemos nossa própria essência. Esquecemo-nos de olhar para nós mesmos. Nos breves momentos que temos para olhar para nossa mente e sentir nosso coração, fugimos dessa sensação para novamente nos escondermos atrás da tecnologia mais próxima, e o sentimento de solidão que nos assombra. Precisamos nos conectar para ter um sentimento de pertencimento. Pensamos que é preciso saber o que acontece no mundo e amigos virtuais para estarmos atualizados. Procuramos algo que nem sabemos o que é, e isso aumenta nosso vazio, mas nos permite esquecer. Esquecer que precisamos mudar, sair da zona de conforto. Dar um passo neste momento seria impossível. É a falsa segurança, o vazio que leva à solidão, a procura equivocada que está levando muitos à depressão ou até mesmo ao suicídio.

Você gostaria de quebrar esta barreira, mudar seu comportamento e se dedicar ao autoconhecimento?

Quer ter mais confiança e segurança de si próprio e tomar as rédeas de sua vida? Amar-se, ser mais grato, curtir mais a vida?

Quer descobrir por que está agindo desta maneira, e por que as coisas não acontecem do jeito que você gostaria? Quer parar com as autossabotagens, autocríticas, quebrar suas crenças negativas inconscientes criadas a partir do que ouviu e viveu no passado?

Então decida, informe-se, procure a ajuda de um *coach*, participe de seminários, assista palestras, faça treinamentos! Este livro passa algumas informações. Este processo necessita de dedicação, pois o levará a mudanças de hábito necessárias. Se você quer fazer essa mudança e sair da sua zona de conforto, este é o seu momento.

Passado e futuro

A quantidade de pensamentos, além do essencial, não é apenas sinal de que você está conectado com o mundo, pode ser um sinal de que você esteja desconectado de si mesmo.

Além das mídias sociais, é muito comum estarmos o tempo todo conectados com acontecimentos do passado, como raiva ou decepções, angústias. Medos e incertezas do futuro também intoxicam suas ideias, e muda o que você é hoje, interferem em suas ações, criam "travas" e você se sente impedido de seguir em frente e de tomar decisões, pois sua mente está ocupada demais com todas estas questões que você mesmo criou. É uma realidade que só você vê.

Se você continuar fazendo o que fez até agora, daqui a algum tempo perceberá que a vida passou e você continuará neste mesmo lugar.

Convido você, agora, a fazer um exercício que o ajudará a desapegar de sentimentos do passado, reprogramar um desapego em sua mente e permitirá que você possa seguir em frente, de maneira mais leve e confiante.

Pegue uma caneta e papel e escreva:

– Pense em um acontecimento ou sentimento do passado que vêm à sua mente várias vezes ao dia. Algo que se repete em sua mente, algo que já aconteceu, pode ser um episódio que remete a uma sensação de medo, ou insegurança.

1- Descreva este sentimento;
2- Descreva o pensamento que antecede ao sentimento;
3- Descreva o que realmente aconteceu;
4- Você pode fazer algo com relação à situação, para mudar isso? Se sim, descreva;
5- Descreva o que você gostaria de sentir no lugar disso;
6- Foque neste novo sentimento;

7- Feche os olhos, respire... Sinta o que você quer sentir a partir deste momento, pense e sinta este novo sentimento. Você está colocando isso no lugar. Respire fundo... fique assim por um tempo;

8- Abra os olhos. Sinta e decida que a partir de agora, tudo ficou para trás, e você passa a viver no presente.

Você pode repetir este exercício quantas vezes achar necessário. É importante que faça para cada sentimento separadamente. São muitas histórias, muitas situações que deixaram marcas. É importante praticar o desapego a todas elas, mesmo que leve muitos dias. Depois de zerar a sua mente destas sobrecargas, poderá continuar sua jornada de maneira mais leve, em paz, ou quem sabe se libertar e se permitir sonhar novos sonhos que até então achava impossíveis. Liberte-se da culpa.

Se foi algo que você fez, mas se arrependeu e/ou fez por falta de conhecimento e discernimento, parabéns, agora você está tendo uma chance de recomeçar e fazer diferente daqui para a frente.

Crie este ponto zero na sua mente, viva e sinta o agora, este momento, só assim estará apto a conquistar o seu futuro ideal.

Equilíbrio: quem sou eu?

Antes de tentar compreender o outro, é importante, conhecer melhor a si próprio, o chamado autoconhecimento.

Só é possível uma vida plena, mantendo o equilíbrio físico, espiritual, intelectual e emocional. Quando estas quatro dimensões se encontram em equilíbrio, começamos a experimentar o sentimento de paz e autoconhecimento.

Este é um dos papéis do *coach*: trazer à luz o posicionamento atual do indivíduo em todas estas dimensões, identificar os objetivos e auxiliar a traçar as metas para alcançar esses objetivos, mantendo o equilíbrio em todas as dimensões. A partir disso, os objetivos profissionais, financeiros e pessoais estarão mais claros e possíveis de serem alcançados.

Viver bem o momento presente é estar presente a cada momento vivendo o agora, de corpo, alma, espírito, mente e coração. É a única certeza que temos. Não espere para ser feliz apenas quando chegar ao seu objetivo, seja feliz no caminho. Ao preparar uma viagem de férias, agradeça cada passo, os preparativos, os planos e arrumações. O sentimento de prazer e a apreciação podem e devem acontecer a cada momento, pois é de cada passo que a vida é feita, e só vale a pena se for vivida de forma plena. Portanto, faça de todo o caminho da viagem suas férias. Não espere para curtir e se sentir feliz apenas na chegada, pois o estado de expectativa é um dos propulsores da ansiedade, que faz cegar a mente e o coração, aumentando as possibilidades de frustração.

Cuidado com as expectativas, principalmente com relação ao outro. A expectativa é nossa, não faz parte do outro, não foi o outro que ofereceu, você decidiu criá-la, e se não é atendida, a frustração será grande. Não julgue o outro pela expectativa que você mesmo criou. É sua, e não do outro. Assim como a visão da sua realidade também é diferente da visão de realidade dos demais, pois enxergamos o mundo através do filtro da nossa própria história, portanto, não cobre do outro ou do mundo que correspondam às suas expectativas.

Foco no positivo, agora!

Sofrer por antecedência, ou pelo que já passou? É decisão sua. Você decide viver assim? Ou decide focar e pensar apenas no momento presente, no que você tem nas mãos agora? Quantas vezes já passou por situações em que pintou um monstro em sua cabeça? Por algo que poderia acontecer e durante os fatos correu tudo bem, e seu sofrimento foi em vão! Você quer continuar a viver assim? Ou decide abrir mão e desapegar de querer controlar tudo?

Faça bem a sua parte, e deixe o universo tomar conta dos acontecimentos futuros!

Quero que pare agora e me responda:
• Você tem medo do quê?
• Qual é o risco real?
• Qual a sua insegurança com relação a isso? Qual o seu sentimento?
• O que é o oposto deste sentimento?
• O que é o oposto desta situação do medo?

Pense nisto! Pense nesta situação. Sinta, respire, foque somente nesta nova situação, que é o oposto do seu medo.

Este será seu novo foco, o resto não existe mais, nunca existiu. Você criou em sua mente, mas agora destruiu. Só resta o oposto, o lado positivo, o que gera paz, calma, o que realmente existe. Sinta isso no fundo do seu coração, em suas quatro dimensões: seu coração, sua mente, sua inteligência, sua emoção.

Seja feliz agora. Esta decisão está em suas mãos. Agora você já sabe.

15

Ferramental para revolução de carreira e vida pessoal

Você sente que pode obter mais resultados na vida pessoal e carreira? Então, chegou a hora. Hora de fazer uma verdadeira revolução, isto é, uma mudança rápida, violenta e radical. Revolucionário aqui é aquele que toma parte da mudança, busca novos conceitos e participa ativamente da transformação. Caro leitor, conheça as ferramentas propostas, utilize-as e prepare-se para uma revolução total. Boa leitura!

Fábio Arruda

Fábio Arruda

Mestre em Administração com pós-graduação nas áreas de Engenharia de Produção, Gerenciamento de Projetos com ênfase em Gestão de Riscos, Gestão de Saúde, Segurança do Trabalho e Meio Ambiente, Gestão Estratégica. MBA Executivo em Gestão de Pessoas; bacharel em Administração de Empresas; auditor líder em SGI (Sistema de Gestão Integrada); atua como supervisor de saúde, segurança e meio ambiente em uma empresa multinacional do segmento da mineração e como professor de cursos de pós-graduação e MBA em diversas faculdades nas áreas de Gestão, Pessoas, Qualidade, Saúde, Segurança do Trabalho e Meio Ambiente. *Coach* com certificação internacional pelo IBC (Instituto Brasileiro de *Coach*), licenciado pelo ECA (*European Coaching Association*), GCC (*Global Coaching Community*), BCI (*Behavioral Coaching Institute*) e pela IAC (*International Association of Coaching*). *Trainer* em PNL; coautor dos livros *Coaching: a solução, Capital intelectual* e *Revolução* pela editora Literare Books. Idealizador do Arruda Consult, página eletrônica que apresenta e debate temas na área de gestão empresarial, motivação, carreira e gestão de pessoas.

Contatos
www.arrudaconsult.com.br
adm.fabioarruda@outlook.com
LikedIn: br.linkedin.com/pub/fabio-arruda/22/635/917

Do ponto de vista histórico, a palavra revolução pode apresentar vários significados. Pode significar, por exemplo, uma evolução de um sistema de produção, ou seja, uma transformação como foi a Revolução Industrial no século XVIII, gerando um avanço nos sistemas de produção de mercadorias, com a implantação das máquinas, influenciando nas áreas sociais, econômicas e políticas da sociedade. Num outro contexto, pode significar uma mudança radical como, por exemplo, a Revolução Francesa. Neste fato histórico, ocorreu uma mudança brusca no sistema político, econômico e social da França, no século XVIII, marcando o fim do absolutismo, com a burguesia assumindo o poder.

O objetivo deste artigo é apresentar ferramentas que agreguem valor de forma abrupta e disruptiva em sua vida pessoal e carreira. Conheça, predisponha-se a aplicar este ferramental em seu dia a dia e prepare-se para vivenciar uma revolução com resultados extraordinários e sustentáveis nas mais diversas áreas da sua vida.

Ferramenta 1: *redesign* de carreira e vida pessoal
Business model you (BMY)

Talvez você já conheça ou tenha ouvido falar do *Business Model Canvas*, que é uma ferramenta de gerenciamento estratégico, aplicável principalmente em novos negócios ou produtos. O *Business Model You*[1] (BMY) segue o mesmo racional, porém é focado no desenvolvimento de carreiras e vida pessoal. A ferramenta é dividida em nove blocos com perguntas norteadoras que definem claramente todas as perspectivas de quem (itens 1, 2 e 3), o quê (item 4), quem (itens 5, 6 e 7) e quanto (itens 8 e 9), permitindo ao usuário elementos completos para realizar o *design* da sua carreira e vida pessoal, com base nas análises geradas. A seguir, serão detalhados cada item do BMY.

---
1. Todas as ferramentas aqui indicadas estão disponíveis para *download* gratuito em www.arrudaconsult.com.br em arquivos editáveis.

Modelo de Negócios Pessoal / Business Model You				
Quem ajuda você? Parceiros Chave	**O que você faz?** Atividades Chave	**Como você ajuda?** Proposta de Valor	**Como interagem?** Rel. com o Cliente	**Quem você ajuda?** Segmento de Clientes
	Quem é você? Recursos Chave		**Como você entrega?** Canais	
O que você oferece? Estrutura de Custos			**O que você ganha?** Fluxo de Receitas	

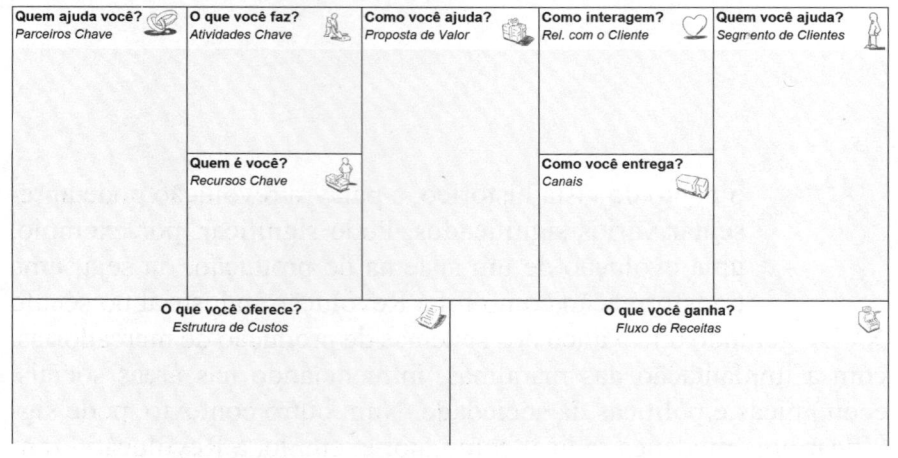

Arquivo editável disponível em: www.arrudaconsult.com.br

1. Quem ajuda você?

É a listagem daquelas pessoas que contribuem de forma positiva, os mentores com os quais você conversa antes de tomar uma decisão importante. Com quais pessoas você pode contar para seu apoio? Neste bloco entram familiares, amigos e até parceiros da vida profissional. Esse apoio pode ser emocional, financeiro ou em questões práticas. Como essas pessoas complementam suas habilidades?

2. O que você faz?

Atividades físicas ou mentais realizadas em prol de seus clientes, ou seja, o que você faz? No que você é bom? Quais são as atividades que gosta de fazer? Faça uma lista dos seus interesses e inclua até habilidades que você gostaria de desenvolver. Reconheça seus talentos e não esqueça: você não precisa ser bom em tudo. Para isso estão os seus parceiros de vida!

3. Quem é você?

Quem é você e o que possui? Quais são os seus talentos? Quais são as suas habilidades? Apesar de ser um bloco pequeno no *template* do *Business Model You*, é o mais importante, porque nos leva ao autoconhecimento. Algumas ferramentas de autoconhecimento podem ajudar você a responder a estas perguntas. Uma delas é o *feedback* de percepção, ele consiste em anotar algumas características positivas e negativas, que você acha que tem e pedir para pessoas próximas comentarem se concordam ou discordam das suas afirmações. Essas pessoas podem ser colegas de trabalho, clientes, amigos. Essa ferramenta pode surpreender, afinal as pessoas podem falar de características das quais você não havia se dado conta.

4. Como você ajuda?

Depois que você listou no item anterior suas habilidades e talentos, transforme-as em proposta de valor. Este é um conceito-chave, ou seja, como você ajuda as outras pessoas? Neste mesmo contexto, gosto de acrescentar mais umas perguntas: por que os clientes e as pessoas escolhem você, os seus produtos ou serviços em detrimento de seus concorrentes? Como você pode ajudar as pessoas? Quais benefícios você oferece? Como gostaria de ser reconhecido?

5. Como interagem?

Este é o momento também de pensar em como você se relaciona com as pessoas. Você tem facilidade em se relacionar? Como pode melhorar sua capacidade de relacionamento interpessoal? Como pode expandir sua rede de contatos? Como se dá sua interação com seus clientes? Quais os recursos que mais utiliza? É pessoal, face a face? E-mail, cartas, *internet*?

6. O que você entrega?

Como os potenciais clientes e pessoas no geral tomam conhecimento de sua existência? Como decidem por você? Como garantir a satisfação de seus clientes? O que você faz com suas habilidades? Você é capaz de fazer coisas que estão fora da sua lista de habilidades ou que não dão tanto prazer?

7. Quem você ajuda?

Quem você ajuda? Pessoa ou grupos de pessoas que depende de seu suporte ou trabalho. Mais do que pensar em um público-alvo ou um nicho, aqui você deve pensar sobre que tipo de pessoas você atende com as suas habilidades, competências, emoções e propósitos.

8. O que você oferece?

Quais os seus principais custos e gastos? Quais recursos você ainda vai gastar no curto e médio prazos? Podemos iniciar pelos custos tangíveis, tal como a necessidade de uso de veículo próprio, despesas de viagem, taxas de assinaturas de serviços necessários, custo com roupas e outros; após, passe para os intangíveis, tais como tempo, gasto de energia, até questões emocionais, estar longe de pessoas que gosta etc.

9. O que você ganha?

Liste salários e benefícios como plano de saúde; não é necessário colocar valor. Pense também sobre os benefícios intangíveis, tais como reconhecimento social, satisfação, status e outros. Você deve analisar além dos ganhos financeiros. Lembre-se de que o foco é nos seus propósitos como pessoa. A satisfação em realizar um projeto, poder ajudar as pessoas com suas habilidades, se tornar uma referência, ter poder de decisão e flexibilidade. Liste aqui todos os motivos que fazem você pensar e querer evoluir.

Ferramenta 2: desenvolvimento de perspectivas e execução Planejamento estratégico pessoal (PEP.C&P)

A estratégia faz parte do bojo da administração há muitos anos. Sun Tzu apresentou esse conceito entre 400 e 320 a.C., na China, quando escreveu o livro *A arte da guerra*, passando a ser considerado o "pai" da estratégia. Assim como o general chinês Sun Tzu utilizou a estratégia na guerra, o PEP.C&P utiliza a estratégia para potencializar o ser humano nas dimensões da vida pessoal e da Carreira.

Este método altamente efetivo utiliza ferramentas do planejamento estratégico com a autoavaliação nas sete competências críticas para o sucesso, com possibilidade de inclusão de plano de ação e definição de objetivos e metas de curto, médio e longo prazos. De forma resumida, toda a metodologia que está dividida em sete etapas, elaborada em uma única página, visa responder os três grupos de perguntas abaixo relacionados:

1. Quem sou eu e o que realmente importa na minha vida?

2. Como estou? Qual meu estado atual? E qual meu grau de satisfação?

3. Quais são meus planos, objetivos e metas? E o que estou disposto a fazer para alcançá-los?

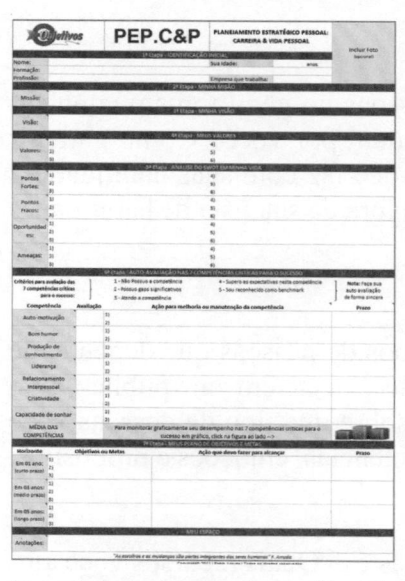

Disponível em: www.arrudaconsult.com.br

A seguir será apresentado detalhadamente a metodologia, todas as etapas, grau de importância e seus desdobramentos.

Primeira etapa: identificação inicial. Nesta etapa deve ser descrito os dados do dono do planejamento estratégico, contém campos para descrever o nome, formação, profissão e espaço para inclusão de foto para criar identificação.

Segunda etapa: minha missão. É a finalidade da existência, ou seja, aquilo que define o significado a essa existência. Liga-se diretamente aos seus objetivos principais, e aos motivos pelos quais vive (sua razão de ser).

Terceira etapa: minha visão. É aquilo que se espera alcançar (realizar objetivamente) em um determinado tempo e espaço, normalmente é um prazo longo (pelo menos 5 anos). A Visão deve ser inspiradora, clara e concisa.

Quarta etapa: meus valores. Representam os princípios éticos que norteiam todas as suas ações. Normalmente, os valores são compostos de regras morais que são a base para seus atos e motivações. Os valores podem ser natos ou adquiridos, porém inegociáveis.

Quinta etapa: análise *SWOT* em minha vida. Trata-se de uma ferramenta para tomada de decisão e formulação de estratégia. A Matriz *SWOT* usa uma planilha para coletar informações de pontos fortes, pontos fracos, oportunidades e ameaças no ambiente interno e externo à pessoa. Serve para autoconhecimento e autopercepção do mundo a sua volta. As pessoas com maior capacidade de progressão são aquelas que sabem exatamente onde estão.

Sexta etapa: autoavaliação nas sete competências críticas para o sucesso. Em um mundo competitivo e em constante evolução, além da educação formal adquirida através dos cursos de aperfeiçoamento, técnicos e universitários, é requerido cada vez mais dos profissionais contemporâneos ter competência, ou seja, o bom e tão conhecido CHA (Conhecimento, Habilidades e Atitudes). Conhecimento é informação adquirida através de estudos ou pela experiência que uma pessoa utiliza, é o "saber". Habilidade é a capacidade de realizar uma tarefa ou um conjunto de tarefas em conformidade com determinados padrões exigidos pela organização "saber fazer". Atitude é comportamento manifesto que envolve habilidade e traços de personalidade, e está diretamente relacionado ao querer e à ação "querer fazer". Abaixo segue a descrição das sete competências críticas para o sucesso e uma descrição sumária do que se espera e significa cada uma delas.

1. Automotivação: capacidade de se motivar de forma contínua, independentemente das situações adversas ou contratempos que possam ocorrer em suas vidas.

2. Bom humor: arte de gerenciar o próprio estado de espírito, para enfrentar o trabalho do dia a dia e a vida pessoal, mantendo harmonia interior e alegria de viver. A alegria e o bom humor nas relações de trabalho abrem portas e geram oportunidades.

3. Produção de conhecimento: capacidade de crescer profissionalmente, adquirindo conhecimentos relativos à sua profissão, e que sejam relevantes para a organização em que trabalha, como também para sua carreira em particular.

4. Liderança: capacidade de influenciar, inspirar e motivar pessoas, tirar o melhor delas, levando-as a ser competentes, trabalhar em equipe e a alcançar os melhores resultados.

5. Relacionamento interpessoal: capacidade de se comunicar com as pessoas em geral de forma eficaz, conviver bem, manter um bom clima no ambiente organizacional.

6. Criatividade: capacidade de criar e perceber coisas novas, gerar novas maneiras de fazer tarefas, reinventar métodos, ferramentas, sistemas, produtos, formas de trabalhar e melhorar os processos.

7. Capacidade de sonhar: exercício de imaginar coisas impossíveis e criar condições para realizá-las. É manter um alvo desejado (sonho), e através de ações tangíveis (metas) fazer o desejo tornar-se realidade pelas ações, esforços, trabalho, imaginação, persistência e pela fé.

Agora que os conceitos das competências foram apresentados, é muito importante definir os critérios para a autoavaliação. A pontuação vai hierarquicamente de um a cinco e devem ser avaliados conforme grau de importância e escalonamento no quadro abaixo:

1	Não possuo a competência
2	Possuo *gaps* significativos
3	Atendo plenamente a competência

1	Não possuo a competência
4	Supero as expectativas nesta competência
5	Sou reconhecido como *benchmark*

Lembre-se: a ideia é reconhecer os pontos positivos e oportunidades de melhoria para traçar um plano de ação consistente e sustentável. É necessário que seja realizada a autoavaliação seguindo os critérios acima e de forma sincera. Após a autoavaliação, defina ações de melhoria para as competências que apresentarem nota inferior a três e ações de manutenção para competências que apresentarem notas iguais ou superiores a três.

Sétima etapa: meus objetivos e metas. A meta é um posicionamento desejável no futuro, esforçado para implementar as condições (ações). Meta não é a mesma coisa que objetivo e vice-versa, a meta é um objetivo traduzido em termos quantitativos (valor e prazo). Exemplo de objetivo: comprar a casa própria. Exemplo de meta: comprar uma casa de R$ 150 mil até janeiro de 2020. As metas devem ser quantificáveis, específicas e desafiadoras, pois o cérebro precisa de especificidade para se poder focar, e para atingir os objetivos também precisamos saber especificamente aquilo que queremos, o quanto queremos e por que queremos atingir (gerar desafio).

A adoção e a prática destas duas ferramentas apresentadas devem ser um desafio para o leitor, que deseja se desenvolver, mudar, superar, expandir e melhorar a qualidade de vida. O *Business Model You* (BMY) para *redesign* de carreira e vida pessoal e o Planejamento Estratégico Pessoal (PEP.C&P) para desenvolvimento de perspectivas e execução são ferramentas para o *autocoaching,* que permitem exercer integralmente essa mudança, pois o ser humano é formado pelo construto das atitudes adotadas, sendo essencialmente fruto de suas escolhas. Aplique essas ferramentas no seu cotidiano e responsabilize-se pelas suas escolhas. Você, revolucionário, é o único dono do seu destino, siga em frente e muito sucesso nesta revolução!

Referências:
Arruda, Fabio, A. S. *Modelo de negócios canvas: aprenda usar na prática*. São Luís, MA. ArrudaConsult, 2015.
_____. *Planejamento estratégico pessoal (PEP.C&P)*. São Luís, MA. ArrudaConsult, 2011.
Clark, Tim. *Business model you: o modelo de negócios pessoal*. Rio de Janeiro, RJ. Alta Books, 2013.

16

Revoluções integrais

Mudar de maneira integral passa pela alteração de práticas que impliquem, sobretudo, na abertura da consciência para o outro, e estimulem o despertar e o desenvolvimento do arquétipo da alteridade

Fábio Peres

Fábio Peres

Psicólogo (CRP 12/08899) e mestre em Educação e Comunicação pela UFSC. Especialista em Psicologia Transpessoal. Atuou com o desenvolvimento de lideranças no SESI-SC, contemplado com o edital nacional de inovação SESI/SENAI, através da aplicação da abordagem integral a um modelo de desenvolvimento de gestão de pessoas. Atua como psicólogo clínico e *coach* integral, é responsável pelo site PSC.

Contatos
www.psico-online.psc.br
peres.fabio@gmail.com
(48) 98821-5097

No momento em que vivemos, a palavra revolução nunca esteve tão em voga, devido, principalmente, às transformações políticas, sociais, tecnológicas e ambientais vivenciadas em diversos níveis. Nesse sentido, o artigo procura demonstrar, através do embasamento da teoria integral, que qualquer processo de transformação só se sustenta quando é enraizado profundamente na própria consciência. Basicamente, não mudamos aquilo que não temos conhecimento. A abordagem integral proposta pelo filósofo Ken Wilber, se propõe a oferecer um modelo destinado a ser usado como um mapa, que nos permita navegar por este universo de transformações, definindo-se um rumo por meio do sentido estabelecido pela própria consciência.

Entende-se, dessa maneira, que todo processo de mudança ocorre de dentro para fora, no sentido do micro para o macro. Por isso, a mudança da própria consciência, enquanto transformação da percepção de si e do mundo, é o ponto de partida para uma revolução integral. Assim, não corremos o risco de sermos arrastados por uma avalanche de transformações externas, e perdermos o sentido básico de realização que se estabelece fundamentalmente pela consciência daquilo que se entende como o "sentido da vida".

É preciso que, antes de nos lançarmos ao mar das transformações, além dos pressupostos comportamentais, sejam considerados também os processos que favoreçam à tomada de consciência de quais aspectos precisam ser transformados dentro da visão de si, e consequentemente na visão de mundo, para que esta mudança também faça sentido para o seu psiquismo. Dessa forma, torna-se impossível, nos processos atuais de mudanças estratégicas comportamentais, separarmos as transformações externas das internas.

A abordagem integral procura contemplar no seu mapa de transformação uma visão complementar para todas as teorias, abordagens e perspectivas de desenvolvimento, a partir da pluralidade de enfoques que se possa obter num quadro multivisão. Este quadro é referido por uma sigla chamada AQAL, em inglês um anagrama que significa *All Quadrants, All Levels*. A tradução literal seria "todos os quadrantes e todos os níveis".

Primeiramente, os quadrantes se referem as perspectivas básicas que podemos atingir numa atitude integral, basicamente diferenciamos quatro lentes. Estas lentes se distinguem pelo entrecruzamento de dois pares de opostos, que representam as perspetivas e o modo de organização básico do ser humano. Descritos aqui como os aspectos internos (subjetivos) e externos (objetivos), cruzados com as dimensões do individual e do coletivo. Este cruzamento resulta nos quatro quadrantes entitulados como: Consciência (o interior do indivíduo) Comportamento (exterior do indivíduo) Cultura (Interior do Coletivo) e Sistemas (Exterior do Coletivo).

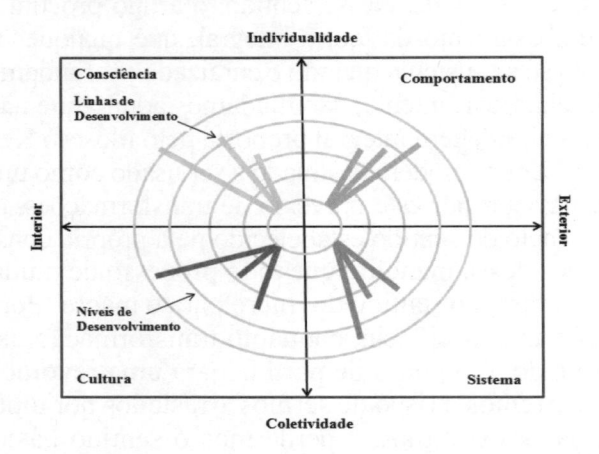

A partir daí os níveis, ou estágios, de evolução crescem através das múltiplas linhas de desenvolvimento, seguindo um princípio orgânico através de um movimento cíclico que se assemelha ao processo de respiração, pois se dá como ondas que evoluem e involuem, numa dinâmica que expressa a expansão e integração de alguns potenciais e recursos.

Isso ilustra mais um conceito da teoria integral que representa os estados de consciência como um ingrediente fundamental do processo de mudança. O que significa que ao longo do processo de transformação teremos estados de consciência expansivos que significam a evolução, o desenvolvimento e o crescimento de habilidades e competências.

Porém, teremos a necessidade de alguns estados integrativos que se referem aos movimentos de elaboração e assimilação destes mesmos potenciais, estes períodos podem ser erroneamente identificados como períodos de estagnação ou até mesmo involução, e na prática podem se manifestar exatamente desta maneira.

Porém, subjetivamente, estão ganhando sentido e significado, através de um processo de elaboração simbólica, quando são definitivamente apreendidos pela consciência, incorporados e assimilados como técnicas e novos comportamentos. Por isso, os estados são passageiros, mas os níveis são permanentes.

Cada vez que vamos e voltamos através dos estados expansivos e integrativos, nunca voltamos ao mesmo ponto original, porém, com mais consciência pela vivência do estado anterior. De tanto irmos e virmos neste movimento cíclico e ondular, em algum momento vamos e não voltamos, e uma vez que isso acontece a mudança é definitiva. Assim evoluímos através dos níveis de consciência.

Desta forma, podemos dizer que os estados superiores incluem os estados inferiores, o que representa a imagem de um holograma. Isto expressa a máxima da teoria integral que significa incluir para transcender.

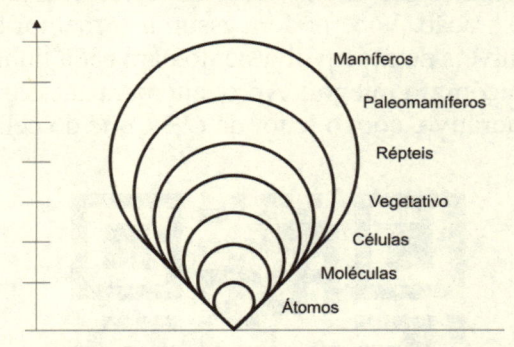

```
                    Mamíferos
                    Paleomamíferos
                    Répteis
                    Vegetativo
                    Células
                    Moléculas
                    Átomos
```

Ou seja, todo o processo de transformação parte do nível micro para o macro e o que impulsiona este movimento é o nível de consciência. Assim como forçou a evolução da vida a partir do cérebro reptiliano, passando pelo sistema límbico dos mamíferos, para chegar ao córtex racional humano.

Estas estruturas orgânicas foram se desenvolvendo através de um aspecto evolutivo de acordo com o nível de consciência das espécies. De forma que, todas as funções evolutivas permanecem intactas e preservadas dentro da própria fisiologia humana. Toda consciência precisa de uma estrutura física de igual ou maior complexidade, que permita esta consciência existir e se manifestar.

Aquilo que nos impulsiona em direção ao crescimento são as experiências de pico. Descritas como as situações que nos colocam para fora da zona de conforto do desenvolvimento, e forçam a obtenção de novos recursos para lidar com condições até então desconhecidas. Este tipo de vivência, devido aos estados de consciência que é capaz de gerar, normalmente nos coloca em contato com alguns limites de determinadas linhas de desenvolvimento, fazendo refletir sobre nossas reais capacidades e necessidades.

Resumidamente, as experiências de pico têm a capacidade de alargar nosso estado de consciência, o que permite enxergarmos a si próprios a partir de uma perspectiva mais ampliada. Isto pode ser o primeiro passo para o reconhecimento de uma necessidade de mudança, e consequentemente um compromisso para levar este desenvolvimento de consciência para o quadrante dos comportamentos. O que implica em estabelecer algum compromisso consigo mesmo, em relação àquilo que se pretende transformar.

A principal função desta etapa é reconhecer quais linhas de desenvolvimento precisam ser incrementadas, e poder determinar com honestidade o nível de proficiência que cada uma delas se encontra. Esta autoavaliação pode se dar em diversos aspectos e assumir diferentes escalas de mensuração. Você poderá assumir o melhor sistema capaz de avaliar seus níveis de desenvolvimento para cada linha que for delineada no seu psicógrafo integral. Aproveite para acessar o psicógrafo, em conteúdo interativo, com o leitor de *QR-Code* do celular.

Assim, o modelo de desenvolvimento proposto por uma prática de vida integral é realizado de forma modular. Na qual se estabelecem as linhas de desenvolvimento aonde são definidas quais práticas e suas respectivas frequências farão parte de sua da rotina, fazendo referência às inteligências múltiplas identificas a partir do seu psicógrafo integral.

Antes de começar a elaborar o seu mapa integral, é preciso compreender que cada tipo psicológico parte de pressupostos e preferências básicas que determinam a percepção de si e da realidade.

Por exemplo, se pensarmos nas diferenças básicas entre um homem e uma mulher, notaremos diferenças gritantes sobre a forma como cada um enxerga e prioriza aspectos de suas vidas.

Assumindo o autoconhecimento como ponto de partida para o desenvolvimento, começaremos a elaborar cada um dos módulos que envolvem a prática de vida integral. Recomenda-se aprofundar ainda mais a noção de autoconhecimento, explorando-se alguns aspectos inconscientes que possam se tornar pontos de bloqueio para o trabalho, através do reconhecimento das emoções e crenças limitantes que ainda não estejam totalmente sobre o controle do orientando.

No módulo da sombra sugere-se que, apesar de todas as capacidades do *coaching* integral, sejam favorecidas práticas como a psicoterapia que permita se reconhecer a forma como se lida com os aspectos inconscientes. Principalmente através de projeções, atos falhos e emoções que escapem ao autocontrole. O espaço para o trabalho com a sombra é o lugar de elaboração simbólica da vida, que faz referência ao papel dos sonhos na fisiologia humana. Porém, é muito importante e ético que este trabalho seja desenvolvido por um profissional qualificado para lidar com estas questões.

Sabemos que os sonhos têm uma função de organizar os estímulos percebidos através do estado de vigília, e se assemelham aos estados integrativos como foram descritos ao longo do texto. Assim, o trabalho com a sombra é fundamental dentro de uma prática de vida integral, pois permite a integração dos aspectos inconscientes, e a transmutação desta energia psíquica em um potencial de transformação. Assim, no módulo seguinte trabalharemos com os aspectos relacionados ao corpo.

No módulo do corpo trabalha-se não apenas com objetivos de transformação do corpo físico em si, mas busca-se alcançar, através de práticas físicas, o acesso aos respectivos estados de consciência, permitindo que na prática estes sejam direcionados para os padrões de desenvolvimento que se deseja obter. Neste sentido, algumas práticas mais intensas e expansivas como musculação e exercícios aeróbicos favorecem o acesso ao estado de vigília. Enquanto algumas práticas integrativas como *yoga* e tai chi favorecem o acesso a estados sutis, por meio de posturas ou movimentos corporais suaves que facilitam os estados contemplativos, com a mesma referência fisiológica do sonho, como um processo de elaboração simbólica dos estímulos através da integração da mente e do corpo.

A pratica de vida integral busca o equilíbrio, favorecendo o acesso aos estados expansivos na vigília e integrativos na contemplação. Enquanto isso, alguns exercícios de meditação profunda exercitam o estado causal, que é quando a consciência se abre para um vazio profundo, em um equivalente fisiológico do sono profundo. Sendo que este estado favorece o contato com os universos mais intuitivos e criativos do ser, através da transcendência do corpo e do autocontrole da mente. Assim, no módulo seguinte trabalharemos justamente com as práticas que estimulem o desenvolvimento mental.

O módulo da mente compreende que devem ser levados em consideração não apenas aspectos que visem ao desenvolvimento cognitivo por si só, entendendo a mente, sobretudo, como um órgão social. Os estados de consciência que se procura alcançar através do desenvolvimento dos aspectos cognitivos, intelectuais e racionais, são aqueles que transcendam os estados descritos como egocêntricos, nos quais o conhecimento tem como única finalidade o enaltecimento do ego e do próprio orgulho, adquirindo assim um sentido comunitário ou até mesmo humanitário.

Partimos de um nível egocêntrico de relacionamento com o conhecimento, voltado à satisfação de necessidades básicas do nível pessoal, para atingirmos os níveis etnocêntricos, quando conseguimos aplicá-los ao bem comum de nossa própria comunidade. A fim de alcançarmos os níveis globocêntricos quando o conhecimento adquire um status de servir a causas humanitárias em aspectos universais que transcendam a própria cultura.

Como foi dito, nós transitamos pelos níveis por meio dos estados de consciência, neste caso, os estados superiores de consciência desenvolvem-se através do sentimento de empatia, que representa a capacidade de se compreender a perspectiva do outro. Devido aos aspectos transcendentes que envolvem esta função, ela pode ser descrita como uma capacidade espiritual. Assim, o módulo do espírito vem se tornando uma realidade cada vez mais presente no mundo empresarial e corporativo, conforme vem sendo ressignificado dos aspectos religiosos e de um carregado senso moral, que não favorecem os aspectos de desenvolvimento propostos pela teoria integral. Serão previstos neste módulo as atividades que favoreçam a busca de um sentido mais amplo de vida, para além das satisfações do próprio ego. O que pode ser realizado por um caminho religioso ou não, mas sem dúvida desenvolverão um sentido de desapego do ego, ou valores como a generosidade e a caridade. Práticas que impliquem sobretudo na abertura da consciência para o outro, e estimulem o despertar e o desenvolvimento do arquétipo da alteridade.

Desta forma, percebe-se que o grande sentido de todo o trabalho da prática de vida integral, que parte da consciência e do autoconhecimento, segue pelas trilhas das mudanças comportamentais, buscando influenciar seu entorno através de um sentido compartilhado na cultura, e quem sabe atingir os níveis sistêmicos através de transformações sociais, políticas ou ambientais, é o caminho de uma verdadeira revolução integral.

17

Coaching como facilitador no tratamento de diabéticos do tipo II

Mais de 16 milhões de brasileiros adultos sofrem de diabetes e a doença mata 72 mil pessoas por ano no Brasil, segundo a OMS. O diabetes tipo II ocorre em adultos, geralmente obesos, sedentários e com histórico familiar de diabetes. A associação entre obesidade e diabetes tipo II é tão forte que muitos pacientes podem até deixar de serem diabéticos ao emagrecer. O modo como o corpo armazena gordura também é relevante. Minha proposta foi aplicar técnicas de *coaching* em um grupo de assistidos diabéticos para a obtenção de resultados positivos

Francisco Chagas

Francisco Chagas

É *Master Coach* pela FEBRACIS (Federação Brasileira de Coaching Integral Sistêmico), Psicólogo Clínico e Psicanalista tendo especializações nas áreas. Atualmente é Diretor Executivo da K.L.A Escola de Vendas e Negócios de Campinas e Presidente do Instituto Francisco Souza de Coaching. Também atua como Diretor Administrativo/Acadêmico da Universidade Norte do Paraná – UNOPAR polo Centro São Paulo. É Militar da Reserva no Posto de Coronel.

Contatos
www.klaescoladevendascampinas.com.br
franciscochagas@grupokla.com.br
souzaf01@hotmail.com
(19) 99643-9001

O diabetes Mellitus é uma doença caracterizada pela elevação da glicose no sangue ao que chamamos de hiperglicemia. Pode ocorrer devido a defeitos na secreção ou na ação do hormônio da insulina que é produzido no pâncreas pelas chamadas células beta. Sabe-se hoje que diversas condições podem levar ao diabetes, porém, a grande maioria dos casos está dividida em dois grandes grupos: diabetes do tipo I e diabetes do tipo II. Nesse trabalho, vamos nos ater ao tipo II, pois nessa forma de diabetes está incluída a grande maioria dos casos (cerca de 90% dos pacientes diabéticos).

Caminhávamos pelo ano de 2013 e, mais especificamente, na cidade de Porto Feliz, no interior do estado de São Paulo quando do início da Fundação do Instituto Francisco Souza de *Coaching*. Nosso trabalho estava apenas começando a se tornar conhecido, uma vez que a ideia de *coaching* era ainda algo novo para uma cidade pequena do interior.

Ao participar de um evento onde apresentamos um apalestra sobre *coaching* para alguns empresários e professores da rede municipal, fomos convidados pelo prefeito, na ocasião e hoje meu amigo Levi Rodrigues, a um desafio: coordenar um grupo de diabéticos daquele município ligados a cinco UPA's (Unidades de Pronto atendimento). Cada UPA possuía um pequeno grupo de diabéticos – variava de cinco a dez pacientes – que se reuniam semanalmente para, além de buscarem remédios na rede pública, discutirem sobre a doença, suas consequências e, até mesmo, para trocarem informações.

Por ausência de um projeto específico, cada grupo era individualizado, sem ligação ou contato com os demais grupos e sem que houvesse um profissional da área da saúde que pudesse acompanhá-los. Nosso desafio era reunir todos os pacientes diabéticos em um só grupo e com os mesmos objetivos. A princípio, a proposta do nosso prefeito era de agir como psicólogo clínico na coordenação do grupo. Vislumbramos, porém, após formatar o grupo e organizá-los (cerca de 35 pessoas portadoras da doença) em um só grupo de trabalho, não fazermos um acompanhamento psicológico, mas atuarmos como *coach* aplicando as ferramentas inerentes ao objetivo do grupo – a melhoria da qualidade de vida e um melhor controle da doença utilizando-se portanto das técnicas e práticas desenvolvidas pela

FEBRACIS e capitaneadas pelo nosso Mestre Dr. Paulo Vieira. Levamos ao prefeito a proposta de desenvolver um trabalho voluntário envolvendo profissionais da área da saúde, nutrição e educador físico. Depois do projeto ser aprovado, partimos à ação.

Temos acompanhado o mercado de *coaching* no Brasil e a sua saturação pelo excesso de novos profissionais lançados quase que diariamente. Temos visto que eles são pouco experientes e recheados de teorias, mas com pouca prática. Propor mudanças é algo muito sério e requer um conhecimento apurado. A transformação é um processo em vários níveis. Elas acontecem no ambiente em que vivemos, fazemos mudanças em nossa capacidade estratégica, em nossa maneira em que guiamos e dirigimos nossos comportamentos. Nosso trabalho, naquela época, tratava-se da obtenção de mais escolhas em um nível específico de mudanças: o nível das crenças!

Essa era a nossa proposta em relação aos nossos pacientes diabéticos. Mudar crenças daquelas pessoas com técnicas de *coaching* em busca da melhor qualidade de vida e transformá-las em portadoras de uma doença e não meros doentes.

Eu estudava o diabetes há mais de dez anos, naquela época, por conta desta patologia ter acometido minha mãe e, ao acompanhá-la, ter chegado à conclusão de que era perfeitamente possível levar uma vida muito próxima ao estado normal saudável, apenas com mudanças ou reprogramação de crenças. De início, buscamos a formação de um grupo multidisciplinar que pudesse aceitar esse desafio comigo. De imediato buscamos profissionais na própria administração pública e de pronto a dra. Sônia Regina Santos Ferreira (CRM 49507), especialista em clínica médica e endocrinologista, aceitou nosso convite e de imediato, passou a integrar nosso grupo de trabalho. A nutricionista Camilla Campos e o preparador físico Samuel Almeida vieram logo a seguir.

Nosso paciente frente ao desafio de *coaching*

Adesão ao tratamento é um conceito muito mais amplo do que apenas educação, que é fundamental no processo sim, mas não é tudo, pois adesão ao tratamento tem a ver primeiramente com querer...

E para querer engajar-se, o indivíduo precisa de ajuda para resolver a ambivalência que vem com qualquer mudança e é isso que o *coaching* faz. Engajamento significa encontrar o que motiva aquele indivíduo a tomar uma ação em prol de sua saúde. Ou seja, para obtermos mais engajamento é preciso partir do princípio que aquele indivíduo é único e ao mesmo tempo ele é igual a todo mundo, pois para mudar são necessários fatores fundamentais como motivação (motivo para ação), educação e apoio!

Nossos diabéticos – histórico geral
Dentre os portadores de diabetes no grupo criado, tínhamos 28 (vinte e oito) pacientes portadores do Diabetes Mellitus do tipo II. A média de idade estava em torno de sessenta anos.

O nível cultural médio era de primeiro grau e a condição sócio/econômica era de classe média baixa ou muito baixa. Identificamos que todos descobriram-se diabéticos após os cinquenta anos e, dependiam exclusivamente do serviço público para obtenção de medicamentos através dos programas governamentais como Farmácia Popular e SUS (Sistema Único de Saúde).

Todos eles, quase sem exceção, faziam uso de "cloridrato de mitformina" de 500 a 850 mg associado em alguns casos a Gliclazida de 60 mg, em média de três a quatro vezes ao dia. Não obstante ao uso dos medicamentos, a taxa glicêmica era sempre muito alta. Fazendo um acompanhamento dos poucos dados que as UBSs possuíam, era fácil constatar que giravam em torno de 380 a 430 mg/dl de sangue. Mesmo quando em alguns casos conseguia-se baixar esse nível, a hemoglobina glicosada mantinha-se bem alta e consequentemente, longe dos padrões normais.

Raramente nossos portadores do diabetes praticavam atividades físicas e a alimentação precária e de pouca qualidade.

Esse era o nosso cenário!! Passamos então a desenhar o nosso projeto. A dra. Sônia Regina de imediato submeteu o grupo a exames de praxe para avaliação real e atualizada para que, a partir daí, pudéssemos iniciar o *Projeto Coach* 2014.

Selecionamos então 24 portadores que aceitaram fazer parte do projeto. Desses, selecionamos 12 portadores para serem submetidos às sessões de *coaching* e outros 12 que apenas seriam observados e acompanhados sem, contudo, serem submetidos às sessões de *coaching*.

Iniciamos nosso trabalho de *coaching* fazendo sessões individuais e em grupos. Nossos encontros eram semanais em dois dias alternados. Para que pudéssemos ter o máximo de controle sobre a taxa glicêmica de cada um, foi necessário intervirmos junto à Secretaria Municipal de Saúde, no sentido de conseguirmos aparelhos medidores de glicemia e suas caras lancetas.

Todos equipados, começamos o trabalho. Basicamente, iniciamos aplicando uma ferramenta fundamental: o Mapa de Autoavaliação Sistêmica (MAAS) onde seria observado o estado atual de cada participante. Nitidamente todos eles clamavam por uma vida melhor, identificavam seus limites, mas todos eles esbarravam na mesma crença: eram doentes, de uma patologia sem cura e que cada dia que passava os aproximava de um final cuja cegueira, amputações ou problemas cardíacos ou até mesmo renal, eram constantes e reais.

Como diz o PhD Paulo Vieira, Presidente da Febracis e um dos precursores do *coaching* no Brasil, tudo que vemos, ouvimos e sentimos sob forte impacto emocional torna-se uma crença!! E era justamente esse o nosso objetivo: treiná-los no sentido de mudarmos essas crenças. Ao longo dos anos, haviam sentido na pele essas inúmeras informações sobre a doença e, com isso, haviam criado uma crença absurda sobre suas vidas.

Assim, fomos identificando o estado atual de cada um, identificando os recursos adequados para tirá-los daquelas crenças (estados internos, fisiológicos, informações ou habilidades) necessários para passar do estado atual da época ao estado desejado. Esse era nosso desafio. Além disso era preciso eliminar quaisquer interferências por meio do uso desses recursos.

Após essa etapa, passamos à aplicabilidade das ferramentas de *coaching* utilizadas pela Febracis. Obviamente inúmeras ferramentas foram empregadas, mas apenas algumas delas serão citadas uma vez que foram aplicadas em todos os integrantes do projeto.

Primeiro passo: aplicação da *dream list* (lista dos sonhos).

Era preciso identificar de maneira coerente quais eram os verdadeiros sonhos de cada um. Com a aplicação da ferramenta, foi possível fazer um *link* entre o real e o aparente. Aquilo que realmente era coerente com a realidade de cada diabético.

Segundo passo: MAAS (Mapa de Autoavaliação Sistêmica).

Nessa etapa, identificamos com a ferramenta, quais eram as áreas individuais que estavam com nível de ação muito baixo, e em qual nível era preciso investir para mudar alguns comportamentos.

Terceiro passo: metas e objetivos.

Após essa etapa, partimos para a mudança de hábito no sentido de olhar-se como portador de uma patologia e não necessariamente ver-se como doente. Dessa forma, tornaria consciente a seu estado de diabético passível de tratamento e sua consequente melhora na qualidade de vida.

Quarto passo: mudança de comportamento.

Com a consciência de seu estado de portador de patologia e na busca de uma melhor qualidade de vida, duas decisões foram tomadas: a busca de uma melhor alimentação bem como a prática de atividades físicas como facilitadores da recuperação e prevenção no sentido de retroceder as ocorrências da patologia.

Quinto passo: plano de ação.

Segundo Paulo Vieira, Presidente da FEBRACIS, tudo aquilo que vemos, sentimos e ouvimos sob forte impacto emocional torna-se uma crença! Com base nesses ensinamentos partimos para a ação com o emprego deste conceito. A equipe multidisciplinar passou a desenvolver um forte trabalho mostrando a importância da alimentação adequada, da atividade física diária e da aplicabilidade das técnicas de *coaching*, formando, assim, um tripé na construção de uma nova crença: de que era possível ter uma qualidade de vida regular e saudável ao eliminar a crença de que a cegueira, as doenças coronárias e amputações seriam consequências naturais dos portadores de diabetes.

Sexto passo: repetição de padrão.

Com a mudança de crença era preciso apenas manter as atividades propostas porém tendo a consciência de que era possível manter-se equilibrado sem necessariamente estar monitorado posto que, recoloca na mão do assistido a responsabilidade de seu autocontrole e manutenção de seu estado atual, por meio de exercícios de repetição tais como: *dream list*, MAAS, ativação de recursos, a confecção do mural e o olhar constante a esse mural.

Duas vezes por semana, nos encontrávamos para nossas sessões individuais e em grupo utilizando o reforço das novas crenças sob forte impacto emocional. Após as sessões, tínhamos orientação com nossa nutricionista e por três vezes na semana tínhamos atividades físicas programadas com nosso preparador físico. Por conta da tecnologia, a aproximação entre as pessoas ganhou um grande facilitador (*WhatsApp* e aplicativos), pois, naquela época, diariamente recebíamos os dados das taxas glicêmicas de cada um onde mensurávamos em nossas tabelas de controle. Tanto o grupo de *coach* quanto o outro grupo informavam diariamente as taxas em jejum e a prandial, ou seja, duas horas após o almoço.

Para tanto, foi necessário um esforço muito grande para entregar o aparelho de medir e as lancetas de medição, como a intervenção do Secretário de Saúde do Município, tendo em vista o alto custo dos equipamentos, uma vez que os assistidos eram pessoas de baixa renda e não possuíam recursos próprios. Por fim, até o secretário vislumbrou excelentes resultados com o trabalho proposto. Quando atingimos os primeiros seis meses, vieram os frutos: o *Grupo coach*, após os exames solicitados pela médica do grupo multidisciplinar, baixou a taxa média glicêmica de 487 mg/dl para 275 mg/dl numa demonstração de que nosso trabalho apresentava resultados altamente satisfatórios enquanto o outro grupo mantinha a taxa glicêmica 380 a 400 mg/dl.

A partir desses dados, fortalecemos nossa premissa de que seria possível modificar essa crença para sempre e, por decisão da Dra. Sónia Regina foi diminuída a dosagem da medicação passando de nove comprimidos ao dia de mitiformina para seis, apenas no almoço e jantar.

Intensificamos as nossas sessões bem como as atividades físicas e a qualidade alimentar. Obviamente esses fatores foram significativos para o resultado fisiológico, mas isso só foi possível porque a aplicabilidade do *coaching* os tirava de um estado de letargia e de zona de conforto e os encorajava a buscar uma melhora. As mensurações diárias continuavam em ambos os grupos e agora era evidente a melhora significativa na qualidade de vida daquelas pessoas. Ao completarmos um ano de projeto, chegamos ao patamar desejado: nosso *coachees* haviam perdido peso, as taxas glicêmicas estavam próximas do ideal (115 a 152 mg/dl), a atividade física havia se transformado em prática constante e a alimentação, agora, era equilibrada.

Era preciso sermos mais ousados! A dra. Sonia Regina, com base nos dados tabulados de ambos os grupos e com os resultados positivamente apresentados, resolveu eliminar parte de medicação e adotar o uso de apenas uma medicação (Metiformina de 850 mg) divididos em três comprimidos ao dia. O momento era de tensão, afinal, o organismo daquelas pessoas estava acostumado a ser bombardeado por remédios fortes e de efeitos danosos. Assim, seguimos em frente.

Nossas mensurações tabuladas diariamente nos deram a certeza de que estávamos no caminho certo e, agora, já partindo para ferramentas mais complexas como eliminação de sentimento tóxicos, quinta potência, swich 360, elevador e tantos outros. Havíamos transformado nosso grupo de *coaching* e, com base na Parábola da Gaivota de Paulo Vieira, em verdadeiros vitoriosos e agora já não mais doentes e sim portadores de uma patologia controlável.

Chegamos a dois anos de projeto. Agora a palavra "insulina", cegueira e amputação já não mais existia para aqueles assistidos. A palavra agora era vida! Era o momento de cuidar do outro grupo. Atualmente temos levado nosso trabalho para inúmeros grupos de diabéticos sempre procurando mostrar que o *coaching* pode ajudar as pessoas não tratando a patologia, mas apresentando ao portador ferramentas e maneiras de controlar a doença e não ser controlado por ela.

Um diabético é diagnosticado no mundo a cada cinco minutos. O Brasil, hoje, segundo a Sociedade Brasileira de Metabolismo e Endocrinologia, possui 15 milhões de diabéticos com um custo anual aos cofres públicos de 970 milhões de reais. Somos um país tropical, quente e, por conta disso, o consumo e bebidas doces, o uso de açucares industrializados, a alimentação inadequada, sedentarismo, além de uma vida de extrema competitividade e estresse, deixam o indivíduo frente a inúmeras patologias e o diabetes, indolor, silencioso e sorrateiro tem sido a causa de inúmeras mortes. É preciso mudar isso. Você quer um milagre? Seja você o milagre!

18

A vida é uma questão de escolha

Quando nos encontramos diante do pior cenário jamais pensado, temos dois caminhos: ou paramos e nos entregamos ao vitimismo e passamos a culpar a tudo e a todos pela situação, tornando-nos reféns de atitudes que outras pessoas não tomarão para mudar nossa vida, ou assumimos as rédeas, arregaçamos as mangas e redirecionamos a rota rumo a atingir nossos ideais. Qual é o caminho que você deseja para sua vida?

Giselle Roncada

Giselle Roncada

Formada em Pedagogia e pós-graduada em Neuropsicopedagogia, empresária do ramo da educação, onde ministra aulas de matemática, português e inglês, escritora de poesias e assuntos ligados a empreendedorismo e desenvolvimento pessoal e palestrante.

Contatos
www.prasaber.com.br
gi_se_lle@outlook.com
(11) 98149-6989

Todas as grandes revoluções da história tiveram início num momento extremo. É quando a sociedade chega ao seu limite, o sofrimento ao seu ápice, que a revolução acontece.

No âmbito pessoal é da mesma forma. Quando o ser humano se encontra no limite de suas forças, ele tem duas alternativas: ou entra em depressão, ou levanta e age.

Agir é fundamental, mas há passos que antecedem a ação em si.

A inconformidade com aquele sofrimento interior pelo qual a pessoa está passando, leva-a a pensar em alternativas. Muitas vezes, ela já está tão machucada que é como um paciente em estado crítico. E nesses casos, há de se ter muita clareza quanto ao que está passando e ao que almeja para a vida, para que a pessoa reúna forças e possa encontrar a luz no fim do túnel.

Cada vez mais, a depressão é considerada o mal do século e entender que se trata de uma doença e que é possível sair dela é o que faz com que as pessoas consigam dar a volta por cima.

O pensamento é onde começamos a planejar a vida que queremos. Cercarmo-nos de boas influências é de suma importância para bons resultados. É como se costuma dizer: combinando bons ingredientes, o sucesso do prato já está cinquenta por cento garantido.

Somos a média das cinco pessoas com as quais mais convivemos. Logo, é possível afirmar que o ditado que nossos pais, costumeiramente, falavam é uma verdade: diga-me com quem andas e eu lhe direi que és!

Para ficar mais claro para o leitor e sair das subjeções, vale contar uma história verídica, cujo nome vou mudar para preservar a identidade, da...

Filomena

Quando eu a conheci, era a pessoa mais doce, sorridente, sábia, amiga e compreensiva. Embora de hábitos refinados, era muito simples e com uma alegria contagiante. Amada por todos a sua volta!

Porém, antes de nos conhecermos, ela passou por uma revolução pessoal e isso impactou sua qualidade de vida de forma definitiva.

Sabem aquela velha máxima: há males que vêm para o bem?

Pois, o mal que a assolou forjou essa mulher brilhante e fez com que se tornasse inesquecível.

Mãe e esposa devotada, viveu uma vida confortável ao lado do marido. Para ela, cujos filhos já eram adultos, a vida estava definida. Era assim que desejava viver o resto de seus dias.

Socialmente, e aí entra o que citei anteriormente, somos a média das cinco pessoas com as quais convivemos, ela era uma pessoa reprimida (o marido, extremamente autoritário e nada simpático, a restringia e subjugava), mulher de poucas palavras e quase nenhum sorriso, vivia conforme a vontade daquele homem e achava que aquilo era felicidade.

Em uma manhã, levantou-se e, como era o hábito do casal, foram caminhar.

Nessa caminhada, ele a comunicou que pediria a separação. Imediatamente, a sensação que ela teve foi a de que o chão se abriu e a tragou para um abismo interminável, escuro, úmido e solitário, cuja mão que ela desejava que se estendesse para a salvar era a mão daquele que a estava empurrando para o fundo desse poço desconhecido.

Foram para casa e, como o(a) leitor(a) pode imaginar, o momento assemelhou-se com uma antecâmara do inferno.

Entre lágrimas e palavras de inconformidade e estarrecimento (o casal quase nunca havia, sequer, discutido), ela ouviu a voz daquele que tanto amava dizendo que estava apaixonado por outra mulher, mais nova, e que se encontrava grávida de um filho dele.

Bem, nesse momento o caos estava instalado!

Os filhos foram comunicados, as atitudes tomadas, enfim... Ela ficou só!

O que se seguiu foram meses de lágrimas, de dor, de se perguntar onde ela poderia ter errado, como podem imaginar!

Nem o túnel ela vislumbrava, quanto mais uma luz ao final dele.

Com muito esforço ela foi convivendo com mais pessoas e foi instalando-se, dentro dela, a chama da mudança.

Ou ela levantava e resolvia viver, ou sucumbiria ao sofrimento!

Decidiu viver quando percebeu que a falta de caráter dele não era de responsabilidade dela e que, consequentemente, não tinha culpa por ele ter arrumado uma amante. Ele poderia ter se separado dignamente quando percebeu que não havia mais amor. Mas, preferiu deixar a dignidade de lado!

Sua revolução interior foi tamanha que ela se tornou a mulher que descrevi no início do capítulo.

Citei essa história porque sua notabilidade está no fato dela ter encontrado a felicidade e sua plenitude de vida longe daquele que, por tanto tempo, julgou ser quem proporcionaria tudo isso a ela.

Cega de amor, não percebeu que seu algoz dormia ao seu lado há tantos anos.

Revoluções são necessárias quando só o que nos resta é decidir viver ou morrer.

Ninguém pode ser eleito tutor de nossa felicidade. Precisamos nos bastar!

Enquanto empresa...
Empresarialmente, vemos grandes exemplos de pessoas que, diante das adversidades, realizaram sonhos muito maiores do que haviam sido capazes de sonhar até então.

Bons marinheiros se fazem em mares revoltos e não em marolas!

Quando perdemos o chão, ou despencamos e nos tornamos cacos, ou aprendemos a voar!

É importante, em primeiro lugar, identificar o problema, em todas as suas nuances e fragilidades.

Fazer um diagnóstico preciso da situação em que se encontra e, principalmente, encarar a realidade ciente da sua responsabilidade para que o caos se instalasse.

Seja voluntaria ou involuntariamente, o dono do negócio sempre é o maior responsável pelo sucesso ou fracasso.

Entender isso já faz com que seja um empresário muito acima da média da maioria.

Novamente, venho citar o fato de que cabe a cada um a atitude que vai revolucionar sua vida.

De nada adianta tentar delegar isso, encontrando culpados. Não que eles não existam mas, se existirem, devemos ter consciência de que se fizeram, foi porque demos espaço para isso e de que só nós podemos mudar nosso futuro.

Tomar as rédeas possibilitará mudar o rumo de sua empresa, de sua vida e alcançar seus objetivos!

Muitas vezes, o caos se instala silenciosamente e nossos hábitos precisam ser revistos e mudados.

Para uma mudança de hábito, segundo estudos neurais, é necessário repetir o hábito que se busca adquirir por 21 dias ininterruptos. Essa determinação, por si só, já é capaz de revolucionar vidas.

Se você é capaz de imaginar, é capaz de realizar
Imagine o que você deseja...
Pode ser economizar dinheiro, comprar um bem ou até emagrecer. Saiba que identificando os pontos importantes, os caminhos para chegar ao objetivo e mudando hábitos você é, plenamente, capaz de conseguir!

Importante lembrar que nenhuma revolução que tenha sido bem-sucedida, baseou-se em atitudes sem planejamento!

Planejar, estabelecer estratégias, estar atento a todos os fatores que podem vir a interferir no bom andamento do planejado, antevendo e prevenindo possíveis problemas, embora seja uma fase trabalhosa, é um ponto importantíssimo para atingir objetivos de forma saudável e duradoura.

Ninguém disse que seria fácil... Mas, é possível!
A realidade, tal qual a conhecemos, teve início com o pensamento de alguém a respeito de alguma coisa.

E esse pensamento, normalmente, teve início com a necessidade dessa pessoa.

Para continuar trabalhando com exemplos reais, a história da Antônia (nome fictício), começou...

Antônia
Uma empresária já com alguns anos de experiência, que estava com a vida financeira organizada, com uma equipe motivada (uma líder inata), porém, sentia que lhe faltava algo.

Procurou várias respostas, sempre sentindo um vazio e não conseguindo sentir a satisfação de suas conquistas. Recentemente, havia conseguido comprar um imóvel e, mesmo fazendo tudo como queria, não sentia o sabor da conquista.

Isso não era, nem de longe, algo que ela esperasse, visto que sempre foi muito grata à vida por tudo que lhe proporcionara. Não que tivesse sido fácil chegar até ali, muito pelo contrário!

Mas, o que vem ao caso, nesse momento, é descrever a você, leitor(a), como essa mulher revolucionou sua vida e a de outros a sua volta!

Um dia sua coluna começou a apresentar problemas sérios.

Foi evoluindo até que os braços estavam com os nervos inflamados e nenhum remédio prescrito, até então, fazia efeito satisfatório.

Uma amiga, vendo seu sofrimento, levou-a a um terapeuta que trata com *shiatsu* (que significa "pressão com os dedos", uma técnica muito conhecida e originária do Japão).

Percebendo que Antônia tinha necessidade de um tratamento diferenciado, esse terapeuta que também é *coach* de vida, iniciou a busca da missão de vida dela, através de sessões.

Quando Antônia entendeu seus valores e sua missão, passou a trabalhar, internamente, o que faria para realizar sua missão, passando a se sentir viva novamente.

Sem negligenciar sua empresa, sua família (muito pelo contrário, tornando-se mais próxima dos filhos, dos clientes e funcionários), ela iniciou seu projeto de palestras e livros voltados a pais inexperientes. A levar para esse público, informações pertinentes para que pudessem encontrar os melhores caminhos para direcionar e lidar com os filhos, numa linguagem acessível a eles e entendendo seus dilemas e dores.

Encontrar sua missão fez com que voltasse a sentir alegria, a saborear suas conquistas diárias e até a iniciar uma mudança de hábitos para atingir seu peso ideal, que era um projeto que ela tinha deixado de lado na vida e que havia sido o pivô de sua coluna problemática, visto que seu peso estava acima do recomendado.

Entender que a revolução é um caminho que nos leva rumo à realização de nossos sonhos, projetos e ideais, é muito importante para que tenhamos energia e reunamos subsídios para nos assegurar o sucesso da empreitada!

Cada um tem suas lutas, suas dores e muitos fatores influenciam para que sejamos tragados para o centro dos problemas cotidianos. Faz-se necessária a reflexão de nos perguntar: a direção na qual estou caminhando me levará a conquistar meus objetivos?

Caso a resposta seja não, reunir coragem para mudar é o que de melhor podemos nos proporcionar, fazendo com que sejamos realizados e com que contribuamos para a evolução das pessoas ao nosso redor.

Lembrando que somos a média das cinco pessoas com as quais mais convivemos, que tenhamos dentro de nós o desejo verdadeiro de melhor influenciar nosso meio social!

# 19

Inteligência emocional:
transformando sonho pessoal e profissional em realidade

O que você tem feito para viver a sua melhor versão? Conecte-se com sua verdadeira essência. Movimente-se em direção às mudanças. Equilibre-se! Vamos despertar e nos empoderar neste artigo? A revolução é vivenciar novos rumos em busca de grandes conquistas. O seu jogo inicia-se aqui e agora. E o jogo da virada consiste em traçar a rota do seu sucesso pessoal e profissional. Só você poderá enxergar as entrelinhas deste chamado e transformar seus dilemas em descobertas e soluções. Vamos juntas?! Você é única e especial. Ninguém é igual a você, esse é o seu poder.

Dave Grohl

Keli Salvadori

Keli Salvadori

Coach Profissional, consultora e *trainer* em Desenvolvimento Humano e Organizacional. Facilitadora da Metodologia de *Coaching* e *Mentoring* Sistêmico Comportamental. Graduada em Relações Internacionais com especializações em relações humanas, terapias holísticas, cognitiva e comportamental. Formada pela SBC (Sociedade Brasileira de Coaching), *Behavioral Coaching Institute*, FEBRACCE (Federação Brasileira de *Coaching* Comportamental Evolutivo), Instituto Edson de Paula e Gestão Comportamental através da Metodologia DISC – *Etalent*. Há dez anos atua com consultorias, terapias evolutivas e *personal&professional coaching*. Especializou-se na Academia Emocional em Competências Emocionais para a Vida e Carreira. *Expert* em Empoderamento de Talentos, Comunicação funcional, Autoliderança, Relacionamento intra e interpessoal. Especialista em Inteligência Emocional com estruturação nas metodologias de Daniel Goleman e Timothy Gallwey. É facilitadora em palestras, *workshops* e treinamentos de alta *performance* para o desenvolvimento e capacitação pessoal e profissional. Mentora na escola Unidarma com o tema Competências Emocionais e fundadora do Programa D&P Desenvolvimento Profissional para Damas & Profissionais em Ascensão no Brasil, além de ser a idealizadora do Congresso Nacional de Saúde, Infertilidade e Gravidez, que atingiu mais de 10.000 mil pessoas em todo o Brasil, ajudando milhares de pessoas que desejavam engravidar e superar a infertilidade. É sócia-proprietária da ConnSiga *Coaching* e Treinamentos. Faz atendimentos *online* e presencial em Indaiatuba-SP e região.

Contatos
www.kelisalvadori.com.br
Contato@kelisalvadori.com.br
Instagram: KelisalvadoriCoach
Facebook: KssCoach
(19) 9 9239-1369

A vida apresenta seus propósitos para as pessoas conectadas. Qual é a sua conexão hoje? "Nada é por acaso e todo resultado tem um porquê".

A verdade é que entrar em conexão com seu eu interior e ter consciência dos seus sonhos e objetivos é o primeiro passo para desenvolver a sua inteligência emocional e, assim, transformar desafios em resultados.

Afinal, quem nunca passou por momentos desafiadores, uma dor emocional profunda, por provas doloridas, tempestades intermináveis? Sabe aquela dificuldade na área pessoal, afetiva, profissional ou financeira que empaca e não vai para a frente? A inteligência emocional nos ajuda a resolver esses pontos e ter clareza da solução.

Quantas vezes você se perguntou: Por que está acontecendo isso comigo? Por qual motivo esse episódio se repete novamente? Qual é realmente o sentido da vida? Qual é o propósito de tudo isto?

Eu já me fiz estas perguntas inúmeras vezes. Meus clientes chegam até mim com essas mesmas indagações. E é, sim, possível que as respostas e transformações ocorram com um "despertar – um chamado – uma dor". Neste artigo, vou esclarecer como desenvolver as competências emocionais e vencer os obstáculos da vida. Mesmo que você já esteja cansada de tudo, mesmo que você já tenha realizado inúmeras tentativas, mesmo que você não tenha encontrado uma luz no fim do túnel ou ainda só queira potencializar seus resultados e viver a sua melhor versão hoje.

Acompanhe comigo no decorrer deste texto como se fosse uma viagem, e, ao findar esta jornada, você se sentirá mais plena, empoderada e equilibrada para vivenciar suas mudanças e vitórias. Há dez anos venho orientando e elevando a autoestima de pessoas que precisam se cuidar e se reerguer na vida. Este desafio me foi apresentado por Deus e eu aceitei. Desde muito cedo, a vida me mostrou que seres especiais transitavam pela Terra e se nos conectássemos com essas pessoas íntegras e iluminadas, tudo faria sentido.

Uma pessoa como Djalma Garcia, meu pai, se apresenta em minha vida como uma das mais ilustres que conheço. Ensinou-me a honrar, a servir com amor e a ser íntegra. A minha mãe, dona Sarita, é uma mulher especial e única, que me ensinou a batalhar e a nunca desistir de lutar se dedicando ao próximo com generosidade. Somos em três irmãos que vivenciaram uma realidade simples e humilde. Mas o exemplo de "entrega, doação e disciplina" nos inspirava a sermos ricos de alma a ponto de nos fortalecer e termos uma gigantesca força interior.

Afinal, não foi fácil vir ao mundo, pois dentre as lutas cotidianas de uma família desprovida de recursos financeiros a luta sempre foi para construir um cenário mais próspero e alegre. Fomos criados para "sermos fortes, servirmos ao próximo e batalharmos na vida", e isso era como uma filosofia de vida para nós. A rigor, o universo me mostrou o quanto estruturar o meu eu verdadeiro e dedicar-me ao próximo com respeito e generosidade seria fundamental para as grandes surpresas que a vida iria me apresentar.

Aprendi muito jovem que revolucionar estava associado a desenvolver minha inteligência emocional para se ter resiliência, e competências pessoais e profissionais. Aos 28 anos de idade, a vida começou a me colocar provas, com a chegada do sonho de ser mãe, e desde então, a revolução e os despertares vieram à tona.

A primeira revolução interna foi ouvir de nove profissionais da área da saúde que engravidar seria i-m-p-o-s-s-í-v-e-l. "Você não pode ter filhos", "Você é infértil", "Você não será mãe".

Quantas vezes você ouviu que não seria possível realizar o seu sonho? Que você não conseguiria conquistar algo na vida? Que seria impossível conseguir o que desejava?

Sabe aquele momento em que você vai ao fundo do poço e não enxerga uma luz no fim do túnel? Eu sei como é! Aquele momento em que sua vida afetiva e profissional não faz mais sentido para você. Vivenciei essas fases com muita **tristeza, raiva e medo**.

Eu e meu marido, Vlademir Salvadori, estávamos destruídos e ao mesmo tempo unidos por uma força maior. Este amor seria transformado em lutas, novos sentimentos e conquistas.

Então, me conectei com a minha melhor versão e movi meu coração às minhas fontes de inspiração. E resgatei todos os aprendizados e exemplos que meus pais me passaram. "Buscar, servir, batalhar e não desistir dos nossos sonhos".

E daí em uma imersão de *coaching* **para a excelência emocional**, eu me aprofundei nestes estudos, vivenciei técnicas por mais de quatro anos e passei a praticar todos os ensinamentos dessa metodologia. E pude vivenciar o que eram os verbos "despertar, empoderar e conseguir".

E numa jornada revolucionária, saí de um processo de *coaching* transformada. O plano era: "coloque seus problemas em uma caixinha e vá servir o maior número de pessoas ao redor do mundo; vá empoderar pessoas a superarem seus obstáculos pessoais e profissionais". Desenvolva seu modelo de ensino, transforme vidas e pratique o amor.

O verbo conseguir entrou na minha vida e se tornou uma missão. Fazer com que as pessoas relatassem: eu posso! Eu mereço! Eu consigo! E daí surgiu a ConnSiga *Coaching* e Treinamentos, minha empresa atual. E junto dela o aprendizado sobre a importância do *coaching* sistêmico comportamental, hoje meu método e modelo de ensino. Pratiquei o método e entendi o que era resiliência e congruência. Apliquei o *coaching* em minha vida e na vida de centenas de clientes e vi que ele funcionava! Foi com este modelo de ensino que desenvolvi minha competência emocional e a de muitos clientes.

Saiamos do sonho à realidade!

Sim, eu consegui! Venci a infertilidade. Realizei o sonho de ser mãe e conquistei a tão almejada maternidade. Foi um processo rico de buscas e conquistas. Além disso, me firmei como agente de transformação e *coach* profissional após ver tantos sonhos sendo conquistados com a metodologia. Desenvolver a inteligência emocional e a excelência profissional me proporcionou uma revolução, novos rumos e grandes conquistas na vida.

O "Método CONSIGA" nasceu e veio para ensinar a importância da conexão com a sua essência, o poder do movimento estratégico, permitindo-lhe entender quem é e descobrir sua missão e propósito de vida.

Afirmo que o jogo da virada e da conquista está estruturado no seu eu verdadeiro, no fazer movimentos novos e diferentes, para ter as suas realizações merecedoras. Quando a sua missão de vida estiver alinhada com a sua essência, o seu profissional começa a se evidenciar e prosperar. Acredite! Seu talento aflora e você obtém alegrias e prosperidade. A sua excelência profissional consiste em ser competente na arte de viver a sua verdade, a sua história e jornada.

O conhecimento o alicerça. A habilidade emocional constrói novas possibilidades.
E a atitude transforma sonhos em realidade.
***Coaching* sistêmico comportamental desenvolvendo a inteligência emocional**

Os mestres nos ensinam; os mentores nos direcionam; os mensageiros que aparecem em nossas vidas nos inspiram e nos movem. Aceite-os!

A filosofia é: equilibrar, empoderar-se e conseguir. Não existe o impossível para quem deseja ardentemente realizar algo. Precisamos enfrentar os desafios da vida e buscar ferramentas, alternativas palpáveis para as nossas incertezas, dores e desejos. Existe um modelo que funciona para indivíduos em busca de superação, encorajamento, luz e autorrealização. Quero lhes apresentar aqui o *Método Consiga*, utilizado hoje por centenas de pessoas ao redor do mundo e alicerçado pelo *Programa Inteligência Emocional* por meio do *coaching* sistêmico comportamental, baseado em estudos avançados nas áreas da psique, desenvolvimento e comportamento humano. Grandes mestres renomados me ensinaram e remodelaram a minha mente para construirmos a revolucionária conquista do sucesso e da felicidade que possuo hoje, tanto na vida pessoal quanto profissional. E quero lhes apresentar parte desta jornada aqui.

Reflita e pratique o método seguindo estes três passos:

1º Passo: quem é você? Descubra-se.

A conscientização pessoal serve para definir: "quem sou, onde estou e onde quero chegar".

A percepção sobre si te traz movimentos de decisão. Quanto mais você aflora essas percepções e sensibilidades internas, mais você terá chances de chegar onde deseja.

Avalie-se:
- Quais são as suas qualidades, potencialidades, motivadores, sabotadores e interferências comportamentais?
- Como está a sua vida pessoal, familiar, afetiva e social? Avalie sua vida profissional, seus negócios e o seu financeiro. Que nota daria para cada área de 1 a 10?
Ao observar que tem uma ou mais áreas com uma pontuação baixa, pense e escreva o que você pode fazer para estruturá-la? Qual área que se colocar foco e atenção poderá alavancar e equilibrar as outras áreas? Conscientize-se e desperte a sua essência.

2º Passo: como estão seus resultados pessoais e profissionais?

Conecte-se.

O equilíbrio consciente busca a harmonia entre o mental, o emocional, o espiritual e o físico.

Esta é uma forma de alinhar as raízes da essência humana. São quatro pilares que, se equilibrados, potencializam as outras áreas da vida, como a profissional, a relacional e a financeira melhorando expressivamente seus resultados.

Pratique!

- **Equilíbrio mental:** exercite a mente para harmonizar os pensamentos. Leia, faça visualizações de objetivos; planejamentos organizados e bem estruturados. Estude temas que você gosta e explore os que você desconhece. Faça meditação e pratique comandos mentais positivos.

- **Equilíbrio emocional:** conecte-se com seus sentimentos, identifique-os perguntando:
  – Esta emoção é medo, tristeza ou raiva?
  – Eu estou estressada, irritada, intolerante ou cansada?
  – Se eu tivesse coragem eu faria o que tenho que fazer?
  Descreva.

- **Equilíbrio espiritual ou energético:** entre em sintonia com seus valores de vida, com sua vocação e dom. A meditação ou oração possibilita conexão direta com suas crenças.
  Dê uma pausa e ouça sua voz interna e se doe mais ao próximo.

- **Equilíbrio físico:** perceba como está seu nível de energia e disposição. Avalie seu peso, seus exames médicos, seu rendimento físico. Pratique uma atividade corporal, durma bem, beba água e se alimente com qualidade.
  Pergunte-se: o que posso fazer para que meu corpo funcione com excelência, energia e disposição hoje e no futuro?
  Perceba-se e harmonize-se!

3º Passo – **Qual seu nível de competência emocional?**

Evolua.

A inteligência emocional pode conduzi-lo à excelência profissional, sabia?!

Baseado na literatura do Dr. Daniel Goleman, desenvolver a inteligência emocional requer autoconsciência, além de prática e repetição.

Identificar quais emoções paralisam é um desafio e tanto. Primeiramente, reconheça as emoções que mais te afligem hoje.

Assim que identificar a emoção, você será capaz de regular esses sentimentos através de técnicas e assim dar mais sentido a estas emoções.

Pergunte-se: como faço para controlar esse sentimento? Qual técnica se encaixa melhor para esta ressignificação e domínio? Seria *yoga*, meditação, lutas marciais, *tai chi*, musicoterapia, *coaching* ou outra técnica qualquer? Coloque no papel todas as possibilidades. Escolha uma e pratique por no mínimo 90 dias. Com consciência e responsabilidade, o processo evolutivo desperta e você começa a entrar em conexão com as mudanças, melhorias e merecimentos.

A possibilidade de se obter inteligência emocional está associada à capacidade de enfrentar e resolver problemas. A competência emocional é o conjunto de habilidades pessoais, autopercepção, motivação, autorregulação, somada à habilidade interpessoal, ou seja, empatia e a aptidão para os relacionamentos. Portanto, é a habilidade de reconhecer e gerenciar emoções básicas como medo, alegria, raiva, tristeza e amor. Todas essas emoções desmedidas e desequilibradas impedem a realização e satisfação pessoal, profissional, afetiva, financeira.

Para Goleman, o QI representa 20% dos fatores que determinam o sucesso na vida, e o restante ele atribui à competência emocional. Portanto, as emoções influenciam nas ações e se voltam contra nós. Quando o medo se transforma em ansiedade, o desejo em ganância, a contrariedade em raiva, o amor em obsessão, e o prazer em vício. Portanto, saúde mental depende de higiene emocional e a realização de sonhos e objetivos depende de um bom programa de autoconhecimento e desenvolvimento pessoal.

Conclusão:

A fórmula da inteligência emocional está no ser – fazer – para ter. Seja a sua melhor versão. Faça com inteligência os seus movimentos e ações. Tenha os melhores resultados possíveis. Afinal, você merece ser feliz e próspera ainda nesta vida. Entenda que sempre existe um como para um porquê. E, na vida, existem sempre duas opções: seguir e conseguir ou desistir e renunciar.

A escolha é sua e a responsabilidade também.

Assuma o seu papel de protagonista com muita consciência, conexão, respeito, ações evolutivas, para que você realize todos os seus sonhos, metas e objetivos.

Portanto, sonhe, busque, acredite e consiga!

20

E se...

Imagine seus projetos e planos dando certo, seus sonhos tornando-se reais e tudo aquilo que você deseja ao seu alcance. Se imaginar tudo isso é prazeroso e uma verdadeira delícia, então qual é o seu medo? Qual é o seu bloqueio? Eu tenho uma notícia: se você ainda não conseguiu, a responsabilidade é exclusivamente sua

Kelly Camargo Neiverth

Kelly Camargo Neiverth

Desenvolvendo o melhor das pessoas há mais de 15 anos, utilizando conhecimentos adquiridos em minhas formações de Gestão de Recursos Humanos, MBA em Liderança e *Coaching* e Life *Coaching* pela SGC. Nos últimos anos descobri a paixão pela saúde mental e resolvi me aprofundar no aprendizado de técnicas e ferramentas como: Psicanálise, Programação Neurolinguística, Psicologia Positiva e Autoimagem e, dentro desta busca encontrei a Hipnose, onde me especializei com cursos nacionais e internacionais, que de longe, vêm trazendo mudanças rápidas e significativas naqueles que buscam meu auxílio.

Contatos
www.melhorcoach.com.br
melhorcoach@gmail.com
(51) 99547-4103

"Mas olha só que pessoa bem chata, colocando a culpa em mim". É isso mesmo que você está pensando. Tenho certeza que já ouviu em diversas vozes, até em outras línguas, já leu em livros, sites, revistas e até naquele *outdoor*, na esquina do mercado.

É, caro amigo, a culpa persegue e sempre irá perseguir você, assim como o medo, o fracasso e o sucesso. Imagine esses fatores que são inevitáveis na vida, como se fossem dinossauros da espécie Dilofossauro (corre para pesquisar que dá tempo, eu espero), saídos diretamente de um filme de ação/aventura/ficção. Um carnívoro que corre mais do que o Usain Bolt e, pior, assim que ele o encontra e olha na sua cara e cospe todo o veneno dele.

Sabe qual deve ser a sua reação? Agradeça!

"Não, não, não, não, esta mulher é louca...". Afirmo que, talvez! Mas isso é tema para uma outra próxima conversa. Então, sim! Agradeça, pois são esses verdadeiros dinossauros que estão mantendo vivo você, meu querido amigo. O que pode fazer a diferença na sua vida é qual deles tem sido alimentado, ou qual deles têm cuspido mais na sua cara.

Chega de tanta história de Dilofossauro e vamos nessa. Para começar, você está vivo, certo? Ok, isso já é um bom começo, ou melhor, um ótimo começo. Você nasceu nu, sem medos, sem julgamentos, sem saber absolutamente nada. Começou a crescer e passou boa parte da sua infância ouvindo, demasiadamente, uma palavrinha mágica: "Não!".

Esta palavrinha o manteve vivo por muito tempo, livrou de alguns ossos quebrados e de algumas queimaduras sérias, mas como o tempo passou e você começou a entender que já sabia sobreviver sozinho, passou a experimentar os prazeres de uma outra palavrinha muito mais poderosa e mágica: o "Sim!".

E, apesar de conhecer o sabor da palavra "sim", algumas pessoas paralisam apenas com a hipótese de ouvir o "não". É como uma escolha de não correr riscos. Passam apenas a sobreviver, aceitam ser coadjuvantes na sociedade ou na vida de alguém. Sabe quando alguém apresenta você como: "a irmã do Juca" ou "o pai da Suzi"?

Pois é. Como se a vida fosse apenas ser o pai, a mãe, a irmã ou o esposo de alguém. É como se a sua vida servisse apenas para complementar ou fazer outras funcionarem. Afirmo que, servir é lindo quando é escolha e não consequência ou imposição.

E aí, preciso fazer umas perguntas inevitáveis: você vive ou sobrevive? Quando é que foi anulado ou assinou seu contrato de figurante neste filme de ação intensa, chamado vida?

E se você experimentar o sucesso? E se as coisas e desejos da sua vida começarem a dar certo? E se...?

A vida é, certamente, um caminho para a morte. Cada um de nós possui uma senha e ninguém sabe quem será o próximo. "Credo, que macabro! Deve ser coisa de gente tatuada". Não, não é! Esta é a única verdade que você e todos nós conhecemos. Não há como fugir.

Tirando todas as questões de espiritualidade e crenças, o que é vivido aqui é único e apenas você conhecerá as dores ou felicidades que o seu coração enfrentará, durante a permanência neste caminho.

Ouço muito das pessoas que me procuram, que elas não sabem o que querem fazer da vida. Para isso, eu sempre respondo: "Que tal viver?".

Brincadeiras à parte, é isso mesmo. Precisamos viver com intensidade, como verdadeiros protagonistas, precisamos amar e, principalmente, nos amar, buscar sempre o autoconhecimento, que é o caminho mais satisfatório para começar uma revolução, a sua revolução.

"Que lindo, mas por onde eu começo?", ótimo! O caminho precisa começar com um primeiro passo. Se você chegou até aqui, já está fazendo um ótimo trabalho e um verdadeiro ato de amor próprio.

Vamos lá! Se eu pudesse dizer como revolucionar o que deixa você mais infeliz, aquilo que traz medo de viver de maneira plena e feliz, como se fosse uma receita de bolo, eu diria. Mas entenda que, a partir daqui, é por sua conta e risco. São dicas, apenas dicas. Depende exclusivamente de você, combinado?

Aceitação: diferente de conformismo. É o entendimento de que certas coisas não mudam. Aceitar que haverá alguns dias que o farão querer desistir, que alguns hormônios não funcionarão como deveriam, que nada faz sentido. Ter entendimento de que, apesar de você ser o protagonista aqui, os efeitos (ou defeitos) especiais podem surgir e complicar um pouco.

Não se preocupe! É aqui que surge a emoção na vida e, inclusive, muitas histórias para contar. Coisas inevitáveis sempre acontecem e você não terá como controlar. Verdadeiras tragédias como derrubar o celular na privada, bater o dedinho na quina de um móvel, e tantas outras coisas que abalam seu equilíbrio emocional serão inevitáveis. Aceite e siga em frente.

Julgue menos. A vida que importa aqui é a sua. Quando nos habituamos ao julgamento, há uma tendência inevitável de viver uma vida paralela. Estamos sempre mais preocupados com o que os outros estão vestindo, quem ficou com quem, qual amigo do trabalho foi demitido e qual a razão... Assim, sua vida sempre estará em segundo plano.

E, para que ela não pareça um verdadeiro marasmo, passamos a apontar o que há de "errado" com o outro, evitando olhar o que há "errado" conosco. Empurrar nossa sujeira para de baixo do tapete não faz com que ela suma. Encare o que o incomoda, faça a limpeza necessária. A vida do outro é a vida do outro.

Não tente, a palavra tentar é um fracasso e limita nosso cérebro ao esforço mínimo. Tentar é apenas tentar, não significa conseguir, senão não haveria duas palavras distintas. Tentar não é o mesmo que fazer, nem o mesmo que conseguir. Quer um exemplo?

Se tentar voar apenas batendo os braços, perceberá que não voa, mas você tentou, não é mesmo? Então, pare de tentar o que estiver tentando fazer. Apenas faça.

Seja positivo. Use esta dica com muita frequência mesmo, pois a positividade é contagiante. É bom estar ao lado de pessoas ou em lugares positivos. Mude as palavras negativas, diminua e policie a quantidade de "nãos" usados diariamente.

Nosso cérebro não reconhece o não, ele novamente faz o caminho mais curto, graças ao nosso cérebro reptiliano que segue a lei do menor esforço. Isso é herança de nossos ancestrais, que tinham apenas duas escolhas: caçar para sobreviver ou reservar energia.

Como não necessitamos mais caçar para perpetuar a espécie, estamos sempre no modo fácil do jogo da vida. Desde crianças, a palavra que mais ouvimos é não, então faça um carinho em você mesmo, dizendo mais sim's para o que quer. Permita-se ser feliz.

Um exemplo que gosto muito de mencionar no caso do negativo é quando alguém quer emagrecer. A pessoa fala aos quatro ventos que quer perder peso... Hum, e quem é que gosta de perder alguma coisa nessa vida? Mesmo que seja o peso, fomos sempre ensinados que perder não é algo bom, que perder nos faz sofrer, perder é ruim! Então quando quiser emagrecer usando a positividade mude o discurso, diga que irá ganhar mais qualidade de vida e o corpo e/ou peso que você deseja ter.

-**Autenticidade:** Ninguém gosta de coisas falsas, muito menos de pessoas falsas. Ahhh, mas muita gente compra coisa falsificada! Você me dirá. Lógico! Pelo preço, não pelo valor, afinal se houvesse a opção de pagar mais barato por algo original, o que você escolheria?

E quando falo de falsidade aqui não estou falando de caráter, estou falando de ser cópia, de viver aquilo que escolheram para você e não aquilo que você vive sonhando ser, de viver se importando com o que os outros vão pensar e de sufocar tua originalidade. Se você aceitar tudo o que te dizem, será apenas um pouco de cada e nada de si. Entenda que admirar alguém e modelar esse alguém não é o mesmo que copiar. Ter bons exemplos é essencial, mas não esqueça nunca dos teus valores. Nascemos únicos, vivemos e morremos cópias. Sempre surgem pessoas fazendo algo novo, e essas pessoas se tornam destaque, pois escolheram mostrar a sua própria verdade, escolheram ser originais. Por muito tempo, ouvi que não poderia trabalhar com pessoas mais sérias, ou mais tradicionais porque tenho muitas tatuagens, e acreditei nisso por muito tempo, vivia me escondendo e até arrependida de ter feito tantas tatuagens ao longo da vida. Um dia eu resolvi virar o jogo, e numa apresentação para a minha turma de formação em *coaching* usei minhas tatuagens ao meu favor, fiz uma brincadeira pedindo para que todos fechassem seus olhos e que eu faria uma mágica, e que quando abrissem os olhos eu não teria mais nenhuma tatuagem, mas quando eles abriram os olhos todas as tatuagens ainda estavam lá, então eu disse: "Não existe mágica, existe ação. Minhas tatuagens não sumiram porque essa sou eu". Eu assumo quem eu sou e sigo sem padrões, se eu quero que haja alguém me representando, e esse alguém não aparece nunca, pode ser que eu é quem deva representar muita gente.

Então, como já passei a minha receita de bolo aqui pra vocês, meus queridos, espero de todo o coração que faça algum sentido na sua vida, gostaria de tocar de alguma forma a vida daqueles que tenho contato, sei como o *coaching*, a Hipnose e a PNL possuem um poder transformador, assim como toda a busca pelo autoconhecimento, e pela revolução de vida. Busque aquilo que faz sentido, busque olhar no espelho e ter orgulho de quem está ali refletido, quando nada mais fizer sentindo a única pessoa que pode se ajudar é você mesmo. É esse alguém que buscará ajuda para mudar algo que não está te fazendo bem, é este alguém que viverá contigo pra sempre, é este alguém que sentirá o sabor das tuas vitórias.

Imagine sua vida sendo vivida e você não apenas existindo ou sobrevivendo, ninguém devolverá o tempo que passou, então cabe a si mesmo começar uma nova jornada. Bora lá?

21

Luto e *coaching*

O processo de luto é extremamente complexo e doloroso. Passamos por diversas fases e, muitas vezes, até o negamos. O processo de *coaching* pode ser extremamente benéfico para quem atravessa esse momento tão difícil

Léo Alves

Léo Alves

Formado em Administração de Empresas, consultor comportamental pela metodologia DISC – Avaliação de Perfil Comportamental & *Coach*. Atuou durante mais de vinte anos na área de Recursos Humanos em grandes organizações (Odebrecht, Bosch e Samsung) e escreveu sua autobiografia: Abismo – Quando o fim se torna recomeço, onde compartilha o seu mergulho em dramas familiares, profissionais e reforça sua busca pela transformação pessoal. Fundou a Inove, uma consultoria voltada aos assuntos de RH & *Coaching*.

Contatos
www.inovecoach.com.br
leoalves@inovecoach.com.br
Facebook: inovecoach
Instagram: inovecoach
Pinterest: inovecoach
(11) 99290-3518

Normalmente, quando ouvimos a palavra luto associamos imediatamente à morte de alguém. No entanto, o processo de luto, que é um sentimento de tristeza profundo, também pode estar presente frente a uma situação de término de relacionamento, perda de emprego, entre tantas outras situações em que o fator da perda esteja muito evidenciado.

Muitas pessoas, durante o tempo em que vivenciam seus lutos, entram em um processo interno de não visualizar possibilidades e acabam se vendo sem saída diante daquela situação extremamente triste e arrebatadora. Eu vivi esse processo de luto e, assim como muita gente, também não conseguia visualizar uma saída.

Em 2014, perdi meu irmão em um acidente de carro. Esse foi um episódio muito traumático, pois, além da perda de meu irmão, seu falecimento trouxe à tona questões familiares não resolvidas e profundamente dolorosas. Quando eu acreditava que meu processo de luto estava chegando ao fim, em 2015, a empresa em que eu trabalhava e na qual acreditava foi citada na Operação Lava Jato, da Polícia Federal. Meu local de trabalho não era apenas a empresa em que eu ganhava o sustento da minha família, aquela era uma corporação que eu amava, confiava e desejava ficar até o fim da minha carreira.

Sem que eu pudesse controlar, esses dois episódios de perdas significativas na minha vida fizeram com que eu entrasse num processo em que não conseguia mais ver saída. Eu não teria meu irmão de volta e não encontraria mais uma empresa pelo qual amaria doar meu tempo e meu conhecimento. Nesse momento, a tristeza começou a invadir meus dias e passou a tomar conta de toda minha vida. Eu sentia, de fato, que não haveria outra saída, pois estava exausto, sem perspectiva nenhuma de presente ou futuro, e o passado me angustiava demais.

Não demorou para que logo eu fosse diagnosticado com depressão profunda e precisasse iniciar um tratamento multidisciplinar, que envolvia processo psicoterápico e psiquiátrico. Depois de me preparar emocionalmente, por meio da psicoterapia e com o acompanhamento do meu médico, decidi me desligar do mundo corporativo. Foi extremamente difícil e dolorido, porém, pude entender que o melhor para mim, naquele momento, seria esse afastamento temporário, para que eu pudesse retornar à vida de uma forma mais vívida.

Naquela época, o *coaching* já era uma das pautas no mundo do RH, principalmente pelos excelentes resultados apresentados nos indivíduos e empresas em que bons processos foram conduzidos. Um dia, um ex-diretor de RH sugeriu que eu passasse por esse processo, justamente como forma de apoio para esse período difícil pelo qual eu passava. No entanto, declinei do convite.

Decidi viajar com a minha família e, no retorno, conheci um *coach* e decidi fazer uma sessão com ele. Muita gente poderia dizer que isso foi uma coincidência, mas prefiro acreditar na sincronicidade que existe no universo. Além disso, o convite feito pelo meu ex-diretor havia sido uma sementinha plantada, que estava encontrando espaço para germinar.

Na minha primeira sessão, meu *coach* aplicou a roda da vida. Posso dizer que foi a partir daquele momento que o *coaching* entrou definitivamente em minha vida. O *coaching*, juntamente com a psicoterapia, o tratamento psiquiátrico e o apoio da minha família, me ajudou a visualizar o futuro, auxiliando-me a dar um passo de cada vez, por meio de suas técnicas. No processo de *coaching*, é possível ajudar as pessoas na visualização das possibilidades, principalmente naquele momento em que ela acredita que não há possibilidade alguma.

Foi assim que, após algumas sessões, decidi procurar por uma formação, porque entendi que minha bagagem profissional, na área de Recursos Humanos, poderia auxiliar no entendimento das técnicas e, assim, eu também poderia ajudar pessoas que estivessem passando pelo processo de luto pelo qual passei. Durante minha formação, realizei dois exercícios em que pude ressignificar internamente uma passagem extremamente dolorosa de minha trajetória. Desta forma, consegui reverter um sentimento extremamente negativo em gratidão, pelo aprendizado e vivência.

Esses dois momentos que consegui ressignificar foram a perda do meu irmão, efetivamente, e a decisão de meu pai biológico de não comparecer ao enterro. Os exercícios conduzidos me ajudaram a sentir, no fundo do meu coração, que eu estava sofrendo com o excesso de passado, afinal, essas situações não poderiam ser mudadas. Quando consegui entender isso pude mudar minha forma de pensar e agir.

Esse processo aconteceu durante minha formação como *coach* e no auge do meu tratamento da depressão. Foi um momento muito especial, em que pude entender um pouco mais o que de fato acontecia comigo internamente. No meio daquela solidão imensa que eu sentia, da minha falta de conexão com tudo, da ausência de sentimentos prósperos e da sensação de estar destruído internamente, os exercícios me ajudaram a ser grato por ter convivido com meu irmão durante os 33 anos de vida dele, assim como também ser grato ao meu pai biológico por ter me dado a vida, afinal, é "apenas" por estar vivo que estou aqui, dividindo o meu "causo" com você.

O *coaching* me fez enxergar que existem muitas possibilidades. Inclusive, comecei a visualizar os pontos positivos de estar passando por tudo aquilo e por isso decidi compartilhar minha história por meio de um livro. Essa decisão, extremamente consciente, veio a partir do propósito de que eu poderia ajudar pessoas que fossem em busca do processo de *coaching*.

A vida é repleta de tristezas. Pouco importa o que fazemos, pois, a verdade é que, ao final, todos vamos morrer. Cada um de nós está preso à solidão de um corpo independente. O tempo passa e o que passou nunca voltará. Portanto, não sofra com o passado ou com o futuro, viva intensamente o hoje da forma mais consciente possível.

Encontrei na comunidade do *coaching* uma fonte inesgotável de conhecimento e compartilhamento. Confesso que não sei que fim minha vida teria tido, tampouco faço ideia do que será de mim no futuro, mas de uma coisa eu tenho certeza: poder dedicar energia para ajudar uma pessoa a alcançar um objetivo é extremamente recompensador e me traz motivação diária.

Para encerrar, gostaria de compartilhar com você o exercício que realizei na minha primeira sessão como *coachee* e que realizo com frequência, durante meu trabalho como *coach*: a roda da vida!

Imagine uma pizza de 12 pedaços. O centro significa zero e a borda o dez. Faça uma avaliação de suas áreas da vida e atribua uma nota para cada uma delas. Depois, escolha uma área para dedicar energia e aumentar a nota. Em seguida, desenhe um plano de ação para atingir seus objetivos.

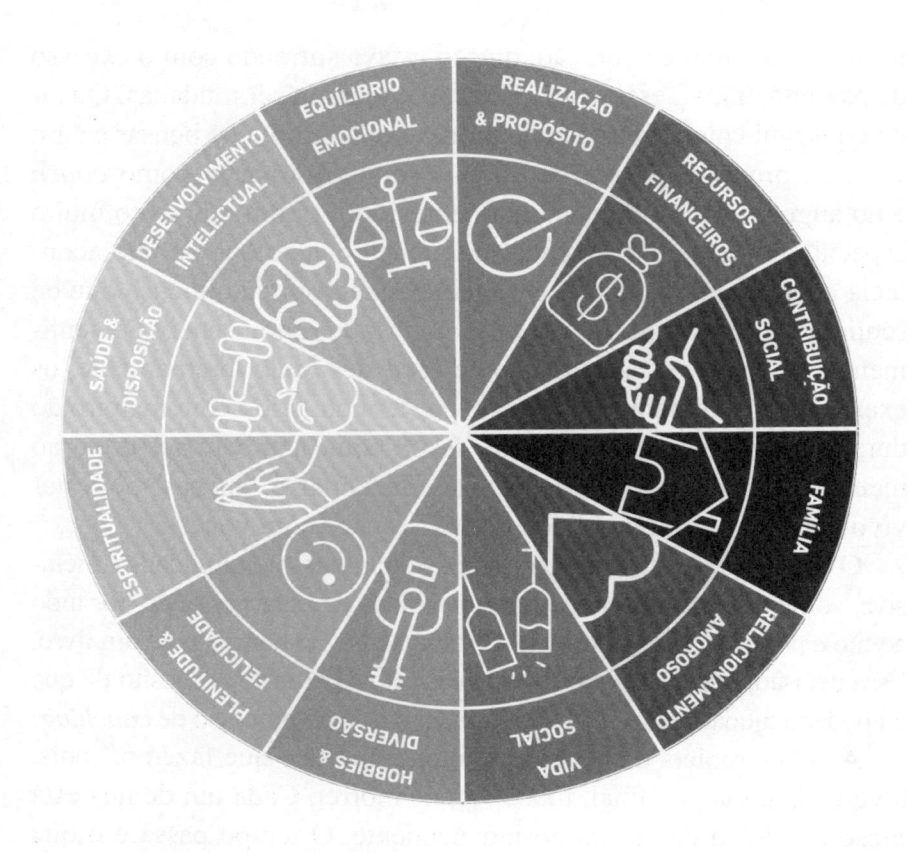

Referência
SOLOMON, Andrew. *O demônio do meio-dia*. Companhia das Letras, pp. 15 e 468.

22

Por uma gestão mais simples e ágil

Neste capítulo, os líderes encontrarão soluções simples e ágeis para a gestão da rotina do dia a dia. Mesmo em um cenário de mudanças significativas oriundas da Transformação Digital e da Indústria 4.0, o líder deve estar no Gemba desempenhando seu papel fundamental de atingir metas com o time e fazendo certo. As novas tecnologias devem ser incorporadas ao modelo de gestão das organizações

Leonardo Fonseca

Leonardo Fonseca

Administrador graduado pelo Centro Universitário FMU (2000), com pós-graduação em Engenharia de Produção (Universidade São Judas Tadeu) e MBA em Gestão Empresarial (UFRJ – Universidade Federal do Rio de Janeiro), cursando pós-graduação em Indústria 4.0 pela Faculdade Senai. Tem formação *Lean Six Sigma* e conduz treinamentos na área de Excelência Operacional, Melhoria Contínua e Gestão desde 2002. Facilitador em D*esign Thinking* e Métodos Ágeis. Se destaca pela sua capacidade de transformação e pela busca constante de resultados superiores, além do perfil Inovador e Colaborativo. Idealizador da Consultoria Fábrica Escondida que tem como objetivo auxiliar as empresas na busca contínua de melhores resultados, além de fornecer treinamentos para desenvolvimento de seus colaboradores.

Contatos
www.fabricaescondida.com.br
leonardo.fonseca@fabricaescondida.com.br
(11) 99228-5663

Estamos vivendo mudanças significativas oriundas da quarta revolução industrial. A era da digitalização está desafiando os profissionais a experimentarem coisas que nunca fizeram antes, exigindo dos profissionais o desenvolvimento de competências que atendam aos requisitos exigidos pelos diversos setores produtivos para acompanharem os avanços desta nova revolução industrial.

Além disso, a cada dia que passa estamos vivenciando diversas mudanças na sociedade e mais pessoas estão ansiosas para virar a mesa e viver intensamente essas mudanças.

Nesse momento, temos apenas duas certezas: que não existe transformação digital sem transformação cultural e que o impacto das mudanças é muito maior do que a gente possa imaginar.

A velocidade e o impacto das mudanças exigem dos profissionais as seguintes competências na era digital: liderança, comunicação, colaboração, criatividade, agilidade e simplicidade, além de competências complementares relacionadas ao conhecimento técnico, capacidade de resolução de problemas e busca de propósito.

Mesmo em uma era de grande revolução, o papel do líder continua sendo o mesmo de sempre, ou seja, atingir meta com o time e fazendo certo. Neste capítulo, vamos ajudá-lo a fazer o certo na gestão do dia a dia de uma forma ágil e simples. Teremos a oportunidade de explorar o uso de algumas ferramentas de gestão que podem ser empregadas em qualquer processo, seja ele industrial ou não.

Antes de entrar no tema, é importante destacar que o Líder deve desempenhar seu papel alinhado com o propósito da organização. Empresas que têm o propósito elevado e disseminado possuem uma liderança altamente comprometida com a causa e uma conexão perceptiva traduzida em ações. Estes líderes martelam o propósito todos os dias para as suas equipes, durante as reuniões, em *feedbacks*, nas discussões de planejamento. Avaliam a conexão das pessoas com o propósito pelo nível de engajamento de cada colaborador e da equipe. Os líderes priorizam seus esforços em temas de relevância e cuidam dos membros da equipe garantindo que todos são importantes e dignos de cuidado.

Muitas pessoas me perguntam se as ferramentas de gestão de fato agregam valor ao negócio. Sim, elas agregam valor, mas não podemos tornar os meios mais importantes que os fins. A grande questão é a forma como usamos essas ferramentas no dia a dia, focando naquilo que é relevante e abrindo mão de controles excessivos que tornam as mesmas burocráticas e nada simples. Também temos que ter em mente que em hipótese nenhuma as ferramentas podem "ferir" o respeito às pessoas. Ao ler o livro *Todos são importantes,* de Bob Chapman, chama atenção a forma como a Barry-Wehmiller abordou a filosofia Lean para avançar na sua jornada cultural. Ao invés do foco em minimização de desperdícios e maximização de valor para o cliente eles deram um toque especial com a mentalidade focada nas pessoas, tornando o indivíduo mais importante e engajando de forma mais colaborativa as pessoas no processo.

Teremos a oportunidade de pincelar algumas ferramentas de gestão para supervisores, gerentes e administradores e mostrar como podemos ser mais simples e agregar valor ao negócio.

Duas premissas básicas foram adotadas nos exemplos que iremos ver adiante:

1) A ferramenta tem que ter um propósito de geração de valor ao negócio e aos *stakeholders*;

2) O líder tem que estar no Gemba* para que possa facilitar o fluxo de informações e disponibilizar os recursos necessários aos seus colaboradores.

Em relação a primeira premissa trata-se de um questionamento bem claro que tudo tem que gerar valor. Nós somos criativos e realizamos coisas surpreendentes, mas também inventamos muita coisa que não gera resultado nenhum. No cenário atual em que a competitividade é tão acirrada, não podemos ter o luxo para controles e burocracia excessiva. Criamos controles para medir tudo, como por exemplo, nós criamos controles para medir o quão certo as pessoas estão desempenhando seus papéis no dia a dia, mas esquecemos que antes de tudo vem o desenvolvimento e educação adequada dos nossos colaboradores. Será que treinamos as pessoas para executar seus papéis e responsabilidades da forma correta? Faça essa reflexão e verás que temos muitas oportunidades.

A segunda premissa é essencial para que o líder exerça de fato seu papel no dia a dia. Ele tem que dedicar seu tempo para exercer a função básica de treinar e resolver os problemas em conjunto com a equipe. Suas atividades devem estar estruturadas para que maior parte do seu tempo esteja na área próximo da equipe. Se boa parte do que ele faz está em sala e na frente do computador então há um grande problema de gestão e ele não vai realizar sua função da melhor forma possível.

O líder tem que estar na área e garantir o resultado de forma simples e que permita a busca da competitividade. Recentemente ao ler o livro *Caminhadas pelo Gemba*, de Jim Womack, o autor aborda que a prática de engajar as pessoas no processo de solução de problemas é a forma mais nobre de demonstrar respeito, pois mostra que o líder está próximo ao funcionário e valoriza o conhecimento e a dedicação do mesmo na busca da melhor solução. Somente por meio da demonstração do respeito mútuo é possível resolver os problemas, tornando o trabalho e o ambiente mais satisfatório e levando os resultados para outro patamar de desempenho.

O líder tem de fazer a gestão do dia a dia e para isso precisa desempenhar as seguintes atividades básicas:
- Padronizar as tarefas em instruções de trabalho;
- Treinar, treinar e treinar sua equipe;
- Acompanhar a equipe nas tarefas do dia a dia, fornecendo *feedback* sempre que necessário;
- Em caso de anomalias, resolver os problemas junto com a equipe para que não haja reincidência;
- Fazer gestão de pessoas;
- Negociar e atingir metas estabelecidas através de plano de ação.

A seguir, vamos abordar como o líder pode se organizar no dia a dia para que esteja no Gemba junto a equipe.

Planejamento Mensal
Último dia do mês e você todo preocupado com a quantidade de pendências que precisa entregar para o próximo mês. Muita coisa a fazer e falta de tempo para realizar tudo. Você está longe da sua equipe e nem sabe por onde começar.

Boa parte dos líderes se veem nessa situação continuamente. Suas agendas não são blindadas e frequentemente são agendadas reuniões extras e eventos que o tiram do Gemba, ou seja, ficam longe dos seus colaboradores.

Para que possamos blindar a agenda do líder é necessário que:
1) Exista uma agenda de referência que norteie a todos quanto as principais práticas e reuniões da empresa. As reuniões devem ser pro-

dutivas e de curta duração, sendo suficiente para discutir os assuntos e tomar as devidas decisões;

2) Com base na agenda modelo, cada líder deve fazer a programação da sua agenda mensal com nivelamento entre eventos agendados e atividades do dia a dia. Uma excelente programação é aquela feita na virada do mês e que considera como *inputs* as pendências oriundas de todos os canais existentes na empresa, como *Outlook*, Ferramentas de gestão, sistemas etc. A programação é feita mensalmente e revisitada semanalmente em função de novos compromissos e prioridades. No dia a dia, a mesma é atualizada e novos compromissos só podem ser agendados desde que negociado com o líder.

Na sequência, vamos demonstrar como o líder pode estar no Gemba de forma estruturada, provendo recursos e solucionando os problemas junto com os colaboradores.

Ronda diária da rotina

Dentre o tempo que o líder dedica em área é fundamental que se faça diariamente a ronda da rotina de forma estruturada e de maneira bem simples. A prática do Gemba Walk ou Ronda da Rotina visa garantir o atendimento dos processos através da maior presença da liderança no posto de trabalho dos colaboradores de forma integrada (segurança, qualidade, custo, entrega e moral).

O Gemba Walk ocorre todos os dias com duração aproximada de 45 minutos, iniciando e finalizando no ponto de encontro (figura 2).

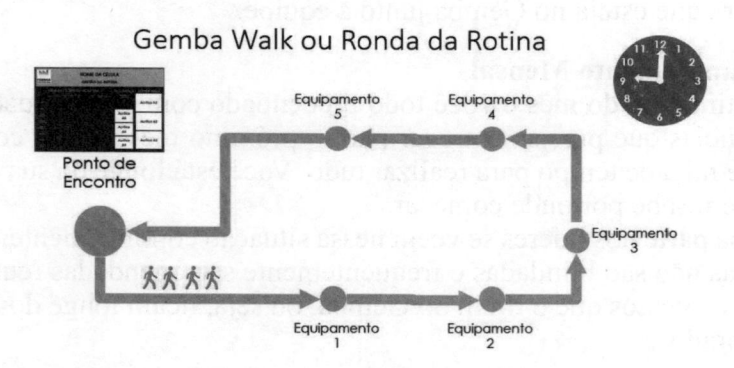

Figura 2 – Rota do Gemba Walk

A rota do Gemba Walk deve ser elaborada em função da criticidade dos postos de trabalho. Durante a rota, deve-se observar os aspectos críticos relacionados as dimensões da qualidade. Caso seja identificado desvios, busca-se a cadeia de ajuda para correção, praticando o conceito de "ver e agir".

As pendências anotadas durante a rota devem ser registradas e gerenciadas de forma ágil no quadro de Kanban – Gestão da Rotina, que veremos a seguir.

Kanban – Gestão da Rotina
Um dos grandes desafios de um líder é gerenciar as pendências do dia a dia de forma efetiva e simples. Na figura 3, apresentamos o Kanban – Gestão da Rotina no qual tem como objetivo o gerenciamento das pendências encontradas na área para resolver/evitar os problemas no processo sem que o líder tenha que acessar sistemas de informação para gestão das mesmas.

É um quadro bem simples onde as pendências são registradas em *post-it* ou cartões e gerenciadas semanalmente no quadro de gestão a vista. Ao concluir a pendência, a mesma é posicionada na coluna de concluídas e na virada do mês as mesmas são descartadas. Pendências sem prazo definido ficam alocadas na coluna de abertas e as atrasadas a mais de 30 dias, por exemplo, passam para a coluna de responsabilidade do gerente, pois nesse caso temos um problema de gestão e que precisa ser solucionado.

Todas as pendências necessárias para atender requisitos legais sugerimos que sejam tratadas em outro formato, visando garantir maior rastreabilidade dos registros.

Se o líder tiver disciplina na aplicação dessas três ferramentas ele vai conseguir exercer seu papel de forma efetiva e garantir sua presença em boa parte do tempo na área e próximo da equipe, realizando a gestão do dia a dia com objetivo de garantir os resultados do processo.

Qualquer líder deveria buscar a estabilização dos seus processos, pois os resultados tendem a cair e ganhos obtidos através de melhorias não são mantidos, desperdiçando recursos da companhia.

Gestão da rotina é uma maneira de trabalhar que visa a obtenção de resultados estáveis, garantindo previsibilidade e solidez através do domínio dos processos.

A estabilização dos processos só será atingida quando:
- Colaboradores satisfeitos, comprometidos, bem treinados, rea-

lizarem todas as suas tarefas de forma segura, sem falhas e seguindo procedimentos bem definidos;

- Liderança no Gemba, atuando junto aos colaboradores e promovendo a cadeia de ajuda. Seu papel de líderes, condutores, treinadores, é vital para o sucesso do negócio.

Apesar de estarmos vivenciando grandes mudanças com o surgimento de novas tecnologias, a essência do papel do líder não tende a mudar. A tecnologia que for útil e gerar resultado deve ser incorporada para o modelo de gestão das organizações, mas a presença do líder no gemba e próximo aos colaboradores continua sendo fator fundamental para sobrevivência e competitividade das empresas.

Aproveite esse momento para refletir sobre seu papel de líder de equipe. Avalie sua presença no gemba e a forma como vem resolvendo e evitando problemas em conjunto com seus colaboradores para busca contínua de melhores resultados.

Nesse momento de grandes transformações, estou muito otimista de que aproveitaremos as oportunidades e continuaremos progredindo no avanço da gestão com uma abordagem mais simples, ágil e colaborativa. E caminhar junto pelo gemba!

Referências
CHAPMAN, Bob. *Todos são importantes.* Capitalismo Consciente Brasil, 2016.
FALCONI, Vicente. *O verdadeiro poder.* Falconi Editora, 2009.
WOMACK, Jim. *Caminhadas pelo Gemba.* Lean Institute Brasil, 2011.

23

Desperte para as mudanças

A proposta deste artigo é levar o leitor à reflexão de que as mudanças começam a partir dos hábitos e do comportamento. Nesse ínterim, trava-se uma batalha contra todo um sistema de crenças, o contexto familiar, social e o medo pelas incertezas do porvir. Tornando-se receptivos às transformações, a vida ganhará um novo sentido e o requisito para mudar é uma entusiástica vontade de vencer

Leyde Muniz

Leyde Muniz

Graduanda em Gestão de Recursos Humanos – UNIFACS. *Professional Coach Certification* – SLAC (Sociedade Latino Americana de *Coaching*). *Master Coach* Cognitivo Comportamental e *Emotional Coaching – Open Mind Coaching* – São Paulo. *Practitioner* em Programação Neurolinguística – Instituto ProSer Salvador Bahia. Especialista em análise de comportamento e transformação pessoal por meio da PNL (Reprogramação Neurolinguística) – PDA (*Personal Development Analysis*) – DISC (Professional DISC Certification), *Asssessment* e Eneagrama. Especialista em crenças avançadas.

Contatos
www.leydemuniz.com.br
atendimento@leydemuniz.com.br
Facebook: Leyde Muniz
Twitter: @leydemuniz
Instagram: @leydemuniz

O que você acha de começar a mudar a sua vida hoje?

Chegou a hora de analisar todas as áreas da sua vida e verificar o que você precisa fazer para alcançar os seus objetivos. Você está satisfeito com as escolhas que tem feito? Aonde você quer chegar? Anote num caderno de forma detalhada como você está hoje, onde está e com quem está, e se questione se esse atual modelo de vida está te trazendo bons resultados e felicidade. Anote as suas metas, das mais simples às mais complexas, e verifique a prioridade pontuando de um a dez. A meta número um é a que merece todo o seu foco, desta forma, trace um plano de ação diário ou semanal para caminhar até o seu objetivo, estabeleça prazos, coloque datas, lugares e pessoas que podem te ajudar.

Você precisa cumprir todos os dias esse plano de ação, que será responsável por mudar a sua vida. O quanto você está empenhado no seu projeto de mudança? O seu comprometimento e disciplina vão transformar o seu mundo e, acredite, quem não muda não consegue progredir.

Eu sugiro que você use o formulário de avaliação do estado atual, pontuando de um a dez como está a sua vida em todos os sentidos: qualidade de vida, pessoal, profissional e os seus relacionamentos. O primeiro passo foi dado, agora analise todas as áreas da sua vida e veja as que têm menor pontuação. São essas que precisam ser trabalhadas porque podem estar impactando nos seus resultados de forma geral. A sua roda precisa girar de forma harmônica e sistêmica, caso contrário você terá evidências de que mudanças precisam vir e que a hora da transformação chegou!

> "Endireite os ombros, deixe o coração cantar, faça com que seus olhos brilhem, desperte sua mente, olhe para cima e diga: nada é impossível."
> Norman Vincent Peale

Avaliação de Estado Atual com Áreas da Vida

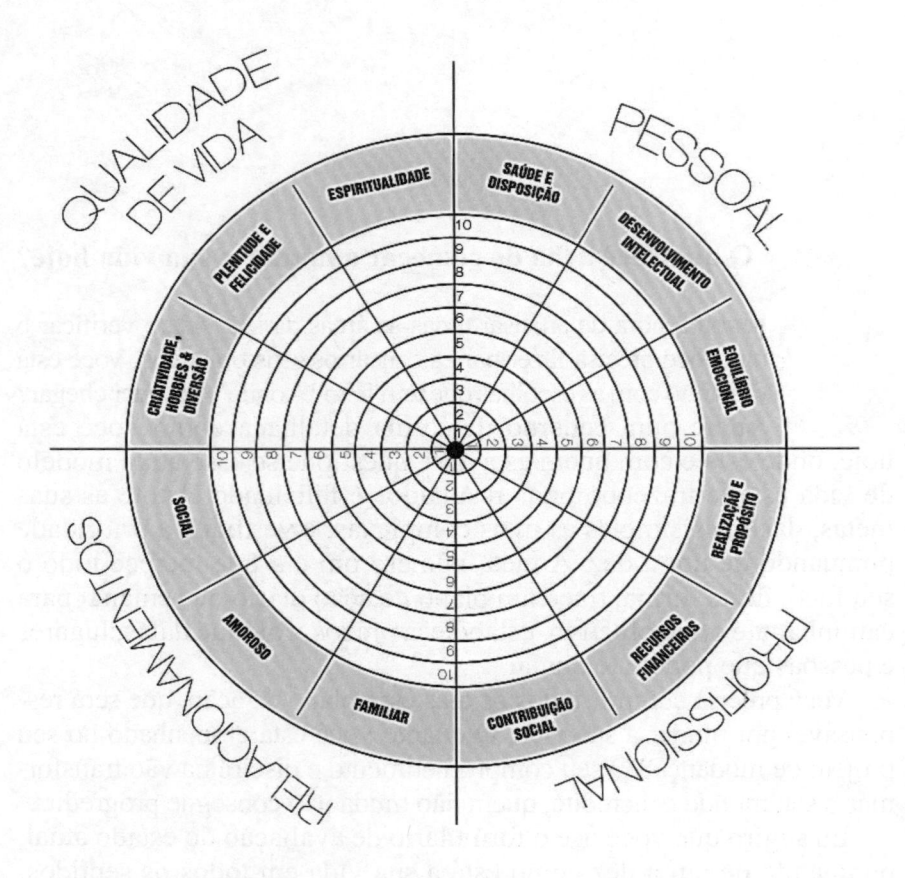

QUALIDADE DE VIDA: ESPIRITUALIDADE, PLENITUDE E FELICIDADE, CRIATIVIDADE, HOBBIES & DIVERSÃO

PESSOAL: SAÚDE E DISPOSIÇÃO, DESENVOLVIMENTO INTELECTUAL, EQUILÍBRIO EMOCIONAL

PROFISSIONAL: REALIZAÇÃO E PROPÓSITO, RECURSOS FINANCEIROS

RELACIONAMENTOS: SOCIAL, AMOROSO, FAMILIAR, CONTRIBUIÇÃO SOCIAL

Assuma o comando e siga em frente

Será que é possível mudar a vida em curto espaço de tempo? Pergunte a você mesmo: onde estou e aonde quero chegar?

Muitos de nós percorremos os mesmos caminhos, já tentamos andar em direção contrária, tentamos atalhos e ficar dentro de um círculo de experiências já conhecidas ou por medo do novo, ou por comodismo. Permanecer em zona de conforto não nos leva a bons resultados, já que representa um bloqueio psicológico que nos impede de superar dificuldades, enfrentar desafios e, além disso, não ajuda a melhorar a nossa qualidade de vida.

Vivemos de acordo com a somatória das escolhas que fizemos no passado. Nesse momento estamos delineando o nosso futuro e precisamos fazer o melhor que pudermos para conseguir chegar aos nossos objetivos. É preciso desligar o piloto automático, tomar as rédeas da vida e seguir em frente.

Você acredita que as suas escolhas estão te levando em direção ao que deseja? Se a sua resposta for afirmativa, continue o seu caminho com firmeza, caso contrário, é chegada a hora de reavaliar o que está impossibilitando ou dificultando a realização dos seus projetos e reencontrar o seu caminho. Se você sentir dificuldade, refaça o plano de ação: siga com novas estratégias, detalhe como fará para alcançar, verifique o que precisa ser aperfeiçoado e parta para a execução. Você tem a capacidade de criar uma nova história, gerenciar as suas decisões, controlar a sua vida e transformar o seu mundo, por isso decida ser um realizador de sonhos e comece hoje mesmo.

"Para se conquistar algo é preciso ter um propósito, saber o que se deseja e nutrir uma vontade ardente de alcançá-lo." Napoleon Hill

Elimine hábitos negativos

A mudança começa dentro de você, no plano dos seus pensamentos que vão influenciar nas suas emoções, seus sentimentos e, consequentemente, impactarão no seu comportamento. Um ponto que merece a sua atenção é detectar quais são os seus hábitos negativos e trabalhar a fim de eliminá-los.

Analise o seu dia: o que você tem feito durante o seu dia? Isso lhe traz alegria? O que na sua rotina não te traz prazer e satisfação? O que você tem proporcionado para as pessoas do seu convívio?

A proposta que eu te faço é revolucionar os seus hábitos, priorizar o que for mais importante, cuidar do seu corpo físico, das suas emoções e da sua mente para viver melhor e mais feliz.

Para implementar novos hábitos você pode utilizar o desafio dos trinta dias.

Anote no seu caderno as quatro etapas a seguir: o primeiro passo é descrever uma atividade que realizará diariamente durante 30 dias, como, por exemplo, fazer uma caminhada; o segundo passo é estabelecer a hora e o período da atividade, por exemplo, entre 6 e 7 da manhã; o terceiro passo é escolher uma pessoa para te monitorar e te dar *feedbacks*; o quarto passo é escolher uma penalidade caso você não cumpra diariamente o que foi combinado, como lavar toda a louça do seu amigo, pagar um jantar, basta usar a sua criatividade. No final, você deve comemorar com ele a etapa cumprida.

> "Somos o que fazemos repetidamente. A excelência por tanto, não é um ato, mas um hábito." Aristóteles

A força do pensamento positivo

O nosso pensamento é poderoso e pode nos deixar sempre motivados. Faz-nos tomar iniciativas, inovar, tomar boas decisões e encarar a vida com entusiasmo. Deixe de entrar no fluxo dos pensamentos negativos para evitar não se contaminar mentalmente tornando-se uma pessoa negativa. Aceite somente o que for bom para você e que contribua para as suas mudanças.

Vamos nos condicionar a pensar grande e positivo já que o nosso mundo exterior é a projeção do nosso interior. Pensamentos recheados de esperança, bom humor, prosperidade e alegria nos impulsionam a ser pessoas realizadoras de sonhos. Visualize todos os dias aonde você quer chegar e quais são as transformações que vai fazer na sua vida a partir de agora.

> "Aja como se já tivesse alcançado o seu objetivo e ele será seu." Robert Anthony

Liberte-se das crenças limitantes

Crença: "é toda programação mental (sinapses neurais) adquirida com o aprendizado durante toda a vida. É o que determina os comportamentos, atitudes, resultados, conquistas e qualidade de vida". (Paulo Vieira)

As crenças se formam por situações que vivemos e observamos em todas as épocas da vida. Quais crenças você tem carregado há anos e não te servem mais? Por exemplo, alguns de nós já ouvimos dizer que dinheiro não traz felicidade e esse pensamento pode ser substituído por "dinheiro bem utilizado é bênção, traz conforto, boas oportunidades para o sucesso e consequentemente felicidade". Um adulto com essa crença dificilmente ficará rico ou terá equilíbrio financeiro.

Existem crenças limitantes que impactam na área financeira, pessoal, profissional, emocional e nos relacionamentos. As crenças determinam a maneira de perceber o mundo, e elas só permanecem e interferem na nossa vida porque nós as formatamos e nos condicionamos a viver com elas. Quando passamos por uma situação, as nossas decisões e comportamentos sofrem influências e tomamos o fato ou a ideia que vemos ou ouvimos como uma verdade absoluta, e dessa forma começamos a pensar de forma limitada e a termos dificuldade na mudança de paradigmas.

Quando éramos crianças recebemos uma série de ensinamentos e fomos condicionados a pensar e a viver de determinada forma já que na época não tínhamos filtros para separar o certo do errado. Ao nos tornarmos adultos ficamos aprisionados num sistema de ideias e pensamentos que pode nos prejudicar, até percebermos a necessidade de reprogramação dessas interpretações.

Precisamos reformular esses pensamentos, ressignificar, reprogramar o que foi formatado de forma incorreta. Pergunte para si mesmo: quais são as crenças que me limitam? Elas são verdadeiras? Eu tenho necessidade de carregá-las comigo? Anote todas as que você se lembrar no caderno e ao lado faça uma lista de crenças contrárias e fortalecedoras. Perceba o quanto é relevante que você mude como pensa e como isso afeta o seu estado emocional.

Não importa de que maneira as crenças foram formatadas, o que importa é que elas não têm nenhum poder sobre você e poderá desfazer todas elas e se libertar com nova atitude mental, novas escolhas, novo olhar, novo jeito e novas estratégias para mudar. Não tem sentido usar algo que não serve mais. Relute e fale para si mesmo: eu não quero isso para mim, eu escolho como desejo viver e decido o que fica e o que não fica na minha mente. Policie os seus pensamentos!

Pensando dessa forma positiva você estará possibilitando uma vida muito melhor para você, para sua saúde mental, emocional e para as pessoas que o rodeiam.

"Você é sócio majoritário da sua existência." Leandro Karnal

Automotivação

Qual o significado da vida para você? O que está disposto a fazer para mudar a sua vida? Use práticas para acionar as emoções positivas na hora que você desejar, como ouvir uma música, ver um filme que gosta, proporcionar alegria para alguém ou outro gesto que te traga satisfação. Pergunte a si mesmo: como estou hoje? O que posso fazer para me proporcionar encorajamento, incentivo e alegria?

A automotivação sintoniza com o propósito de vida e nos faz sentir felizes pelas oportunidades de realização a cada dia, e a cada passo dado você deve comemorar, pois o entusiasmo é a fé entrando em ação.

Visualize e afirme a sua vitória! Afirmar o que deseja é consolidar, assegurar, acreditar que é possível. Precisamos colocar nossos planos à frente de qualquer obstáculo e acreditar firmemente no poder das nossas ações. Dessa forma, mudamos o nosso mundo e tudo terá um novo sentido. As suas atitudes podem levá-lo a alcançar o seu potencial máximo, então você vai conhecer quem é realmente e se surpreender com a sua capacidade de superação e motivação.

> "Quando quiser ser, seja! Quando quiser ir, vá! Quando quiser voltar atrás, volte! Quando sentir que deve fazer algo, faça! Ninguém sabe melhor do que você o que tem que fazer, quando tem que fazer e de que jeito tem que ser feito. Vá em frente. VIVA, com letras maiúsculas." Caio Fernando Abreu

Seja grato pelas vitórias alcançadas

Agradeça a Deus, ao universo e às pessoas, tenha fé, aja e espere com a certeza de que tudo vai dar certo na hora certa. Não se vitimize e não crie obstáculos. Seja resiliente, enfrentando com coragem qualquer dificuldade com plena certeza da sua vitória.

Aproveite todas as oportunidades que tiver para dizer obrigado. Gratidão não custa nada e é um alimento maravilhoso para o coração e para a alma. Elogie mais, sorria, seja gentil e seja grato!

O universo conspira a favor dos corações gratos, então celebre as suas conquistas com gratidão. Com todas as bênçãos que você recebe todos os dias e o seu otimismo contagiante você alcançará muito mais do que imagina.

Logo pela manhã, quando acordar, agradeça a vida. Comece o seu dia com o pensamento elevado, sorrindo e diga a si mesmo: esse dia será maravilhoso, magnífico, produtivo e abençoado! Levante com disposição para colocar em prática seus planos, faça o melhor que puder, com toda a dedicação.

Você já pensou em comemorar o alcance de suas metas? Seja material ou não, você merece celebrar as suas pequenas e grandes vitórias, seja com um jantar, uma reunião familiar ou com amigos, presentear-se com algo que você deseja, sair para dançar ou outra coisa que o faça feliz.

Adquira o hábito de anotar todas as vitórias alcançadas, colocando dia, mês e ano. Daqui a um tempo, será gratificante ver o quão prazeroso foi o sabor da conquista, o que o motivará a alcançar outras metas mais adiante.

Quais são os acontecimentos que você pode começar a comemorar a partir de hoje? Reserve um momento do seu tempo e faça um diário da gratidão, escreva o nome da pessoa e o motivo do seu sentimento por ela, coloque a data e assine embaixo.

> "A gratidão é a virtude das almas nobres." Esopo

24

Presença da dimensão da espiritualidade no *coaching*

O ser humano tem buscado incansavelmente um significado para a sua vida pessoal e profissional. Esta questão nos convida a pensar, rever e praticar uma maneira diferente de fazer e de construir relações de *coaching*. Vem daí a minha inspiração para suscitar em cada leitor o quão essencial é a presença das dimensões da espiritualidade na relação entre *coach* e *coachee* como forma de estimular e trazer à tona o que tem valor e significado para os seus clientes

Lindevany Hoffimann

Lindevany Hoffimann

Consultora com especialização em desenvolvimento humano, com mais de 25 anos de experiência atuando em processos de gestão de pessoas. Atua como docente em programas de pós-graduação e MBA na FBV DeVry. É também docente da ENAP-DF, Fundaj e Escola de Governo e Políticas Públicas. Especialista em *Coaching* Integrado, com formação e certificação internacional pelo ICI, em nível sênior. Certificação como *trainer* na Metodologia LIFO, pela Bcon WSA *International* e formação para a aplicação da Metodologia *Profiler*. Credenciada pela Escola Pública Canadense para disseminação de novas tecnologias e práticas de gestão. Graduada em Letras, pós-graduada em administração da capacidade humana nas organizações, MBA em gestão empresarial e mestrado em Administração (MPGE). Pesquisadora e participante do Núcleo de Estudos sobre dignidade e espiritualidade nas organizações da Mackenzie/SP. *Founder Member e Past Development Director* ICF PE – *Internacional Coach Federation* (Projeto Voluntário). *MemberShip* ICF ID: 0091199948I.

Contatos
lindevany@hotmail.com / lindevany@gmail.com
Skype: Lindevany_Hoffimann
LinkedIn: Lindevany Hoffimann
(81) 99965-3332 / (81) 3327-6924

Compreendendo a dimensão da espiritualidade humana

O tema espiritualidade cada vez mais vem ganhando expressão no universo corporativo. Até bem pouco tempo, a expressão "espiritualidade" era apenas associada à religião, sendo negada a sua relação com o mundo profissional e dos negócios. O termo "espiritualidade" vem da palavra latina *spiritus* ou *spiritualis*, que significa respiração, sopro, ar ou vento. O espírito corresponde à essência do homem, e a espiritualidade, por sua vez, à sensibilidade para captar as sutilezas desse homem, enxergando-o como um ser integral e observando cotidianamente o que nem sempre é visível aos olhos. Espiritualidade, conforme definido por Mitroff e Denton (1999), é "o sentimento básico de estar conectado com o próprio eu, com os outros e com o universo inteiro".

Na visão de Kerber (2009), espiritualidade pode ser entendida como o reconhecimento do homem como um ser integral e integrante do universo, fazendo também parte desse contexto o seu trabalho. Entender essa integralidade do ser humano passa necessariamente pela compreensão de "onde vem a energia" que habita em cada um de nós e de que forma ela é traduzida e manifestada nas coisas que fazemos. Diante de um assunto de tamanha delicadeza, o autor Renesch (1994) suscita alguns questionamentos, nos convidando às seguintes reflexões: será que a nossa alma (aqui associada à nossa essência) se manifesta livremente nas coisas que fazemos no nosso trabalho e nos nossos relacionamentos? Ou será que estamos tão cheios de tristeza porque aquilo que existe de belo em nós não encontra meios de expressão?

A espiritualidade envolve questões relacionadas ao significado da vida e à razão de viver, não estando limitada a tipos de crenças ou práticas religiosas. É uma experiência subjetiva, muitas vezes compreensível apenas para aqueles que a experimentaram e é difícil de expressar. Vasconcelos (2006) afirma que experiência espiritual pode ser comparada a uma forte experiência amorosa e tem como base a vivência comunitária e a certeza de uma presença divina, ou algo maior que o dinheiro não compra. A difícil definição de espiritualidade possui bases e referências de excelência como: significado e propósito; compaixão; consciência; prestação de serviços e bem-estar (ABURDENE, 2006).

Percepção da espiritualidade nas organizações

Cabe, inicialmente, fazer um passeio pelo tempo para resgatar alguns fundamentos que foram precursores do conceito da Espiritualidade no ambiente empresarial e que até os dias atuais aparecem como pontos de preocupação nas discussões sobre como o indivíduo se comporta na sua relação com o mundo. Desde o *Modelo das Relações Humanas*, criado por Elton Mayo, no fim dos anos 1920, a Maslow (1943) com a sua *Teoria da Hierarquia das Necessidades*, Herzberg (1959) com a sua *Teoria dos dois fatores*, até os dias atuais, muito tem sido discutido em torno do comportamento do homem e as variáveis envolvidas nesse fenômeno. Sobre essa perspectiva, Sievers (1997) colabora com a ideia de que as questões relacionadas ao que pode motivar o indivíduo ganhou maior atenção quando o sentido do próprio trabalho desapareceu ou então foi perdido ao longo da relação capital x trabalho. O autor afirma que a crescente divisão e fragmentação do trabalho, originada pela busca excessiva de eficácia, desencadeou uma perda de sentido dele mesmo. Para o autor, essa é uma perspectiva sombria da natureza humana, que não considera o subjetivismo do homem e reduz sua atuação profissional a mera relação com um sistema que o controla e dirige (FLEURY, 2002).

Segundo Chanlat (2009), o comportamento organizacional apresenta-se hoje como uma imensa colcha de retalhos, um campo aberto a quase todos os ventos teóricos. Ao longo de várias décadas na história das organizações, desde o advento da Escola das Relações Humanas, têm sido evidenciados inúmeros esforços na tentativa de focar o homem no seu universo de possibilidades múltiplas de ser. A busca por compreender esse ser integral tem apontado para novos estudos, incluindo a dimensão da espiritualidade no ambiente das organizações. Mas, afinal, o que é "espiritualidade organizacional"? Conforme definido por Ashmos e Duchon (2000), é o reconhecimento pela organização e pelos seus líderes de que os empregados têm uma vida interior que alimenta e é alimentada pela realização de trabalho com significado num contexto de comunidade.

Porém, ao contrário do que anseiam os funcionários, parceiros e clientes, o mundo dos negócios cada vez mais tem se mostrado desatento e pouco sensível às questões da espiritualidade do ser humano no ambiente empresarial. Entende-se como uma "organização espiritualizada" aquela que procura cuidar da essência dos seus colaboradores e demais atores intervenientes no seu processo de produção de valor. Inúmeros são os exemplos que comprovam que há uma grande escassez de cuidados nessa direção, tais como: desrespeito às pessoas; assédios e constrangimentos morais; ausência de diálogos; injustiças; atos de tirania, tratamentos ríspidos; jogos de manipulação; falta de verdade; luta exacerbada pelo poder a todo custo; ausência de escuta genuína; falta de cuidado com o bem-estar das pessoas; dentre outras práticas que refletem exatamente o contrário do que deveria ser uma empresa espiritualizada (humanizada).

Paradoxalmente à busca do homem por um sentido maior para a sua vida, as empresas, como um imperativo de sobrevivência, experimentam ritmos alucinantes e cada vez mais frenéticos pela consecução dos resultados esperados pelos seus acionistas e investidores, pondo em risco o reconhecimento desse homem integral em busca de significados para o seu trabalho. Apesar dessas constatações, muitos líderes organizacionais ainda insistem em percorrer os caminhos da fria indiferença, matando a afeição e o orgulho que seus colaboradores, eventualmente, poderiam cultivar em relação às suas empresas. Este quadro também tem sido relacionado à falta de espiritualidade nos locais de trabalho, podendo inclusive vir a ser responsável por gigantescas proporções de patologias e doenças, uma vez que destroem os liames emocionais que antes uniam os trabalhadores às empresas (VASCONCELOS, 2008).

As empresas que têm dado atenção ao intangível e buscado se espiritualizar por meio da adoção de uma prática pautada no respeito, na moral e na ética, podem estar olhando o seu colaborador de forma humana, tratando o seu fornecedor como um verdadeiro parceiro e procurando empatizar com a situação colocada pelo seu cliente. Com esse comportamento, elas estão demonstrando sabedoria espiritual (HUNTER, 2006). E desse modo, elas também estarão experimentando as condições fundamentais para assegurar que os seus resultados aconteçam de maneira sustentável. No pensamento de Karakas (2010), oferecer um sentido mais profundo de significado e propósito para funcionários é importante, pois permite que eles sejam capazes de apresentar um melhor desempenho, sendo mais produtivos e mais criativos no trabalho. Portanto, essa perspectiva defendida pelo autor sustenta que incorporar a espiritualidade no trabalho proporciona aos gerentes e funcionários um maior senso de entrega e doação às atividades.

Vem exatamente dessas reflexões o meu convite aberto a todos os leitores – gestores, não gestores de organizações e, especialmente aos profissionais de *coaching* – para uma revisão e tomada de uma nova consciência sobre como construir relações mais produtivas e saudáveis entre os diversos *stakeholders* no ambiente corporativo ou fora dele, de tal modo a assegurar a criação de um espaço de sustentabilidade para o negócio e também de felicidade para os diversos atores envolvidos. Fazendo alusão a um trecho de uma parábola chinesa, [...] "ouvir o inaudível é uma qualidade necessária ao bom dirigente. Somente quando o dirigente aprende a ouvir atentamente o coração das pessoas, percebendo seus sentimentos não comunicados, suas dores não expressas e suas queixas não formuladas, é que ele pode inspirar confiança, entender quando alguma coisa está errada e identificar as verdadeiras necessidades dos cidadãos" (VERGARA, 2000).

Presença de espiritualidade no *coaching*

O *coaching*, em sua essência, tem como maior propósito despertar a força interior que habita em nós e que é capaz de nos mover para o alcance daquilo que tem significado e nos traz felicidade. Mas como encontrar essa felicidade se não formos estimulados a potencializar e maximizar o que temos de melhor dentro de nós? Profissionais e organizações cada vez mais precisarão estar atentos para contribuir com a criação de um ambiente de empoderamento, de prazer e de estímulo ao protagonismo frente à vida.

Em suas reflexões, Schutz (1989) ressalta que "cada um de nós é um organismo integral e unificado e que, na qualidade de seres humanos, não temos limitações. E esse organismo se manifesta através de pensamentos, sentimentos e sensações, através de movimentos que têm uma dimensão espiritual". Somente quando aprendemos a usar as nossas capacidades, tornamo-nos capazes de feitos mais e mais impossíveis. Whitmore (2006) diz que um *coach* deve ter a capacidade de reconhecer que os obstáculos internos são com frequência mais assustadores do que os externos.

A busca do homem[1] por experimentar uma vida plena e com alegria só será possível quando ele estiver usando todo o seu potencial. O grande desafio é perceber a extensão desse seu potencial e como

---

1 Homem – aqui, esta palavra estará sempre e tão somente associada ao caráter universal de gênero.

utilizar as suas capacidades. Porém, para que o homem possa oferecer o seu melhor, é essencial que ele esteja em plena conexão consigo e com o meio no qual está inserido. É exatamente a partir dessa perspectiva que suscitamos a existência de uma forte relação entre o *coaching*[2] e a espiritualidade, na medida em que ambos se propõem a fortalecer essa conexão e "estado" de mais elevada expressão do ser.

Segundo Goldsmith (2003), *coaching* é trazer à tona o que há de melhor nas pessoas, ou seja, "transportar uma pessoa valiosa de onde ela está para onde ela quer ir". Inevitavelmente essa é uma trilha que irá requerer descobertas ao longo do caminho, sendo oportuno e valioso que alguém, seja um gestor ou um profissional de *coaching*, ofereça a possibilidade de fazer o outro enxergar os recursos internos de que já dispõe, a sua própria força interior e o quanto é capaz de concretizar o que deseja. Contudo, só conseguiremos despertar o "gigante interior[3]" dos nossos *coachees*[4] se estivermos conectados com eles em mente, corpo e espírito. E essa condição acontece facilmente quando a relação entre *coach* e *coachee* privilegia práticas humanizadas.

Di Stéfano (2005) comenta que estamos vivendo um momento voltado para a alta *performance* e isto só será possível com a humanização das empresas, ou seja, quando as pessoas forem tratadas como agentes de melhoria e não como máquinas que devem produzir cegamente. Na perspectiva desse autor, a humanização significa reavaliar a relação entre gestores e equipes, podendo esse conceito também ser estendido à relação entre *coach* e *coachee*.

Humanizar uma relação pressupõe cuidar da essência das pessoas, oferecendo-lhe genuína atenção e atribuindo-lhe valor. Whitmore (2006) complementa a visão de Goldsmith (2003), quando afirma que "tirar o melhor de alguém" e "seu potencial escondido" implicam que há algo mais dentro da pessoa esperando para ser liberado. E é com esse olhar que o gerente ou *coach* deve acreditar que as pessoas possuem uma capacidade maior do que costumeiramente elas expressam. Se a visão for diferente disso não seremos capazes de ajudá-las a expressar o seu potencial mais valioso. Portanto, trabalhar a consciência, a responsabilidade e a autoconfiança são o objetivo de um *coach*[5].

Whitmore (2006) reconhece a relação da inteligência emocional e inteligência espiritual com o *coaching*. Segundo ele, a frequência com a qual se procura significado e propósito no trabalho indica que se espera que os *coaches* sejam mais habilidosos ao tratar dessas

2 *Coaching* – processo de desenvolvimento de pessoas.
3 Gigante interior – força que reside em nós e que precisa ser despertada.
4 *Coachees* – pessoas que recebem o *coaching*.
5 *Coach* – profissional que desenvolve o processo de *coaching*.

questões mais profundas da vida. Ele ainda acrescenta que somente quando os princípios do *coaching* governarem ou fundamentarem todo o comportamento e as interações, brotará a verdadeira força do potencial de *performance* das pessoas e esta será expressada.

A presença da espiritualidade na prática do *coaching* precisará ser traduzida em práticas humanizadas e valores que fortaleçam a dignidade das pessoas, tais como a ética, a verdade, o respeito, a justiça e o exercício do "amor" incondicional às pessoas.

Referências
ABUDERNE, P. Megatrends 2010: *O poder do capitalismo responsável*; tradução Tom Venetianer. Rio de Janeiro: Elsevier, 2006.
ASHMOS, D.P. & DUCHON, D. (2000). *Spirituality at work: A conceptualization and measure.* Journal of Management Inquiry, 9(2), 134-145.
CHANLAT, Jean-François. (Coord). *O indivíduo na organização*: dimensões esquecidas. V.I – São Paulo: Atlas, 2009.
DI STÉFANO, Rhandy. *O líder-coach: líderes criando líderes.* Rio de Janeiro: Qualitymark, 2005.
FLEURY, Maria Tereza Leme. (org.). *As pessoas na organização.* 12. ed. São Paulo: Editora Gente, 2002.
GOLDSMITH, Marshall; LYONS, Laurence; FREAS, Alissa. *O exercício da liderança.* Tradução Tradutec – Rio de Janeiro: Elsevier, DBM, 2003.
HUNTER, James C. *O monge e o executivo: uma história sobre a essência da liderança.* Rio de Janeiro: Sextante, 2006.
KARAKAS, F. *Spirituality and performance in organizations: a literature review.* Journal of Business Ethics (2010) 94:89–106 DOI 10.1007/s10551-009-0251-5
KERBER, Roberto. *Espiritualidade nas empresas.* Porto Alegre/RS: AGE Editora, 2009.
MITROFF, Ian I; DENTON, Elizabeth A. *A study of spirituality in the workplace.* Sloan Management Review, Cambridge, v. 40, n. 4, p. 83-92, 1999
RENESCH, John. et al (Org). *Liderança para uma nova era: estratégias visionárias para a maior das crises do nosso tempo.* São Paulo: Editora Cultrix Ltda, 1994.
SCHUTZ, Will. *Profunda simplicidade: uma nova consciência do eu interior.* Tradução de Maria Silvia Mourão Netto. 4ª Ed. – São Paulo: Ágora, 1989.
VASCONCELOS, E. M. (Org.) *A espiritualidade no trabalho em saúde.* São Paulo: Hucitec, 2006.
_____, Anselmo Ferreira. *Espiritualidade no ambiente de trabalho.* São Paulo: Atlas, 2008.
WHITMORE, John. *Coaching para performance: aprimorando pessoas, desempenhos e resultados.* Tradução de Tatiana de Sá – Rio de Janeiro: Qualitymark, 2006.

25

Novos desafios:
as lideranças globais
e a verdadeira sustentabilidade

> Liderança global não é uma conquista final [...] é uma jornada por toda a vida [...]. A cada estágio da jornada, a vista se expande. Quando expandimos e aprofundamos dessa maneira, nossa liderança evolui e torna-se mais global naturalmente.
> (GERZON; URY in CORRAL; LINK; GERZON, 2012, p. 91).

Lucia Mendonça

Lucia Mendonça

Palestrante e mestre em *coaching* pela *Florida Christian University* – EUA, com estudos científicos para a superação da autossabotagem. É *Master Coach* nível *Golden Belt* pela Federação Brasileira de *Coaching* Integral Sistêmico – Febracis, e pela *Florida Christian University* – EUA. Facilitadora autorizada pela *Franklin Covey* para ministrar o curso "Os 7 Hábitos das Pessoas Altamente Eficazes". Instrutora de cursos para formação de líderes, gestão pessoal e corporativa e motivação de equipes. Especialista em modernização organizacional e inovação. Pós-graduada em Linguística. Graduada em Administração de Empresas pelo UniCeub, em Brasília. Analista Judiciário com 25 anos de experiência na área de gestão, administração e inovação judiciária na Justiça Federal. Tutora do Ensino à Distância, inclusive com habilitação para EAD em BSC e Planejamento Estratégico na Administração Pública.

Contatos
lucbmsa@gmail.com
Instagram: luciamendonca_mastercoach

A globalização criou novos contornos no planeta, interligando mercados, culturas, valores, tecnologia, transporte, necessidades, dificuldades, individualidades, sonhos e também antagonizando e expondo enormes diferenças entre pessoas, ideologias, interesses e benefícios. Este é hoje o tecido que contextualiza a atuação das empresas e instituições governamentais e não governamentais e que requer líderes que possam lidar com uma complexidade crescente, que ultrapassa os interesses locais ou individuais, como também que possam apoiar pessoas, empresas, países e grupos sociais a ultrapassarem os conflitos e atingirem resultados positivos e sustentáveis para todos e para o planeta.

As novas tendências e forças mundiais trazidas pela globalização guardam forte relação com fatores socioambientais, macroeconômicos e negócios e indústria (COHEN, 2010, *apud* MIRAGE, 2016). Hoje a fome, o lixo, o preconceito racial e religioso, as fontes alternativas de energia e tantas outras questões antes relegadas encontram-se no primeiro patamar das intenções públicas e privadas, conjuntura que trouxe novos desafios e passou a influenciar fortemente o mercado de líderes (BARTLETT; GHOSHAL, 2003). Assim, os padrões tradicionais de negócios vêm mudando: "A convergência está em todo lugar: competidores são também fornecedores, parceiros, clientes; os limites da indústria estão desaparecendo e empresas globais estão rapidamente emergindo" (GOLDSMITH *et al.*, 2003). Essa diversidade e complexidade acabaram por criar um consenso de que compartilhar é a única maneira de crescer e que há uma grande sinergia nessa direção, a ser enfaticamente buscada pelos líderes da atualidade: "O fato é que, embora os tempos sejam considerados difíceis, frustradores e temerosos, eles também são 'interessantes, catalisadores e cruciais'" (BENNIS; NANUS, 1988, p. 12 apud MANFREDINI, 2007, p. 20). O mundo que se vislumbra para daqui a 10 anos já é, na verdade, o mundo presente. No campo dos negócios e da indústria, a grande oferta gera enorme competitividade e exige que os líderes globais inovem constantemente para sobreviver, que prospectem mercados e alternativas para ganhar em produtividade e sustentabilidade, que façam parcerias interessantes para quem produz e quem consome. As mudanças decorrentes da evolução tecnológica são acompanhadas, entre outras, pela sucessão das gerações. Elas têm diferentes valores, necessidades, comportamentos e expectativas, e os líderes, necessariamente, devem entender essa transição, se antecipar às mudanças e, preferencialmente, promovê-las (MIRAGE, 2016).

É possível compreender, portanto, que as grandes exigências, competências e habilidades que sempre foram requeridas dos líderes – tais como elevada habilidade de comunicação, capacidade de desenvolvimento e incremento de equipes, influência em seu ramo de atuação e grande foco em resultados – deverão ser agregadas a outros fatores para que esses profissionais possam atuar nos novos mercados globais, dentro dos distintos contextos desenhados pela globalização.

Nuances da Liderança Global

A liderança global é um campo recente de empenho e estudos, recebendo, atualmente, mais atenção que a chamada liderança doméstica ou local (MANFREDINI, 2007). Mirage (2016) ratifica a importância da habilidade do líder global "para conectar culturas, construindo e agregando valor, liderar e inspirar ações baseadas em valores e necessidades maiores que as limitações pessoais, culturais ou locais". No mesmo sentido, Mark Gerson e William Ury (in CORRAL; LINK; GERZON, 2012, p. 85-86) afirmam que a liderança global deve estar a serviço do todo e não apenas do universo particular, onde o todo pode se referir ao indivíduo, ao grupo, à organização, à comunidade, à nação e ao mundo. "[...] Por global queremos dizer valores apartidários, que não representam um lado; são valores do terceiro lado; não erguem paredes, mas constroem pontes; não criam fronteiras, mas atravessam-nas".

De acordo com Maria Cristina D'Arce, presidente da *Society for Organizational Learning* – SoL Brasil (in CORRAL; LINK; GERZON, 2012), diversas nuances diferem um líder local de um líder global, essencialmente a forma de reagir a desafios e problemas complexos, respeitando e reconhecendo genuinamente seu próprio universo e, simultaneamente, buscando não se identificar somente com ele. Entre as nuances destacadas pela autora, sobressaem-se:
- A necessidade de grande flexibilidade para conviver multiculturalmente, integrar outros valores e culturas, atuar em novos

- modelos negociais, vislumbrar alternativas para resultados ganha-ganha, prospectar parceiros e investimentos em qualquer lugar do planeta onde se encontrem condições de fazer prosperar os negócios;
- Uma atuação direcionada a apoiar as pessoas a transcenderem fronteiras entre países, sociedades, organizações, setores, raças, religiões e credos políticos, na procura incessante daquilo que é essencialmente comum a todos;
- Que a liderança global é integralmente relacionada à sustentabilidade, nas questões econômicas, socioambientais (área de entretenimento, agricultura, indústria, serviços), do negócio e da própria carreira, qualquer que seja o seu modelo, sua função ou negócio, pois estamos todos ligados;
- A imprescindibilidade da transparência – uma das tendências mundiais intrínsecas à globalização, já que a quantidade de atores envolvidos cresce exponencialmente e a credibilidade depende de enorme conjunto de variáveis.

Liderança global – paradigmas e tendências emergentes

As empresas e instituições públicas e não públicas, com ou sem fins lucrativos, exercem seu papel social e econômico em um palco adverso marcado pela desigualdade social, a miséria, o baixo nível educacional, a concentração de renda, a corrupção, os dejetos industriais e tantos transtornos vividos pela sociedade contemporânea. Em decorrência desse cenário, entre inúmeras e importantes questões de reflexão, um dos pontos que têm ganhado relevo é a ponderação se tais organizações "realizam a responsabilidade social ou se praticam a filantropia, isto é, se apenas auxiliam as pessoas desfavorecidas como um gesto de caridade, não existindo natureza estratégica e gerenciamento de suas ações" (MELO NETO e FROES, 2001, p. 26-28 *apud* BARBOSA, 2007, p. 2). A respeito do assunto, Costa e Carvalho (2005, *apud* BARBOSA, 2007, p. 2) afirmam que "muitas organizações incorporam diretrizes de responsabilidade social de forma irrefletida, impulsionadas por modismos gerenciais e demandas do cenário sócio-político e de mercado".

Peter Drucker considera que a "legitimidade social" é contemporaneamente "o maior desafio para uma grande companhia – especialmente para as multinacionais" (DRUCKER, 2001, *apud* LINK in CORRAL; LINK; GERZON, 2012, p. 42). A responsabilidade social corporativa tem seu marco inicial atribuído à obra de Howard R. Bowen, em 1953, intitulada *Social Responsabilities of the Businessman* (CARROL, 1999 *apud* BARBOSA, 2007, p. 1). Desde então, inúmeras transformações trouxeram novos paradigmas. Um exemplo emblemático no campo corporativo foi a evolução do conceito de *shareholders* (FRIEDMAN, 1970) para o atual conceito de stakeholders (FREEMAN, 1984), transpondo o entendimento de que a verdadeira responsabilidade social de um negócio seria a maximização do lucro dos acionistas para a compreensão ampliada de que esse conceito envolve a ótica dos diferentes públicos de interesse com os quais a empresa se relaciona (COSTA e CARVALHO, 2005 *apud* BARBOSA, 2007).

Tais visões hoje inspiram uma nova geração de líderes empresariais, que considera prioritariamente valores como o altruísmo e o reconhecimento do valor real dos negócios além do lucro. No paradigma atual de muitos empresários da liderança global, *business* passou à condição de meio de transformação da sociedade rumo a mais humanidade e sustentabilidade. Eles têm provado que a sustentabilidade social e ambiental e o desenvolvimento econômico podem se apoiar mutuamente. Exemplo prático desse novo paradigma é encontrado no trabalho da Social Venture Network (SVN), uma associação de líderes empresariais e de empreendedores sociais da Europa e dos Estados Unidos, que obtiveram sucesso nos sistemas socioeconômicos prevalentes, ao mesmo tempo em que usaram suas organizações como "laboratórios vivos para descobrir novas formas de liderança que demonstrassem a viabilidade de uma economia mais humana e sustentável" (LINK in CORRAL; LINK; GERZON, 2012, p. 40-43).

Link (in CORRAL; LINK; GERZON, 2012, p. 39/67) destaca alguns relevantes paradigmas e megatendências da liderança global, que permitem o melhor entendimento sobre a conjuntura emergente, entre os quais: a valorização da diversidade como incremento para a inovação; o trabalho para unificação do desenvolvimento econômico e da sustentabilidade dinâmica; *business* como meio de transformação da sociedade rumo a mais humanidade e sustentabilidade; desenvolvimento de novos modelos de cooperação transetorial para incremento de uma nova economia; valorização de empresas de comportamento socioambiental, econômico e político exemplar; parcerias multissetoriais justas, que envolvem empresários, sociedades civis e governo, dentro de princípios de boa governança; cooperação entre setores e culturas como marco de governança e de sociedade global; entendimento mútuo e cooperação genuína como base para a cocriação inspirada e pragmática; integração horizontal entre movimentos cívicos, uma ponte entre setores; descentralização do poder, com valorização da integração e da cooperação, da substituição da hierarquia pelo modelo de parcerias; novos modelos de educação e gerenciamento, baseados em profundo autoconhecimento e desenvolvimento interno e interpessoal dos líderes integrados à transformação organizacional e da sociedade; prática em lugar de discurso; desenvolvimento da pedagogia voltada à humanidade e ao mundo; diálogo crescente entre praticantes ligados a áreas espirituais, científicas e de liderança.

As lideranças globais terão maior impacto quanto mais edificadas as culturas baseadas na justiça, na segurança e na democracia. Uma das bases trazidas por Eisler e Corral (CORRAL; LINK; GERZON, 2012, p. 77) para esse pressuposto e que corrobora a visão trazida por Steven Covey, acerca da ética do caráter para a sustentabilidade da liderança, é a "necessidade de famílias nas quais homens e mulheres sejam parceiros igualitários; na qual crianças aprendam a agir com responsabilidade, a ajudar e a persuadir, ao invés de machucar e coagir; e em que sejam encorajadas a pensar por elas mesmas". Além da família, as novas lideranças globais também serão modeladas e incentivadas por professores, *coaches*, mentores, facilitadores: "desde a família de origem à família das nações –, esses líderes inspiram outros a desenvolver sua consciência e criatividade em benefício próprio e daqueles a seu redor" (EISLER; CORRAL; LINK; GERZON, 2012, p. 79).

Referências
BARBOSA, Luciane Neves (2007). *A relação entre responsabilidade social corporativa e a criação de valor para os investidores: estudo de caso em uma empresa do setor de energia*. Dissertação (Mestrado em Administração) – Universidade Federal do Rio de Janeiro. Instituto COPPEAD de Administração: Rio de Janeiro. Disponível em: <http://www.coppead.ufrj.br/upload/publicacoes/Luciane_Barbosa.pdf>. Acesso em: 11/05/2016.
BARTLETT, C.A.; GHOSHAL, S. (2003). *What is a global manager?* Harvard Business Review, Vol. 70, n.5. Disponível em <https://hbr.org/2003/08/what-is-a-global-manager>. Acesso em: 26/05/2016.
CANTO, Reinaldo (2015). *Os combustíveis fósseis estão com os dias contados?* Revista Época. Disponível em: <http://epoca.globo.com/colunas-e-blogs/blog-do-planeta/epoca-clima/noticia/2015/12/os-combustiveis-fosseis-estao-com-os-dias-contados.html.> Acesso em: 06/06/2016.
CORRAL, Thais; LINK, Walter; GERZON, Mark (Org.). A liderança é global – *Cocriando um mundo sustentável*. Senac: São Paulo, 2013.
CRAWFORD, Jean (2010). *Profiling the non-profit leader of tomorrow*. Ivey Business Journal, May/June. Disponível em: <http://iveybusinessjournal.com/publication/profiling-the-non-profit-leader-of-tomorrow/>. Acesso em: 26/05/2016.

GOLDSMITH, Marshall; GREENBERG, Cathy; ROBERTSON, Alastair; HU--CHAN, Maya. *Global leadership: the next generation (Kindle Edition)*. Financial Times Prentice Hall Books: New Jersey, 2003.
MANFREDINI, Vanessa (2007). *A formação de líderes globais. Um estudo de caso na General Motors do Brasil*. Dissertação (Mestrado). Universidade do Rio Grande do Sul. Disponível em: <http://hdl.handle.net/10183/11241>. Acesso em: 15/03/2016.
MIRAGE, Adriana (2016). *Apostila do curso Global Leadership Development*. Florida Christian University: Orlando/USA. Disponível em: <www.fcuonline.com>.

26

Pensamentos e emoções comandam sua vida?

"Ninguém entra em um mesmo rio uma segunda vez, pois quando isso acontece já não se é o mesmo, assim como as águas que já serão outras."
Heráclito

Lucimara Pizzotti

Lucimara Pizzotti

Psicóloga com especialização em psicologia clínica. Especializada em transtornos afetivos na FMUSP. Especialização em Psicologia e Saúde – Compreendendo o processo do adoecimento. Pós-graduada em psicologia comportamental – Análise do comportamento PUC-SP. Especializada em TCC – Terapia Cognitivo Comportamental pelo Instituto WP– Curitiba.

Contatos
www.lucimarapizzottipsico.com
lucimarapizzotti@hotmail.com
(11) 99135-9821

A princípio, gostaria de propor um questionamento a você: como acha que tem sido o efeito de seus pensamentos e emoções em seu comportamento e atitudes na vida?

Sabemos que nossos pensamentos e emoções são elementos que comandam nossas ações e consequentemente nossa vida. O sofrimento humano é inevitável, pensamentos e emoções angustiantes fazem parte da experiência humana, e podem ser positivas.

Sendo assim, é importante conhecermos um pouquinho de como funcionam nossas emoções, como elas surgem, além da nossa tendência a interpretar qualquer dificuldade como catástrofe, afetando nossa capacidade de avaliação e solução de problemas.

A palavra "emoção" tem origem latina e significa mover. As emoções nos enviam mensagens que nos possibilitam reagir ao ambiente ou a outra pessoa, ou até nos comunicar. Embora não seja fácil distinguir e tenha gerado muita polêmica compilar os tipos de emoção que existem, é fato que são divididas entre as positivas e negativas e sabemos quando elas aparecem, pelo simples fato de ser fisiológico também.

Emoções primárias negativas:

Medo, raiva e tristeza

Dessas emoções vão derivar outras secundárias e mais complexas, tais como ansiedade, ciúme, inveja, vergonha, desgosto, entre outras. Mas a emoção negativa não quer dizer que seja completamente ruim para a pessoa. Isso dependerá de muitos fatores, como quanto tempo ela se entregará à tristeza ou qual o grau e a intensidade em que se deixa abater pelo medo e pela raiva.

Como tudo na vida, o equilíbrio é sempre o melhor dos cenários, e se conseguirmos colocar nossas emoções também nesse caminho será perfeito. Dentro de uma proporção aceitável, levará a pessoa ao uso funcional da cognição e consequente equilíbrio do comportamento.

Os ansiosos, por exemplo, têm sem dúvida seu lado positivo, quando bem equilibrados, pois utilizam essa ansiedade a seu favor como impulso para agir diante de algo importante.

Ela ajuda a pessoa a buscar recursos de que precisa para ser bem-sucedida no que faz.

A ansiedade somente se tornará um problema quando trouxer um sofrimento e será disfuncional, prejudicando o dia a dia da pessoa.

Quando estamos tristes, no estágio mais profundo, sentimos perda de apetite, tendência à insônia, desejo de retiro e isolamento, falta de concentração, e chega-se, inclusive, a baixar a imunidade abrindo portas a doenças psicossomáticas. Ganha-se de brinde enxaqueca e outros distúrbios que podem originar compulsões diversas para compensar o prazer perdido.

Mas, por que as pessoas tendem a ficar tristes?

O cérebro se encontra mais preparado para enfrentar esta emoção do que qualquer outra. E se pararmos para perceber, um rosto entristecido nos causa empatia de alguma forma. Vamos reconhecê-lo imediatamente, e tendemos a apoiar pessoas que passam por essa sensação. Então, no fundo, é um processo consciente? Não, mas nosso inconsciente sabe bem o que está fazendo. Difícil, não é!? Queremos atenção de alguma forma? Sim! Queremos, mas não é só isso.

Todos nós evitamos sentimentos negativos e corremos como loucos em busca de uma sensação boa, de felicidade, ou de bem-estar. Por exemplo, a tristeza é uma das sensações que, apesar de necessária, o ser humano não gosta de experimentar. Ela é linda nas músicas, mas na vida real não funciona muito bem.

Todo mundo a quer longe. Já dizia Vinícius de Moraes: *É melhor ser alegre que ser triste*. Mas, faz parte da vida e temos de saber como lidar com ela quando aparecer. Nesse ponto é que podemos separar para entendermos a tristeza como elemento negativo e positivo. Sim, a tristeza tem o seu lado positivo e funcional.

Um indivíduo pode tomar alguns caminhos diante da tristeza: aproveitar-se do evento para buscar uma atenção que não tinha, afastar-se do convívio social por não tolerar conviver com ninguém nesse momento, ou ainda somente se vitimizar eternamente. Se a pessoa souber, nesse momento, qualquer que seja o caminho, aproveitar a informação que essa emoção está lhe passando, e que é muito preciosa e precisa da sua atenção, essa emoção então será de muita valia, poderá ser aproveitada de forma positiva. Porque costumamos correr para todos os lados e nos esquecemos de ouvir nosso coração, coisa tão simples e valiosa. Necessitamos fazer uma autoanálise e avaliação dos fatos, justamente para começarmos a tomar posse de nossos atos com mais clareza.

O objetivo da tristeza é alertar a pessoa de que algo está errado e precisa ser mudado, ou foi perdido, e que isso está lhe causando mal-estar. Portanto, sua tarefa não é de se recolher e sim de descobrir o que o incomoda. Se evitarmos esse sentimento sem termos trabalhado, também não terá sido funcional. Precisamos entender o que nos levou àquilo. E, assim, tomarmos melhores decisões.

Emoções primárias positivas:

Alegria, surpresa e amor

Delas, posteriormente, irão derivar emoções secundárias como felicidade e bem-estar, gratidão, perdão, entre outras.

É natural que ao longo da vida vivenciemos todos os dias emoções positivas e negativas. É como em uma gangorra, o ser humano está sempre experimentando passar do estado da felicidade para a tristeza muito rápido, da tranquilidade para a raiva num piscar de olhos. Porém, sem obviamente eliminar o mérito, como já dissemos acima, das emoções negativas vividas no seu equilíbrio, e que também são fundamentais, as emoções positivas têm uma importante função evolutiva, porque elas nos transformam para melhor, pois nos ajudam a construir habilidades.

Quando nos sentimos bem, construímos novas habilidades para o futuro, por exemplo, aprendemos melhor ou produzimos mais quando estamos otimistas e interessados.

Não é fácil, mas é possível. E ninguém gosta de se sentir triste, chateado ou frustrado. Ou ainda com raiva ou medo. E o primeiro passo é se livrar desses sentimentos. Para isso, temos que reconhecê-los e aceitá-los; pensar em sua razão de ser, de estar ali, se essa emoção é válida ou não e então, se estiver prejudicando, trabalhar para a transformação.

É necessário transformar o pensamento disfuncional que não o está ajudando no momento e o está levando a ter emoções também disfuncionais e, consequentemente, comportamentos e atitudes que não deseja.

Quando fazemos esse esforço, constatamos que determinados pensamentos errôneos estavam nos levando a ter emoções com mesma sintonia, e os comportamentos em consequência disso são desastrosos. Até que se perceba. E se faça a mudança.

Quanto mais simples é a compreensão, mais fácil fica a transformação interna que se inicia no entendimento dos pensamentos, nas emoções que eles provocam e no consequente comportamento que se dará.

Teorias são muito necessárias para estudos, porém, as pessoas precisam compreender, tocar a alma e suas emoções. Eu, como psicóloga, vejo essa necessidade no consultório. Quando acontece essa sintonia, fica muito mais fácil de acontecer a mudança.

Precisamos decifrar o que ocorre dentro de nossas mentes como processo biológico, porém, que faça sentido ligado às nossas emoções. Tomando cuidado para que tudo não passe a ser um punhado de grandes informações.

O grande problema da humanidade hoje é a ansiedade. O que nos leva novamente para dois caminhos: o positivo e o negativo.

Quando nossa consciência não consegue mais gerenciar e controlar os pensamentos e emoções, estamos em um caminho perigoso. Precisamos dar potencialidade às emoções e pensamentos positivos, em equilíbrio, claro, pois tudo será aprendizado, e isso nos impulsionará.

Quando deixamos o medo, a tristeza e a culpa se tornarem protagonistas da nossa história, tornamo-nos coadjuvantes dela.

Como forma de análise de suas emoções, pergunte-se:
1) Como você lida com sua raiva, ciúmes, opiniões alheias?
2) Tem pensamentos perturbadores? Como lida com eles?

Nós somos aquilo que fazemos de nós mesmos. Nossa somatória, nossos medos, nossas dores, nossas alegrias, nossas tristezas, nossos rancores e nossos amores.

No final, resultará no que você se permitir!

> "Ser completamente honesto consigo mesmo
> é o melhor esforço que um ser humano pode fazer."
> Sigmund Freud

27

O segredo das alianças poderosas

Atualmente, como já outrora foi descoberto pela universidade de Harvard, um dos requisitos essenciais para se chegar a felicidade é o sentimento advindo dos relacionamentos. Os relacionamentos são solidificados por meio de alianças. Conheça agora, o Segredo das Alianças Poderosas. Esta é a grande sacada. Aprenda a edificar a sua por meio de cinco passos que serão demonstrados nas páginas seguintes

Luís Gonzaga de Oliveira Aguiar

Luís Gonzaga de Oliveira Aguiar

Advogado desde 1984. Tendo sido Professor nas Instituições: Colégio Professor João de Oliveira Gomes, Faculdade de Ciências e Letras de Campo Mourão, (UNESPAR), Faculdade Integrado de Campo Mourão, professor em curso preparatório para delegado da receita federal na cidade de Maringá, e curso preparatório para agentes do INSS em Campo Mourão, época em que fez vários cursos de especialização na área de direito, escola da Magistratura de Maringá e disciplinas no curso de metrado do CESUMAR. Formado em Gestão imobiliária, corretor de imóveis tendo sido empresário neste ramo durante 12 anos, Curso no Centro Educacional Integrado. *Master of Business Administration* (MBA) em Vendas nacionais e internacionais. Palestrante – Curso de Negócios de palestras em São Paulo com Dr. Roberto Shinyashiki turma 2014/2015 e 2015/2016. Curso excelência de Palco com Dr. Roberto Shinyashiki 2015. Curso *Now Experience* com Dr. Roberto Shinyashiki 2016. Treinamentos pelo Instituto Dale Carnegie. Formação e habilitação *Neurocoaching – Programação Neurolinguística – Mentoring* (Instituto Eduardo Shinyashiki), 2017. Formação *Coach* Palestrante – Instituto Marcia Luz – Certificação pela Abracoaches, 2018.

Contatos
luigoaguiar@gmail.com
Facebook: luisgoaguiar
(44) 99108-5811 (WhatsApp)

Você sabe o que é uma aliança poderosa, qual a sua importância, em que consiste e como edificá-la? Você sabia que através de uma aliança poderosa terá um caminho muito mais fácil para realizar seus sonhos, atingir suas metas e concretizar seus objetivos?

Nos dias de hoje, os dados estatísticos são assustadores: índice de suicídio elevadíssimo, a cada 40 segundos uma pessoa ceifa a própria vida; alto índice de depressão, transformando esta na doença do século XXI.

Pessoas vivendo em solidão, na qual o individualismo segue como carro-chefe, causando grandes acidentes de percurso. Pessoas que não sentem paz interior e nada fazem para o seu crescimento espiritual, independentemente de qualquer segmento religioso.

Pessoas afastadas de si, sem amor-próprio, soltam suas próprias mãos, abandonam-se a si, além de sentirem o abandono social causador de dores insuportáveis. Pessoas distantes da família, pais e filhos distantes uns dos outros, irmãos que não convivem, que não se ajudam.

Pessoas que no trabalho convivem um terço do seu dia ao lado de um colega, e nem sequer sabe o nome dele, onde mora, como anda sua vida pessoal, se precisa de algo em que você poderia ajudar. Pessoas que no seu convívio social possuem milhões de amigos nas redes sociais, porém, não tem aquele amigo para olhar nos olhos, abraçar, desabafar sobre os problemas, vivendo próximo das pessoas ausentes e distante das pessoas presentes.

Pessoas que se dizem ricas, mas ricas materialmente e pobres emocionalmente.

Que vida é essa? Que mundo é esse? O mundo do individualismo, onde as pessoas só se sentem fragilizadas, tomam decisões erradas, não realizam sonhos, não atingem metas, não alcançam seus objetivos. Como acabar com isso? Como viver em um mundo melhor? Como ser feliz e ter sucesso?

Construindo alianças poderosas! E qual é o segredo de uma aliança poderosa?

Este segredo vou revelar agora, transformando o que aparentemente é complexo em algo muito simples, como, por exemplo, uma pessoa obesa que deseja emagrecer, e percorre vários caminhos (nutricionista, fisioterapeuta, endocrinologista, professores de educação física, etc.), porém, ao final desta jornada, duas recomendações básicas emergem: fazer exercícios físicos e cuidar da alimentação.

O segredo de uma aliança poderosa consiste em cinco passos. Um método que se você, além de conhecer, colocar em prática irá transformar a sua vida.

Passo 1 – Reconhecer e aceitar a ajuda das pessoas

O grande mestre Jesus construiu uma aliança poderosa, mesmo ciente de que tudo podia, teve a humildade de reconhecer que precisava da ajuda de pessoas; Jesus fez uma aliança poderosa com seus apóstolos e seus discípulos. Todos os líderes, as pessoas que chegam ao topo, sem exceção, têm essa característica: a humildade, procurar e aceitar a ajuda de pessoas. "É através dos outros que o homem se constrói", disse o papa Francisco. É se apoiando em ombros de gigantes que os homens atingem seus objetivos. Desde crianças, fomos construídos pelos outros, quando nascemos, alguém estava ali para nos colocar no mundo, nos nossos primeiros passos, alguém esteve ali para nos levantar quando caímos, nossas primeiras palavras, alguém esteve ali para nos ensinar, e em cada passo da nossa longa caminhada sempre será indispensável a ajuda de pessoas. Muitos não realizam seus sonhos porque, orgulhosos, não estendem as mãos ou não seguram aquelas que lhe são estendidas. A partir do momento que você praticar esse gesto de humildade, reconhecer e aceitar a ajuda de pessoas, seu primeiro passo para construir uma Aliança Poderosa estará dado.

Passo 2 - Escolher as pessoas que vão fazer parte da sua Aliança

Quem já não ouviu aquela frase "Diga-me com quem andas que te direi quem és"? Ou aquela outra, "Diga-me com quem andas que eu te direi onde você vai chegar"? E hoje ouvimos dos nossos mentores: "Você é a média das cinco pessoas com quem você anda". A verdade é que, possuímos o livre-arbítrio, o direito de escolha, portanto, eu posso e devo escolher, saber eleger as pessoas com quem irei me aliar. Se caminho em busca da felicidade, devo procurar pessoas que irão me conduzir nessa direção, nunca ao contrário. Devo saber dizer "não" e "chega" àqueles que estão na contramão dos meus objetivos. Temos que estar antenados, com o radar ligado, ao detectar uma pessoa que nada irá nos acrescentar, que não seja do bem, que não tenha bons princípios, não há porque me aproximar dela. Hoje, muitos jovens trilham o caminho das drogas porque as conheceram por meio de más companhias. As pessoas vencedoras, de sucesso, são seletivas, escolhem muito bem seus aliados. Ninguém é perfeito, ninguém nasce com todos os talentos necessários, muitas vezes temos um projeto, uma meta, um objetivo a ser alcançado que, com certeza, precisamos de ajuda de pessoas e é exatamente nesta hora que o nosso caça-talentos tem que estar ligado. Temos que escolher pessoas que irão suprir nossas falhas ou ausência de aptidões, por exemplo, se quero montar um grande time de futebol, tenho que saber escolher um bom goleiro, um bom meio de campo, um bom atacante. No mercado de trabalho, as pessoas são submetidas a testes, entrevistas, cujo objetivo é a escolha dos melhores. Ao construir sua aliança poderosa selecione, escolha, esteja aliado a pessoas do bem. Cabe ressaltar, ainda, que esta escolha é uma via de mão dupla, você também tem que ser uma pessoa do bem, uma pessoa interessante, que venha agregar valor ao seu aliado, senão a pessoa escolhida não irá aceitar estar ao seu lado, fazer parte da sua aliança. Assim como você procura pessoas para serem seus aliados, os aliados também escolhem e procuram boas pessoas para se aliarem, pois querem aprender, crescer, atingir seus sonhos, suas metas e seus objetivos. É a lei da atração: sendo sempre positivo atrairei pessoas positivas, praticando o bem atrairei pessoas de bem.

Passo 3 - Valorizar os nossos aliados

Para que uma aliança seja poderosa e duradoura é imprescindível que valorizemos os nossos aliados. A partir do momento que você demonstra para o seu aliado, seu colaborador, o valor que ele tem para você, para sua empresa, para sua vida, pode ter certeza de que ele se tornará cada vez melhor. Lembra quando você era criança, jovem, adolescente ou até mesmo já adulto, quando alguém reconheceu uma atitude, uma tarefa que você desempenhou, seu esforço, quando o aplaudiram, o quanto isso foi bom para você, o quanto o incentivou a continuar sua jornada? Se você quer falar em motivação, inspiração, jamais deixe de lado a gratidão e o reconhecimento, esses são os melhores atos de motivação e inspiração que você pode aplicar na sua equipe de trabalho, na sua família, nos seus relacionamentos. No trabalho, eu tenho uma colaboradora que é simplesmente fantástica, antenada. Lembra-se da propaganda da "Bombril - Mil e uma utilidades"? Então, esta é a minha secretária, faz tudo e com muita eficiência. Não posso deixar de valorizar isso, de demonstrar que reconheço o seu valor, e quanto mais eu lhe sou grato, percebo que ela evolui ainda mais. A valorização é o maior combustível para impulsionar as pessoas a crescerem. Essa valorização não é pagamento em dinheiro, é muito mais que isso, é tocar o coração, é fazer com que a emoção do seu aliado seja mobilizada. Muito mais valioso é você tocar o coração do seu colaborador, do seu aliado e não somente seu bolso. Existem valores que são diferentes para as pessoas, pois existem valores universais, que valem aqui ou em qualquer lugar do mundo, falo do valor humano, do valor das pessoas, do valor do ser e não do ter. Valorize quem faz parte de sua aliança, valorize seus familiares, seus colegas de trabalho, seus amigos, assim sua aliança ficará cada vez mais poderosa.

Passo 4 - Comunicação

A comunicação em uma aliança poderosa deve ser empática, ou seja, as pessoas devem se colocar uma no lugar das outras. Devemos adotar o tripé da comunicação, S.E.R. (S = síntese; E = específico; R = razoável); a comunicação não precisa ser longa, demorada, deve ser específica para não haver divergências e razoável, é preciso entender o porquê daquilo estar sendo falado ou comunicado. Muitas famílias, empresas e amizades são destruídas em virtude da ausência ou do erro na forma de se comunicar. Uns gritam, outros silenciam, uns falam demais, outros de menos, uns dizem o que sentem, outros não sabem se expressar, uns entendem, outros interpretam equivocadamente, e assim aos poucos ou de uma só vez desmorona uma aliança poderosa. A regra de ouro "tratar os outros como gostaria de ser tratado" deve imperar a todo instante. Você gosta que gritem com você? Então não grite com os outros. Você gosta que lhe digam coisas que você não consegue entender? Então não faça isso com os outros. Você gosta que falem mal de você, que o critiquem, que o julguem?

Então não faça isso com os outros. A comunicação, muitas vezes, deve ser uníssona, que chegue a quem tem que chegar de forma clara, objetiva e em tempo igual para todos, evitando distorções, contradições, o que causa um sentido totalmente diferente do pretendido. Lembra-se da brincadeira de infância do telefone sem fio? Pois bem, vamos cuidar da maneira como estamos nos comunicando. Quando você, pai, você, mãe, for falar com seu filho, não mande recado, olhe nos olhos, "tête-à-tête", e diga o que tem de ser dito. E se por alguns momentos não tiver o que dizer, chame seu filho, deixe-o próximo, olhe nos olhos dele e mostre o quanto o ama nem que seja em um simples abraço. Nunca deixe que a ausência de comunicação faça-o pensar que não é amado ou valorizado. Faça isso com todos aqueles com quem você convive. Alianças poderosas são alimentadas com comunicação poderosa. Por outro lado, não podemos jamais nos esquecer de que uma das formas vitoriosas e fortes da comunicação é o silêncio. Nunca fale, nunca se comunique por impulso, muitos relacionamentos são destruídos diante das reações que temos exatamente nos 30 (trinta) segundos que seguem a ofensa recebida. Palavras ferem, machucam, traumatizam, ficam registradas na memória do ofendido eternamente. O silêncio é uma das formas inteligentes de comunicação. E para solidificar, concretizar uma aliança poderosa, vamos ao quinto passo.

Passo 5 – Lealdade

É preciso sonhar, sentir e ter esperança. Quem não sonha perde a vontade de viver, mas para realizarmos nossos sonhos, precisamos construir alianças poderosas, e para isso o fundamental é a lealdade. Precisamos de pessoas leais, que nos ajudem a realizar nossos sonhos e nunca destruí-los ou nos fazer desistir. Queremos e precisamos de pessoas que sirvam para alavancar nossos objetivos, que alimentem nossos sonhos, que também acreditem neles. Há momentos em que enfrentamos obstáculos, adversidades, vontade de desistir, e, por ora, pode haver alguém que nos estimule a fazer isso. Neste momento, não hesite, abandone o seu aliado, mas jamais desista dos seus sonhos. O seu aliado não terá sido leal com você. Hoje é difícil acreditar, confiar na lealdade das pessoas, porém, sem confiança e lealdade nossos sonhos não se realizam. O universo conspira a favor do bem, mas é preciso que as energias sigam um mesmo caminho, um mesmo objetivo, vibrações de discórdia advindas de pessoas desleais irão atrapalhar, por isso precisam ser evitada. Se dou início a um relacionamento, se contrato um colaborador, se vou para o mundo dos negócios, é preciso acreditar e estar acobertado por lealdade. É difícil, mas temos que acreditar que até que provem o contrário, existem pessoas leais, esta crença tem que ser praticada. Não é porque uma pessoa foi desleal com você que as outras também serão. Ter apoio de pessoas leais é ser amparado por ombros de gigantes, você cria força, e seus objetivos, suas metas e seus sonhos serão alcançados. Ao contrário, se você não vê, não crê na lealdade, se isola e se distancia do seu sonho. Na vida são felizes os que são leais. Os pais que são leais com os filhos, além de pais, são amigos, confidentes, vivem uma verdadeira história de amor com eles. Nos relacionamentos amorosos, nos quais existe lealdade, as desavenças se afastam, os sofrimentos e as mágoas se distanciam ou até mesmo não existem. Durante anos como advogado, atendendo e ouvindo pessoas, a grande causa, o ponto-chave do fim dos relacionamentos entre homens e mulheres, pais e filhos, empregadores e empregados, entre seres humanos, foi a ausência de lealdade.

Recordo-me que quando criança meus melhores momentos de felicidades foram aqueles em que estava rodeado de pessoas em casa, na escola, no trabalho. Aprendi desde pequeno a importância de uma aliança poderosa.

Por isso, se você quer ser um realizador de sonhos, construa uma aliança poderosa, siga os passos acima, pense, reflita e aja.

Este é o segredo das alianças poderosas, o caminho para o sucesso e a felicidade.

28

Strategic thinking for business
Planejar para revolucionar

Conceber um negócio com proposta de valor inovadora ou protagonizar sua renovação exige flexibilidade, atenção às tendências emergentes e direcionamento estratégico assertivo. Sobretudo em um momento de transformação digital vertiginosa, alavancada por tecnologias disruptivas. Se não existem fórmulas mágicas para viabilizar um empreendimento, estratégias eficazes podem fazer toda a diferença

Luiz Alberto Marchetti Maia

Luiz Alberto Marchetti Maia

Pós-graduado em Planejamento Urbano (Politécnico di Milano). MBA em Tecnologia da Informação (Universidade de São Paulo, FEA). MBA em *Management Development* (University of Navarra, IESE). Graduado em Arquitetura e Urbanismo (Universidade Mackenzie). Especializado em Planejamento e Direção Estratégica (University of California, Berkeley); Gestão Empresarial (FGV); Administração de Instituições Financeiras (FIPE) e Liderança (Amana-Key). Ampla experiência em análise de negócios, arquitetura de soluções, tecnologia da informação, design, planejamento e gestão estratégica, para as organizações Bradesco, Metrô de São Paulo, Dow Química, CET e outras empresas no Brasil e exterior. Atua também como professor titular dos cursos de pós-graduação em Gestão Estratégica de Negócios, *Business Intelligence & Analytics*, *Big Data (Data Science)*, Arquitetura de Soluções, Gestão por Processos e Análise de Negócios – *Business Partner* (FIAP).

Contatos
www.linkedin.com/in/MarchettiMaia
lbetomaia@gmail.com

> "Quem não sabe o que quer, quando encontra não percebe."
> Provérbio chinês

O consenso geral de que as mudanças acontecerão em ritmo cada vez mais acelerado pode induzir as pessoas a deixarem de lado o hábito de planejar. Afinal, para que propor estratégias, se tudo se altera em ritmo exponencial? E aí, planejamento estratégico pode ser confundido com exercício para apenas fornecer convenientes declarações de fachada. Reforçando essa percepção, a todo momento surgem ideias "inovadoras" para as mais novas "prioridades" ou receitas prontas para gestores premidos por resultados instantâneos. Quando, porém, a cultura do planejamento, baseada em apropriada análise de ambiente e propósito inspirador, resulta em compromisso dos agentes da mudança com objetivos claros, faz com que meros desejos se convertam em estratégias consistentes. Assim, o ato de se planejar para uma ação eficaz ganha atenção de pessoas engajadas na transformação da realidade e de empresas desafiadas a viabilizarem planos complexos. E ao assumir tal postura, podem exercitar o pensamento estratégico para evoluir ou revolucionar qualquer negócio.

Processos de planejamento e gestão

Planejamento estratégico não é fim, é meio. Não é trilho, é trilha. Dentre inúmeras definições, pode-se considerar como sendo um processo para a concepção de direcionadores extraídos do propósito de uma organização e orientadas à implementação de seus objetivos, por meio de eficazes processos para a gestão da estratégia e de projetos.

Existem inúmeras possibilidades para o processo de planejamento estratégico corporativo. Neste artigo, são apresentadas 10 abordagens entendidas como válidas para uma declaração de propósito adequada, análise de ambiente consistente e concepção de estratégias viáveis.

Veja no código ao lado uma figura que traz um exemplo de processo de planejamento:

Declaração de propósito: 1. Valores, 2. Visão e 3. Missão
Em geral conceitos surgem, desaparecem, alternam-se, evoluem. De simples teoremas às mais sofisticadas teorias, das mais diversas naturezas. Em comum, invariavelmente, buscam enquadrar a realidade ou instigar sua transformação. No campo do planejamento e gestão estratégica, não é diferente. Valores, missão, visão, posicionamento, proposta de valor, propósito e tantos outros termos, em certa medida, trazem à luz a essência das instituições, abstraindo-se desta afirmação vertentes mais "apaixonadas", que por vezes tentam insuflar alguma "nova" formulação, em detrimento de outra.

Especificamente propósito, mais que um novo conceito, busca amalgamar outros, já consagrados. Emana dos valores, enquanto reflete aquilo que nasce da alma de uma organização. Importa da missão a fonte que inspira sua existência, expressando o impacto que causa na vida das pessoas. E ajuda a desvendar sua visão, enquanto traz embutido o sonho original que mostra para onde ela está indo.

Se no âmbito privado propósito é o que dá sentido à vida dos indivíduos, movendo-os à frente, para as corporações exprime a declaração de como desejam colaborar para a sociedade e o que seria perdido se tal contribuição deixasse de ser dada. Sendo o elemento da estratégia voltado à demanda do negócio, reflete a proposta de valor para os clientes.

Uma vez que os valores indicam a essência da cultura de uma empresa, guiando suas decisões, a visão dá forma ao futuro, apontando aonde ela quer chegar, e a missão identifica o que ela faz para chegar lá, ao se debruçar apropriadamente nestes conceitos, estará se revelando o propósito de uma entidade ou, simplesmente, sua razão de ser. O domínio destes conceitos, somado à compreensão do ambiente onde as pessoas e suas organizações se inserem é um importante passo para a concepção de propostas alinhadas ao propósito transformador, com alto potencial para criação de valor de maneira sustentável.

Análise do ambiente: 4. Forças competitivas
"A concorrência em um setor depende de cinco forças competitivas básicas: rivalidade entre os concorrentes, ameaça de novos entrantes e de produtos ou serviços substitutos, poder de negociação dos fornecedores e dos clientes". A obra de Michael Porter, um dos maiores expoentes em estratégia da atualidade, não apenas fundamenta com excelência as análises do ambiente competitivo, mas inspira diversos pesquisadores em estudos sobre como a rápida transformação das for-

ças competitivas vem impactando os negócios. A convicção de que competição estratégica significa escolher um caminho diferente – competir para criar um valor único e não para ser o melhor, abre espaço para todos. Mas, há de se observar as evidências da análise das cinco forças, isto é: o que torna uma empresa vulnerável a seus concorrentes, novos entrantes e produtos ou serviços substitutos; o poder de negociação dos fornecedores, que preferem embolsar mais entregando menos, e dos clientes, que brigam para pagar menos e receber mais; e os parâmetros para se medir desempenho superior na competição.

A boa notícia é a de que trabalhos realizados para organizações das mais diversas naturezas e regiões mostram que a estrutura de um setor está sob influência das mesmas cinco forças, por mais diferentes que os setores sejam na superfície. Ela também tende a ser bem estável ao longo do tempo, ainda que os negócios mudem. E, finalmente, a estrutura dos setores indica de forma inequívoca como neles cria-se e compartilha-se valor, determinando como pode-se auferir lucro.

Por determinar o grau de competitividade de um setor, a rivalidade entre os concorrentes, exercida por adversários diretos, é tida como a mais significativa das cinco forças. Já a ameaça de novos entrantes, que por trazerem capacidades inéditas podem redefinir padrões de consumo, é inversamente proporcional às barreiras existentes contra sua entrada. A ameaça dos substitutos decorre de produtos ou serviços que, mesmo com características diferentes, substituem os tradicionais, satisfazendo ou até superando as expectativas dos clientes. O risco de substituição é maior quanto mais favorável é a relação preço/desempenho dos substitutos. O poder de negociação dos fornecedores emerge da concentração e da pressão que exercem sobre os compradores com pequena participação em seu faturamento. Já a força dos clientes tem origem no fato de poderem ou não aceitar os preços praticados e aumenta quando suas compras são grandes. Embora não configure uma força competitiva, a pressão exercida por órgãos reguladores também afeta os setores, por regulamentarem tanto as empresas, como seus fornecedores e clientes.

5. Cadeia de valor

É a sequência de atividades realizadas por uma entidade para projetar, produzir, vender, entregar e dar suporte a produtos ou serviços, refletindo o seu modelo de negócio. Faz parte de um sistema maior de atividades envolvidas na criação de valor, que vai dos fornecedores de insumos ao consumidor final. Como as diferenças de custos ou preços entre concorrentes se originam na execução de centenas de atividades, o exame criterioso da cadeia a qual pertencem permite a identificação daquelas que realmente geram valor para os clientes, resultando em vantagem competitiva para a empresa. Aqui cabe uma reflexão: embora vantagem competitiva venha sendo empregada para qualificar tudo o que uma empresa faz bem e lhe será útil para superar a concorrência, a expressão relaciona-se à criação de valor único. E para gerar valor, o competidor deve ter desempenho superior, resultante de custos menores, poder cobrar preços maiores ou ambos. Trata-se, portanto, de um melhor desempenho financeiro, obtido a partir do foco dado às atividades com maior potencial para gerarem valor. Enquanto as forças competitivas moldam os resultados financeiros de todo um segmento, a vantagem competitiva determina os ganhos financeiros, ou margem, de cada concorrente.

A relevância das atividades varia conforme o segmento da organização. Esta lógica aplica-se, inclusive, para organizações sem fins lucrativos, nas quais deve-se investir em atividades com menores custos de atendimento ou maior valor para seu público. Para facilitar a identificação de tais atividades, Porter propõe um modelo comum à maioria dos negócios, decompondo-o em nove conjuntos de atividades: as primárias – logística de entrada, operações, logística de saída, *marketing*/vendas, serviço pós-venda; e quatro de apoio: infra gerencial, gestão de recursos humanos, desenvolvimento tecnológico e administração da cadeia de fornecimento.

6. Estratégia competitiva genérica

As corporações traçam estratégias específicas para a criação de vantagem competitiva. Mas, segundo Porter, elas derivam de três estratégias genéricas: liderança em custo, diferenciação e foco. As duas primeiras referem-se a um posicionamento para o mercado global, enquanto a terceira é voltada a um nicho específico.

Com a estratégia de liderança em custo são entregues produtos ou serviços ao menor preço possível, mantendo-se a satisfação do cliente. Já na estratégia de diferenciação a empresa enfatiza um atributo de alto valor para o comprador e, buscando atingir desempenho superior nesse quesito, embute um prêmio no preço. Na estratégia competitiva de foco as empresas direcionam seus esforços para um público bem específico, procurando se especializar no atendimento a necessidades peculiares. Nessa estratégia a vantagem competitiva pode ser alcançada tal como ocorre nos outros dois modelos, isto é, reduzindo-se ao mínimo os custos ou ampliando-se ao máximo a diferenciação dos produtos e/ou serviços.

A análise da cadeia de valor de uma empresa fornece subsídios interessantes para a escolha de sua estratégia competitiva. Ao optar, a organização será capaz de situar-se adequadamente frente às forças competitivas, na medida em que poderá delinear sua cultura, aumentar a eficiência de seus processos e evitar conflitos nas decisões.

7. Análise SWOT
É utilizada para identificar fatores facilitadores ou restritores na implementação de objetivos. Os pontos fortes, ou aptidões particulares, e os pontos fracos, debilidades prejudiciais, por serem atributos internos da organização, devem ser potencializados ou anulados diretamente por ela. Já as oportunidades, ou circunstâncias favoráveis, e as ameaças, forças com potencial de comprometerem resultados, são oriundas do ambiente externo. Assim, embora não detenham o controle do ambiente onde estão inseridas, as entidades necessitam se manter "antenadas", de forma a capturar tempestivamente as oportunidades e tratar com a devida cautela as ameaças, a fim de traçarem estratégias de proteção.

Por ser versátil, de simples aplicação e propiciar um diagnóstico 360° do negócio e seu contexto, a metodologia, desde os anos 60, quando foi fundamentada por Albert Humphrey, Kenneth Andrews e Roland Christensen, de Stanford, vem servindo de apoio para a análise de novos produtos, serviços, iniciativas pessoais ou coletivas. Desta forma, com os projetos resultantes de um processo de planejamento, as corporações buscam traçar os caminhos que possam levá-las a seus objetivos via ampliação de seus pontos fortes, eliminação dos pontos fracos, aproveitamento das oportunidades e neutralização das ameaças.

8. Fatores críticos de sucesso
Não representam, necessariamente, algo bom ou ruim, mas são pontos-chave sobre os quais deve recair a maior atenção dos gestores. Bem monitorados sinalizam com acuracidade os riscos e desempenho da instituição. Negligenciados ou ignorados contribuem, e muito, para o seu fracasso. São estabelecidos a partir do correto entendimento do propósito da empresa, tornando-se referências obrigatórias para melhorar sua competitividade.

Concepção da estratégia: 9. Objetivos estratégicos
Como alvos que tornam tangíveis os resultados desejados para se chegar à visão, raramente os objetivos são alcançáveis em um único salto, mas em passos bem definidos, as metas. Para facilitar a definição de objetivos assertivos e a verificação do quanto se avança, podem ser utilizados os conceitos SMART (específico, mensurável, atingível, relevante, temporal) e OKR (objectives and Key Results).

O primeiro, concebido por George Doran em 1981, apresenta os cuidados para se evitar objetivos que possam gerar dupla interpretação ou retrabalho. Um objetivo pode ser considerado específico, quando se refere a algo único, inequívoco. É mensurável se puder ser aferido de forma objetiva. Deve ser atingível e relevante. Finalmente, precisa ser temporal, isto é, ter um prazo.

Já o segundo, instituído por Andy Grove nos anos 90, serve para fixar metas intermediárias que possam balizar a busca de objetivos e sinalizar se serão atingidos. A determinação de metas com o uso de OKR pode fazer a diferença para que se definam os resultados-chave necessários ao alcance de cada objetivo e quais iniciativas serão efetivamente desenvolvidas.

10. Projetos

No processo de planejamento estratégico, projetos podem ser considerados instrumentos com os quais as organizações delineiam estratégias destinadas à viabilização de objetivos alinhados a seu propósito, com o emprego efetivo de recursos.

Como estratégia, está no cerne de tal definição de projeto, partindo-se de sua origem na antiga Grécia, isto é, estratagemas ou ações executadas para se alcançar resultados, para se entender como o conceito aplica-se às corporações. Em meio ao ambiente competitivo, ao se examinar as pesquisas de Porter e seus colegas de Harvard, pode-se considerar estratégia como sendo o conjunto de escolhas integradas de uma empresa, para que alcance desempenho superior face à competição, visando a criação de valor de forma sustentável.

Ao serem concebidos em uma dinâmica de planejamento, os projetos não precisam ser muito detalhados. Basta que comuniquem com clareza a todos os envolvidos no processo as principais atividades, prazos, recursos e resultados planejados. Portanto, devem ser aderentes à cultura corporativa e à prática de gerenciamento de projetos adotada.

Por encerrar uma formulação compartilhada e anteceder a implementação da visão idealizada, o conjunto de projetos, ou plano estratégico, reflete o compromisso coletivo para o qual convergem praticamente todas as proposições defendidas para a organização.

Referências
KIM, Chan e MAUBORGNE, Renée. *A Estratégia do oceano azul*. Rio: Elsevier, 2015.
MAGRETTA, Joan. *Entendendo Michael Porter*. São Paulo: HSM, 2012.
KAPLAN, Robert e NORTON, David. *Balanced scorecard*. Rio: Campus, 1997.
KOTLER, Philip. *Marketing para o século XXI*. São Paulo: Futura, 1999.

29

Mentoria sistêmica

A solução para realização profissional
e empresarial no novo mercado

Marcelo Canal

Marcelo Canal

Mais de 20 anos de experiência na liderança de projetos de mudança de cultura, em empresas líderes de mercado. Presidente da Associação de Mentoria Sistêmica BR. Atuou como líder de RH em diversos segmentos como saúde, bancos e indústrias (Pirelli, Cia Hering, Natura, Grupo Saúde S. Luís e outras). Ampla experiência no alinhamento de líderes diante de estratégias de mudanças. Facilitador em programas de mentoria e *coaching* executivo nos níveis +C. Graduado em administração pela FVG; psicologia pela PUC e mestrado em psicologia social pela USP. MBA em gestão estratégica de RH. Licenciado em *master mentoring* pela NHSE – College UK. Formação em Conselho de Empresas IBGC – Membro de conselhos familiares de negócios. Consultor facilitador em aconselhamento biográfico de carreira – Emerson College England.

Contatos
www.marcelocanal.com.br
marcelo@defato.net
(11) 98371-9719

Estamos vivendo uma grande transformação do cenário do mercado de trabalho e precisamos adquirir os novos modelos de desenvolvimento profissional e de carreira. Fala-se que muitas profissões não existirão mais em menos de dez anos. Mas, o fato é que o perfil de exigência profissional é que está mudando de forma acelerada. Tanto nas empresas, como no mercado de profissionais liberais e autônomos. Se antes buscava-se profissionais com um perfil gerencial formado por carreiras muito longas, hoje a busca está voltada para um perfil que seja mais capaz de empreender a partir de suas próprias iniciativas. E isso tem impactado na reformulação de muitas carreiras e profissões.

Muita gente boa perdeu o emprego e não consegue se recolocar da mesma forma que antes conseguia no mercado. Trata-se de profissionais com histórico de resultados, formação e currículo excelente, simplesmente não encontram novo emprego. Eles ainda não estão entendendo o que está acontecendo com o mercado profissional.

O empreendedorismo passou a ser um pré-requisito para muitas profissões. A notícia boa é que se para ser líder você também precisa de carisma e este é um dom inato da pessoa, no caso do empreendedorismo se aprende. Mas não em escolas comuns. O empreendedorismo se desenvolve em programas de mentoria. E o que é ser um mentor nestes novos tempos: é a arte de estimular o desenvolvimento da carreira baseada na experiência que um profissional disponibiliza para outro. Seguindo passos definidos e promovendo sua autonomia, ampliando horizontes e construindo caminhos. Supera limites! "É uma oportunidade para ampliação do sentido de vida e da carreira".

Por isso, o novo mercado busca líderes-mentores que sejam capaz de acelerar o amadurecimento e o empreendedorismo da sua equipe. Dessa forma, tem surgido cada vez mais as chamadas novas escolas de empreendedorismo. Foi pensando nesta nova necessidade que fomos buscar uma metodologia para formar mentores capaz de atuar com agilidade, precisão e clareza. E, assim, fomos buscar um programa certificado que oferecesse um sistema de qualidade e garantia de resultado. Criamos o *Programa de mentores sistêmicos* para atuar dentro e fora das empresas. Para executivos, terapeutas, advogados, professores, *coaches*, enfim, profissionais que procuram ajudar a mudar a vida de outras pessoas. Uma solução rápida para realização de profissionais e empresários para este novo mercado.

Hoje estamos mudando rapidamente de uma sociedade empresarial formada por gerentes para uma cultura de empresa conectada, liderada por empreendedores. O advento da internet possibilitou que os profissionais se tornassem menos dependentes das hierarquias centrais, geradoras de informações. Isso ocorre na vida em geral e tem repercussão direta nas empresas. O preço acessível das novas tecnologias inverteu a ordem: por vezes, não são mais as empresas que trazem as inovações para as pessoas, e sim as pessoas que trazem para as empresas a sua tecnologia. Instituições, escolas, sala de aula, em casa na família, em toda parte; as pessoas não dependem mais de centros de autoridade para obter informações. Pais, professores e líderes não detêm mais as informações, que agora estão acessíveis nas redes da internet. Tal situação gera nas pessoas muito mais autonomia e independência. A geração mais jovem já nasceu com esta autonomia de acesso aos centros de dados nas nuvens que alimentam redes. Isso aumenta a iniciativa das pessoas para navegarem por si nas redes sociais. O segredo do sucesso hoje está justamente nas formas cooperativas de se trocar informações e se organizar, tanto para produzir conhecimento como para criar possibilidades. As pessoas se conectam e apresentam novidades, gerando uma enorme demanda que precisa de empreendedores para atendê-las. Hoje, os membros de uma equipe, sejam alunos em sala de aula, filhos em casa ou colaboradores de uma equipe de trabalho, não dependem mais do líder, do professor e dos pais para saber das coisas. Apesar de o líder estar num lugar de autoridade, ele não tem mais o poder. Ele não detém mais o controle e nem o acesso à informação. Por outro lado, num mundo repleto de informações, vivemos a maior carência de conhecimento. Temos muito conteúdo, mas não sabemos como lidar com toda a avalanche de informações captadas pela nossa rede social. Estamos despreparados para lidar com esse novo cenário. Pois, a organização do conhecimento é que mudou, indo de um polo do saber, em que pais, professores e chefes se projetavam como representantes da autoridade, para redes interconectadas, por onde flui todo tipo de informação sem qualquer tratamento ou filtro. Estamos vivendo num mundo aberto de possibilidades sem o preparo para essa nova navegação. As universidades, que poderiam oferecer essa nova forma de organização do conhecimento, não estão preparadas. Por mais que tragam a tecnologia para a lousa eletrônica, o modelo de ensino é centrado na figura do professor. E, por isso, as faculdades não estão preparando os novos profissionais para empreenderem nesta nova era. Indo ao encontro desta necessidade, surgem então os chamados "Novos Campus", um fenômeno em muitos países que busca suprir essa ausência de ordem das informações. São programas abertos presenciais coordenados por mentores, que oferecem a habilidade para o desenvolvimento de novas *skills* de seus mentorados, que buscam suprir esta lacuna que as faculdades estão deixando em aberto para eles. A pergunta que se apresenta hoje é: "qual é o curso de faculdade que de fato ensina a empreender de maneira tão prática e pragmática?". O retorno dos investimentos no ensino formal fica cada vez mais distante do pragmatismo dos nossos dias. Num mundo de mudanças rápidas, é preciso superar modelos mentais e ir além para encontrar chaves que nos permitam abrir novas portas para o inovador. Nesse sentido, existem abordagens que auxiliam empresas e profissionais com melhor eficiência nesses processos. A mentoria é o exemplo, pois diferente do *coaching*, que busca ajustar a vida aos seus objetivos profissionais, a mentoria alinha seus objetivos ao novo sentido de vida e carreira. O papel do mentor, neste processo, em muito se assemelha ao papel do novo líder facilitador das relações, estimulando iniciativas práticas. Na sociedade da era do empreendedorismo, precisamos estar abertos para uma nova forma de aprendizado, pois é preciso aprender a ser empreendedor, aprender a conviver em redes conectadas, aprender a organizar a informação para, então, aprender a criar novas soluções.

Mas, afinal, o que é ser mentor?
Mentor é alguém que transmite experiência e compartilha visão com um colega sobre ela. O mentor não é um professor que ensina conteúdos, mas alguém que desperta o potencial interno do seu mentorado.

Nesse sentido, podemos reconhecer que a mentoria faz parte da nossa história natural. A mentoria é parte de nossa biografia. Está relacionada ao nosso sentido de vida. Para o mentor, é fruto de seu legado. Conhecimento que podemos disponibilizar por meio da nossa experiência de vida e que vai muito além de um simples conselho profissional.

A mentoria, por um lado, é uma arte de amadurecimento e de habilidades, mas por outro é uma ciência, pois suas técnicas podem ser pré-definidas e por isto podem ser controladas. Como arte, é a habilidade de estimular o desenvolvimento de uma pessoa, baseada na experiência que um profissional disponibiliza para outro. E como ciência é uma metodologia que se aprende e se pode fazer uso de instrumentos conscientes, permitindo o contínuo aperfeiçoamento. Assim, a mentoria como técnica aprendida, segue passos bem definidos que promovem a autonomia do mentorado, amplia seus horizontes de vida e identifica caminhos que fortalecem o seu sentido de vida da carreira.

O mentor e seu legado
Toda organização social possui esses três princípios que regem o seu bom funcionamento:

1. O princípio de pertinência.
2. O princípio de ordem.
3. O princípio de equilíbrio.

No princípio de pertinência, compreende-se que todo mundo tem o direito de pertencer ao sistema. Então, o mentorado precisa responder se ele quer ou não pertencer ao sistema, à organização, à profissão, ao grupo social. Então, precisa dizer: onde ele quer estar?

No princípio de ordem, o mentorado precisa responder: como ele quer estar lá? Que lugar ele ocupa na hierarquia, na linha de autoridade ou na linha de notoriedade, isto é cargo, função de conhecimento e tempo de experiência.

No princípio de equilíbrio, o mentor deve responder qual é a finalidade da atividade que o mentorado foi contratado. Para qual causa ele deve atuar? Ele verifica se a dinâmica decorre de um desequilíbrio entre o dar e o receber. O que devo entregar e o que devo receber por isso. O fluxo do trabalho é regido por relações de trocas entre o colaborador e a organização.

Todas as partes que participam de um mesmo sistema criam entre si uma relação de pertencimento, seguem uma ordem e estabelecem uma relação de troca entre si. Esta é a essência do princípio sistêmico aplicado à mentoria. Isto é, o que se quer dizer com as palavras de que cada um de nós é um oceano inteiro numa gota. Por isso, a mentoria sistêmica afirma que "Nós não são uma gota no oceano. Somos sim, um oceano inteiro numa gota. Tudo que está acontecendo no mundo tem uma repercussão em cada um de nós. O ser humano não é uma ilha isolada do resto".

Enfim, estamos despreparados para lidar com este novo cenário. Se não há barreiras externas, o maior desafio da vida é superar barreiras internas. E isso não se consegue fazer sozinho.

O modelo de funcionamento da *Mentoria sistêmica* não é apenas entender o que está acontecendo fora de você, mas também o que está acontecendo dentro de você e entre você e o seu mentor. E também entender o que você vai ter que fazer dentro de si para realizar o que está almejando alcançar.

As diferenças na forma de atuação entre o mentor e outras abordagens de desenvolvimento
Podemos compreender a diferença entre o trabalho do professor e do mentor, na medida em que o professore está voltado para a aquisição de um determinado conteúdo da aprendizagem técnica e

de conhecimento. Já o *coach* está mais voltado para o despertar para uma habilidade comportamental. Nisso, começamos a ver a diferença essencial do trabalho entre o *coach* e o mentor.

Pois os processos, a partir do ponto de vista do mentor o que o diferencia dos demais, estão relacionados ao sentido de vida e da construção de identidade pessoal: se no trabalho do *coach* a solicitação pode ser para que o profissional adquira um novo conhecimento, uma nova habilidade ou uma nova atitude em relação a determinado fator de seu desenvolvimento profissional. O chamado Perfil CHA.

O processo de mentoria, inclui uma compreensão do sentido de vida e carreira do seu mentorado, ou seja, não é só a nova aquisição, mas onde isso vai levá-lo. Como isso vai modificar as suas relações e para que causa irá aproximá-lo mais da finalidade maior de sua vida, então o mentor amplia o Perfil CHA para o Perfil CHAID. Ou seja, o mentor está atento para a construção da Identidade e da Direção de vida e de carreira do seu mentorado.

Considerando o Perfil CHAID, são estes os cinco aprendizados do programa da mentoria sistêmica:

- O aprender a ser.
- O aprender a conviver.
- O aprender a aprender.
- O aprender a fazer.
- O aprender a transformar.

Todo organismo vivo está em contínua transformação. O processo da mentoria inclui em suas tarefas o despertar no mentorado para o seu contínuo autodesenvolvimento. Isso inclui considerar tudo que vem depois do novo aprendizado. A carreira passa por ciclos de evoluções e, em cada novo ciclo que se completa, precisamos nos transformar para as novas exigências. E, para isso, precisamos nos reinventar. Não só para acompanhar o mundo que está em contínua transformação social e tecnológica, mas para corresponder às novas necessidades biográficas de nossa carreira.

Para concluir precisamos falar da escola de Mentoria Sistêmica do Brasil e dos programas de certificação internacional. Tratam-se de programas voltados para pessoas que queiram transformar a sua atuação e ajudar a transformar a vida dos outros!

Os objetivos principais
O programa de formação que desenvolvemos é voltado para pessoas que queiram transformar a sua atuação e ajudar a transformar a vida dos outros!

Seus objetivos se voltam para:
• Ampliar a visão das oportunidades de resultados diante dos novos mercados.
• Acelerar o processo de assimilação da metodologia e o uso das técnicas da mentoria sistêmica para o seu cliente.
• Tornar consciente o uso de instrumentos e recursos na atividade de mentoria junto ao seu cliente.

Os programas estão voltados para profissionais e empresas que queiram subir para o próximo nível de seus resultados. São advogados, médicos, fisioterapeutas empresários, atletas, terapeutas, profissionais de multinível, *coaches*, publicitários, palestrantes, além de gestores de empresas e instituições.

Mas, também, para aqueles que tenham experiências para transmitir a quem está começando ou transformando sua atividade! Profissionais autônomos e outros.

Como se desenvolvem esses programas?
• 100% prático na aplicação das ferramentas em *cases*.
• Cada módulo com enfoque específico, abordagem integral e vivencial.
• O aprendizado acontece a partir das práticas e dos exercícios realizados nos trabalhos.

O programa de licenciado qualifica o profissional para atender o seu mentorado diante das questões sistêmicas de desenvolvimento profissional relacionado ao sentido biográfico profissional, a gestão de carreira, a formulação de propósito de vida e missão, a gestão estratégica de equipe, a liderança transformacional, empreendedorismo e outros.

Referências
DRUCKER, Peter F. *O líder do futuro* / editores Frances Hesselbein, Marshall Goldsmith, Richard Bechhard; organização The Peter F. Drucker Foundation;tradução Cynthia Azevedo. – São Paulo: Futura, 1996.
OHMAE, Kenichi. *O novo palco da economia global: desafios e oportunidades em um mundo sem fronteiras* / Kenichi Ohmae: tradução Werner Loeffler. – Porto Alegre: Bookman, 2006.
OUCHI, William G. *Sociedade M: a força do trabalho em equipe*/ Willian G. Ouchi; tradução Auriphebo Berrance Simões. – São Paulo: Nobel, 1985.
RIFKIN,Jeremy. *O fim dos empregos: o declínio inevitável dos níveis dos empregos e a redução da força global de trabalho* / Jeremy Rifkin; tradução Ruth Gabriela Bahr; revisão técnica Luiz Carlos Merege. – São Paulo: Makron Books, 1995
SCHWARTZ,Peter. *A arte da previsão: planejando o futuro em um mundo de incertezas*. Trad. De Alana Madureira. São Paulo: ed. Scritta.
TOFFLER,Alvin. *O choque do futuro* / Alvin Toffler; tradução de Marco Aurélio de Moura Matos. – São Cristóvão – Rio: Editora Artenova, 1973.
TALEB, Nassim Nicholas. *A lógica do cisne negro* / O Impacto Do Altamente Improvável; Autor: Editora: BEST SELLER: Edição – 2008.

30

Hackeando sua mente

Como reconhecer, criar ou atualizar os seus *softwares* mentais pode ajudá-lo a usar sua mente de forma funcional para superar seus obstáculos e atingir seus objetivos desejados. Seja bem-vindo a este passeio de conhecimentos e dicas para você revolucionar a sua própria caminhada, *hackeando* sua mente e comemorando os sucessos obtidos

Mario Takeda

Mario Takeda

Treinador licenciado de PNL (Programação Neurolinguística) pela *The Society of NLP™*, nomeado diretamente por Dr. Richard Bandler, um dos criadores da PNL. Atua como *Mind Coach*, auxiliando no aprimoramento da inteligência emocional de seus *coachees* para atingirem e conquistarem seus objetivos. Outras formações: *Licensed* NLP™ *Coach* pela *The Society of NLP™*, Hipnose Clínica e Terapêutica pela A.I.H.C.E (Espanha), *Master* em Terapia Breve pela Aurora Vita, Micro *Expressions – Expert Level* pela Paul Eckman *Group*, *Patterns of Physical Transformation*, Reiki II – Mikao Usui, Access the Bars. Também ministra outros treinamentos com PNL, *workshops* e palestras comportamentais.

Contatos
www.mariotakeda.com.br
contato@mariotakeda.com.br

Estávamos em maio de 2006, era para ser mais um final de semana em Londrina com minha esposa e filha como de costume. Porém, aquele final de semana, em específico, foi diferente; um pouco antes de deitarmos conversávamos sobre a semana, foi quando minha esposa disse: "Amor, eu te inscrevi para um treinamento no próximo final de semana, mas não posso te dar mais detalhes, e antes que você me responda gostaria que você fizesse, porque vai ajudar muito você e também o nosso casamento".

Pronto, ao ouvir aquelas últimas palavras, confesso que meus pensamentos congelaram e simplesmente respondi que sim. Ao deitar na cama, minha mente começou a imaginar várias coisas e situações do que poderia ser esse treinamento e internamente me questionava: "Por quê? Para quê?", isso se repetiu durante praticamente todos os dias até o final de semana chegar.

Ao final do treinamento, confesso que as experiências e os aprendizados foram maravilhosos e, a partir daquele momento, comecei o meu processo de revolução, o qual escrevo aqui e compartilho com vocês, dando dicas que foram fundamentais em meu caminho. E a primeira delas é comemorar cada sucesso alcançado. Como vocês puderam ler no resumo, eu utilizei o termo *"Hackeando* sua mente" devido a minha experiência profissional com TI, mas hoje atuo como treinador de PNL (Programação Neurolinguística) licenciado, além de fazer atendimentos como *Mind Coach* para ajudar as pessoas a conhecerem suas próprias programações e, se necessário, realizarem *updates* para serem suas versões melhoradas, superarem obstáculos e atingirem os objetivos desejados.

Mas tudo começou em 2004, morávamos em Londrina, e eu estava insatisfeito com a remuneração baixa que recebia, mal conseguia pagar as contas, foi quando comecei a me perguntar: "Que mais posso fazer para levantar aumentar a receita e ajudar dentro de casa?". Então obtive algumas respostas e resolvi entrar em ação com minha dupla jornada. Trabalhava na empresa durante o horário comercial, e após o expediente comecei a dar aulas de informática, fechei alguns projetos de *sites* e sistemas, além de realizar manutenções em computadores e redes de empresas ou domicílios.

Diante da quantidade de demandas que eu já estava atendendo e o surgimento de novas, a ideia de abrir uma empresa e me dedicar exclusivamente a ela parecia ser muito promissora, então deixei o emprego anterior e passei a empreender em minha própria empresa.

A princípio, tudo parecia ir muito bem, inclusive o meu pró-labore já era superior ao que recebia como empregado. Logo, como empreendedor, realizei naquela época alguns cursos oferecidos pelo Sebrae e lia alguns livros, e lembro-me de um livro chamado *Falar bem é fácil*, no qual tive meu primeiro contato com a metodologia que também era conhecida como a tríade da competência, denominada de metodologia do CHA.

Este acrônimo significa:

- Conhecimento: o saber teórico. É o capital intelectual aprendido através de cursos, livros, etc.
- Habilidade: o saber fazer, é o conhecimento teórico aplicado na prática.
- Atitude: a ação, é o ato de colocar em prática os conhecimentos e habilidades que possui.

Com os conhecimentos adquiridos, coloquei minha atitude em ação e criei uma planilha para identificar a minha tríade de competências existentes e o que eu poderia adquirir para prosperar no meu próprio negócio. Confesso que o desafio de trabalhar sozinho no meu empreendimento era gerenciar os vários papéis e atividades que precisam ser realizados e dentro do tempo que temos. Eu tinha que exercer atividades de vendas, *marketing*, administração, contábil, desenvolvedor, suporte, entre outros, e ainda manter todos os serviços com a mesma qualidade e entregues no prazo acordado.

Isso me exigiu um alto grau de gestão e dedicação. Infelizmente, algum tempo depois, diante talvez da falta de experiência em empreender, da ausência de produtos e de um plano de negócio mais específico, fui surpreendido por um risco que não havia calculado e que afetou em diversas áreas da empresa e da minha vida; foram desde problemas financeiros, emocionais e físicos à instabilidade no meu casamento.

A partir daquele momento, eu tinha que fazer uma escolha ou tudo poderia desmoronar. As melhores opções que tinha, naquela época, era fechar a empresa e ir trabalhar sozinho no Japão ou voltar sozinho para São Paulo e procurar uma nova oportunidade na área de TI. Após uma longa conversa com minha esposa, nós escolhemos em comum acordo de que eu iria voltar para São Paulo sozinho para trabalhar com TI, até conseguirmos retomar o equilíbrio financeiro para que voltássemos a morar todos juntos novamente.

Durante os dois anos seguintes, minha rotina era pegar o ônibus e seguir o trajeto São Paulo/Londrina/São Paulo aos finais de semana para ficar junto de minha esposa e filha, e durante a semana minha rotina era trabalhar, trabalhar e academia.

Num belo final de semana, fui participar daquele treinamento que minha esposa me inscreveu e que relatei no início deste texto. Lembro-me de sentir diversas sensações antes do evento começar, e a única frase que vinha a minha mente era: "... vai ajudar muito você e também o nosso casamento".

Confesso que foi uma jornada de autoconhecimento extremamente importante para que eu pudesse perceber realmente quem eu estava sendo e sair daquela "vida de zumbi" que eu vivia e que muitos ainda vivem. Refiro-me ao termo "zumbis" para aquelas pessoas que vivem no automático, querendo se enquadrar no que a sociedade, a família ou os amigos impõem para que sejamos aceitos, fazendo-nos sujeitar a viver num determinado padrão de comportamento. Alguns nem percebem e "vivem" no piloto automático.

Enfim, nesta jornada de autoconhecimento, pude descobrir meus medos, destravar meus bloqueios da mente inconsciente e, a partir daquele momento, decidi quem eu seria e viveria mais conscientemente a minha vida sem querer agradar os outros. Metaforicamente dizendo, eu desinstalei os *softwares* que não usava mais e só estava consumindo espaço na minha mente, além de desinstalar também os *softwares* que não me ajudavam. Passei também um antivírus para eliminar os vírus invisíveis da minha mente e mantive apenas os *softwares* que faziam a minha mente funcionar corretamente.

A principal lição aprendida foi identificar meu próprio eu, minha própria autoimagem.

Nossa autoimagem é construída desde pequeno com forte influência de nossos pais, professores e pessoas que adotamos como referência para nós, e, por isso, um elogio ou uma crítica pode afetar diretamente nossa autoimagem. Algumas pesquisas dizem que a maioria dos adolescentes de mais ou menos 14 anos de idade possuem uma autoimagem ruim devido a "confusões" que se passam na mente deles nessa fase e isso poderá acompanhá-los até a fase adulta, gerando as inseguranças, medos, confrontos etc.

Reconhecer sua autoimagem, seja ela positiva ou negativa, é primordial para que você saiba determinar posteriormente qual será a sua verdadeira autoimagem.

Mais à frente, você encontrará um exercício (quem sou) para descobrir qual a sua verdadeira autoimagem, você descobrirá se é quem de fato é, ou quem você tem medo de ser ou se está fingindo ser alguém que não é.

Talvez você tenha ficado um pouco confuso, mas ao fazer o exercício tudo ficará mais claro.

Após essa jornada e executando meus planos de ação, não demorou muito e no início de 2008 estávamos todos morando novamente juntos em São Paulo e com a vida financeira em equilíbrio. No trabalho, devido ao processo de *coaching* de carreira, minha evolução e os retornos foram acontecendo constantemente.

Revolução 2

Passei por diversas empresas excelentes e consegui concluir minha tão sonhada pós-graduação no ITA (Instituto Tecnológico de Aeronáutica) e conquistar diversas certificações na área. Publiquei, inclusive, um artigo científico num congresso internacional de TI. Durante esse período, pude fazer minha primeira formação em PNL (Programação Neurolinguística) me tornando um *Licensed Practitioner of NLP*™ pela *The Society of NLP*™.

Para quem não conhece, a PNL é conhecida por muitos como o "manual da mente", mas nas palavras de Dr. Richard Bandler®, que é um dos criadores, a PNL é definida como:

"O estudo da estrutura da experiência subjetiva, o que pode ser deduzido e predito por ela já que se crê que todo o comportamento tem uma estrutura".

Resumindo, a PNL é uma metadisciplina em que você aprende a entender como as memórias ou imagens mentais são criadas, estruturadas e processadas através do uso da sua linguagem (verbal ou não verbal). Ao entender essa programação que você usa e como ela impacta a sua neurologia, você se torna consciente dos seus comportamentos e emoções (funcionais e não funcionais), e isso possibilita que as mudanças necessárias sejam realizadas para viver melhor, podendo, inclusive, quebrar crenças, dominar medos, ressignificar memórias disfuncionais do passado, comunicar-se melhor, ser mais persuasivo, entre outros benefícios que a PNL pode oferecer para a pessoa e o profissional. Outro grande benefício da PNL e que nos permite entender as programações que as pessoas tinham e que as levavam ao sucesso é conhecido como "modelagem". A modelagem de um comportamento de sucesso consiste no levantamento de informações como, por exemplo: qual o tipo de linguagem (verbal e não verbal) é utilizado, quais são as estratégias de pensamento e sensações, além dos motivadores e clareza do objetivo.

Revolução 3

Por isso, preciso deixar claro que modelar pessoas de sucesso não significa simplesmente imitar gestos, usar de mesmas vestimentas e falar de modo igual, como algumas pessoas dizem por aí, isso é simplesmente copiar e não modelar.

Um dos aprendizados da PNL que me ajudou muito a definir meu novo caminho e as estratégias de sucesso para chegar onde estou hoje foi a "Boa Formulação de Objetivos". Mais à frente, você vai encontrar um exercício (meu objetivo) que se utiliza dessa técnica para que você possa definir seu objetivo de maneira mais específica.

A partir de então, entrei novamente em ação em direção ao meu novo objetivo utilizando as estratégias criadas, e atento aos eventuais possíveis riscos. Participei de outras formações como: *coaching*, hipnose na prática, treinador e analista comportamental, palestrante, hipnose terapêutica, *reiki*, microexpressões faciais, entre outras, além de realizar atendimentos como *coach* e terapeuta. Alguns anos mais tarde nesta dupla jornada, pude escolher me dedicar exclusivamente ao que considero hoje como minha missão, que é revolucionar e potencializar vidas.

Tornei-me treinador licenciado de PNL, sendo nomeado diretamente pelo Dr. Richard Bandler®. Atualmente no Brasil, temos apenas 11 treinadores licenciados e autorizados a certificar pessoas pela *The Society of NLP*™.

Hoje, além dos meus atendimentos, mentorias e palestras, realizo as formações de PNL (*Practitioner e Master Practitioner*) e continuarei fazendo tudo isso por muitos anos para que tenhamos um grupo cada vez maior de pessoas que saibam viver suas vidas intensamente, com todo o seu potencial de vida e fazendo boas escolhas. Assim, eu acredito que passo a passo, conseguiremos gerar a melhor revolução no mundo de cada pessoa.

Revolução 4

Exercício – Quem sou?

Este exercício tem como objetivo despertar a consciência da autoimagem que você tem atualmente e identificar se realmente ela é a sua verdadeira autoimagem. Não existe certo ou errado, apenas reflita sobre suas respostas.

1) Seu eu mentiroso?
Esta é uma versão fingida do seu "eu" porque ela encobre quem você tem medo de ser, mas também não é quem você realmente quer ser. Para identificar se você está vivendo mais dentro do "eu mentiroso", responda as seguintes perguntas:
a) Como você gosta de ser visto?
b) Que traços da sua personalidade você espera que as pessoas percebam em você primeiro?
c) Que traço é o mais importante que as pessoas saibam de você?
d) Se a sua vida estivesse tentando provar algo sobre você, o que seria?

2) Seu eu medroso?
Esta é a versão medrosa do seu "eu", ou seja, significa que qualquer expressão que elicie um traço negativo seu, mesmo que inicialmente você não concorde, ainda irá trazer algum incômodo, porque é exatamente o que teme ser verdade.
Nesta versão, você poderá ter que encarar seus próprios medos e isso é exatamente o que está evitando em boa parte da sua vida. Apenas identifique honestamente e então estará pronto para livrar-se deles.
a) Qual é o oposto de cada um dos traços do seu eu medroso?
b) Quais dos seus segredos serão descobertos somente depois de sua morte?
c) Quais são os traços daquela pessoa que você menos gosta e por quê? (Muitas vezes, o que menos gostamos numa pessoa pode ser o que tememos ser.)

3) Seu eu verdadeiro?
Esta é a sua verdadeira versão e que permitirá que viva de maneira intensa, poderosa, honesta e com muito mais amor e autenticidade.
As seguintes perguntas abaixo irão te ajudar:
Quem você realmente é desperta a sensação de querer viver e fazer algo a mais?

Quem você é quando ninguém está olhando?
O que você faria de maneira diferente se sentisse totalmente seguro de si?
Quem você seria se vivesse sem nenhum medo?

Exercício – Meu objetivo?

Neste exercício vamos trabalhar na especificação de seus objetivos usando da "Boa Formulação de Objetivos" da PNL, para que você consiga criar um bom plano de ação e dentro das quatro regras abaixo.

Seu objetivo precisa:
1) Ser escrito de forma clara, específica e positiva. Em vez de escrever "não quero ficar desempregado", escreva "quero trabalhar como palestrante motivacional até dezembro de 2017 realizando uma palestra por dia e recebendo o valor de R$ 20.000,00 por palestra". Esse detalhamento é essencial para que a sua mente entenda clara e especificamente o que é este objetivo.

2) Ser iniciado e mantido por você. Significa que apenas você é o responsável por agir e reagir em busca do seu objetivo, mesmo que haja alguma tarefa em que você dependa de outros, pergunte-se: "O que posso fazer para manter esta tarefa sob meu controle?".

3) Estar ecológico. Significa que no seu objetivo tudo está em conformidade e sem nenhum conflito nas diversas áreas da sua vida. Isso é importante perceber porque, muitas vezes, as pessoas, ao buscarem seus objetivos, precisam abrir mão de certas coisas como tempo, família, amigos, diversão, entre outros, e isso acaba gerando desconfortos que no decorrer do processo podem agir como grandes sabotadores em busca do objetivo.

4) Ser testável em experiência e com base sensorial (visão, audição ou cinestesia). Significa que o objetivo e as tarefas identificadas precisam ser factíveis de evidenciar com comprovações de que foram concluídas ou estão em fase de conclusão. Muitas pessoas permanecem num comportamento repetitivo (*looping*) porque não conseguiram identificar as evidências de que a tarefa ou o objetivo foram concluídos.
A seguir, veja o quadro para você criar o seu plano:

MEU OBJETIVO
Qual o seu objetivo? (Escreva em positivo e com detalhes específicos)
Saberei que estou alcançando o meu objetivo quando? (Descreva as evidências)
As coisas mais importantes para mim são? (A intenção é identificar possíveis conflitos com o seu objetivo)

Descreva as tarefas necessárias para atingir o objetivo. (Utilize as 4 regras aqui também)	Data estimada para conclusão (dd/mm/yyyy)

31

Me, mim, comigo: a revolução da vida

Como dizia Fidel Castro: "Um revolucionário pode perder tudo, menos o moral". Esta frase me parece bastante forte e tenho certeza de que não é só para mim porque ela choca. Mas, sugiro que você pare para pensar que, ao mesmo tempo em que ela parece dura, também mostra uma característica de pessoa focada, que sabe bem o que quer, nunca perdendo o que de mais precioso existe: "o moral". Podemos navegar muito tempo em uma discussão sobre "revolução", seja na vida pessoal, carreira, metas etc. Todos acham importante uma "mudança radical", porém poucos a executam de fato

Marisa Fernandes

Marisa Fernandes

Profissional com sólida carreira em RH de mais de 20 anos em multinacionais de diversos segmentos. Coautora dos livros: *Ser + com equipes de alto desempenho*, *Damas de Ouro* e *Manual Completo de Treinamentos Comportamentais*, pela Literare Books. Diretora Executiva de Recursos Humanos do Dia Brasil desde 2013. KPIs, Universidade Corporativa, Responsabilidade Social, Comunicação Interna, Negociações Sindicais, Cargos & Salários, Benefícios são algumas das áreas que atuo. Graduada em Letras (UNICID), pós-graduada em RH (UNIP) e MBA em Gestão Empresarial (BSP). Formada em *"Professional and Self Coaching (IBC)"*.

O que será que falta para que as pessoas revolucionem?

Tenho me questionado muito se a loucura é uma coisa ruim. Ou será que é o que mais está faltando no nosso mundo? Refiro-me à loucura boa, que nos faz sermos ousados e buscarmos caminhos diferentes e originais. Perceba que as pessoas que são consideradas loucas são as que mais contribuem para a melhoria do mundo, enquanto a maioria está se tornando o que luto todos os dias para não me tornar: "previsíveis" (comportamento "dentro da caixa"). Você olha para alguém e já sabe tudo que a pessoa vai fazer e, muitas vezes, até o que vai dizer. Isso é horrível e destruidor. E uma das primeiras coisas que esta pessoa destrói é a criatividade. Não tem como uma pessoa previsível ser criativa, porque ela faz o que todo mundo faz, não inova, não foge às regras, não dá uma pitada de ousadia e não vive o valor da descoberta. Já os imprevisíveis não. Estes quase sempre são criativos, estão sempre com o cérebro fervilhando de ideias, estão sempre tomando atitudes mais ousadas e, logicamente, agregando valor à vida das pessoas. Vamos ser loucos e fazer desabrochar em nós essa criatividade tão necessária?

As pessoas que me conhecem e participam da minha vida nos últimos anos sabem bem do que estou falando. Minha trajetória pessoal e profissional foi feita de várias revoluções, e posso afirmar que isso me trouxe um benefício enorme: pude com isso me aprimorar e amadurecer, mas é importante ressaltar que para que isso seja possível você não pode ter medo de mudança e nem de enfrentar "os monstros" do desconhecido que aparecem durante esta "revolução".

E você? Que tipo de revolução gostaria e/ou faria na sua vida pessoal e vida profissional, a começar a partir de agora?

Não duvide de você nem da sua capacidade de provocar mudanças ao seu redor. Use as suas qualidades pessoais, sua simpatia para afetar pessoas. Diga frases estimuladoras para aqueles ao seu redor ainda que sejam frases aparentemente sem sentido. Use a sua empatia para lidar com pessoas. "Apenas" com isso você já terá feito grandes revoluções ao seu redor.

Com relação à revolução no seu trabalho, comece ajudando seus colegas de trabalho a realizarem melhor as suas tarefas e buscar melhores resultados para a empresa. Aliás, tem muita gente interessada nisso.

Acredite, sempre há espaço para uma revolução. E nós precisamos muito dela.

Pequenas atitudes que provocam grandes transformações

Já está na hora de desmistificar soluções aparentemente fáceis, como aproveitar a virada do ano para listar novos objetivos e passar, de uma hora para outra, a agir da maneira como gostaria. Não existem grandes revoluções enquanto não houver uma revolução pessoal primeiro, não é?

E quando falamos em revolução pessoal, falamos de vários aspectos: ter coragem para defender e mostrar aquilo que somos, lutar para realizar sonhos, mudar o mundo começando com um pensamento de cada vez, enfim, fazer aquilo que cada um pode, com os meios que estão ao seu alcance e onde você estiver.

Sabemos que existem tesouros escondidos dentro de si à espera de serem revelados. E este é um dos desafios que temos como líderes: encontrar pessoas extraordinárias e fazer-lhes algumas perguntas para inspirar.

A vida muda quando você muda

No geral, jovens sabem que a próxima grande transformação dos meios produtivos impulsionará forças disruptivas no mercado de trabalho.

A juventude está confusa quanto ao seu futuro. Por um lado, os jovens estão confiantes na tecnologia; por outro, estão divididos economicamente em relação às chances de carreira e insatisfeitos com sua atual educação profissional.

Em economias desenvolvidas, os jovens trabalhadores sentem uma forte pressão para encontrar trabalhos bem pagos. De acordo com estudos, 76% dos jovens trabalhadores na França acreditam que as perspectivas de emprego são piores do que na geração de seus pais. Este dado contrasta de forma destoante com as economias emergentes, em que a minoria dos jovens, por exemplo na Índia, 49% acreditam que suas oportunidades de trabalho são piores do que as das gerações anteriores.

Futuro do trabalho

A força de trabalho do amanhã também entende que como a tecnologia elimina cada vez mais tarefas rotineiras é necessária a busca do aprendizado contínuo para desenvolver novas habilidades e focar em inteligência emocional, coisa que os computadores não estarão aptos a realizar.

Nesse contexto, o aprendizado é uma jornada para a vida toda. Uma pesquisa revela que entre 78% (Brasil) e 65% (China) dos jovens de 16 a 25 anos estão dispostos a fazer uma reciclagem educacional completa se necessário. Cerca de 80% dos jovens em todos os mercados concordam que desenvolvimento contínuo de habilidades é essencial para ter sucesso no trabalho.

Evidenciados em todas as regiões estão o papel da comunicação, da capacidade de se relacionar e da habilidade de resolução de problemas em ambientes de trabalho modernos e orientados à tecnologia. Enquanto o desempenho acadêmico foi votado como prioridade entre 50% (África do Sul) e 36% (Alemanha), comunicações, aprendizado e resolução de problemas no trabalho foram muito mais votados.

A estabilidade empregatícia é importante para os jovens de hoje, com a maioria sem inspirações para trabalhar em novos empreendimentos voláteis. Muitos, especialmente em economias desenvolvidas, estão relutantes quanto a abrir seus próprios negócios. Em vez disso, eles preferem um emprego com estabilidade em empresas de médio e grande portes. E a diferença de gêneros nas carreiras na área da ciência, tecnologia, engenharia e matemática continua prevalecendo, mas é mais evidente em países desenvolvidos do que naqueles em desenvolvimento.

Mude seu emprego. Ou de empresa.

Apesar de carreirista ser a última coisa que um revolucionário – um empreendedor – desejará ser, é interessante perceber os ventos dos novos tempos. Com a necessidade de as empresas serem mais inovadoras começa-se a moldar o perfil desejado para futuros homens e mulheres de negócio; alta e média gerências e até mesmo os "apertadores de parafuso" do mundo corporativo...

Empregados, por sua vez, deveriam aproveitar essa "onda" para (re)negociar condições de trabalho e partir para uma postura proativa em relação às suas vidas, iniciando-se pela vida profissional.

Um bom começo seria enxergar as empresas e demais instituições da sociedade como atores que podem ajudar (ou atrapalhar) a colocar seus próprios projetos em marcha.

> "O que quer que você seja capaz de fazer, ou imagina ser capaz, comece. Ousadia contém gênio, poder e magia."
> Goethe

O ponto de partida deve ser a premissa básica de que qualquer trabalho, quer seja ele autônomo, vinculado à sua empresa ou de terceiros, deve estar inserido no seu projeto de vida. Em outras palavras, se seu emprego não te permite essa condição, ele simplesmente não serve para você!

Na prática, deve haver uma interseção explícita entre seus anseios pessoais e profissionais e os objetivos perseguidos pela empresa onde você trabalha. E cabe a você descobrir onde está essa interseção; ou, na maioria das vezes, construí-la.

Para isso, você precisará conhecer a empresa, seu negócio atual e seus planos futuros. Terá que conhecer o setor onde ela atua e quais as tendências mercadológicas, tecnológicas e relacionadas à gestão. Terá que ter uma boa ideia, e se dedicar a fazer um estudo de viabilidade, talvez um Plano de Negócio.

> "Acabou a era do emprego. Começa a era do trabalho."
> Vaclav Havel

Deixar de ser apenas um profissional eficiente e assumir os riscos de empreender, mesmo que internamente, é assumir vários riscos. Todo empreendimento pode dar errado. E é óbvio que em algumas situações o seu emprego pode ir para o espaço...

Entretanto, uma empresa que não encontra formas de motivar, dar liberdade e recompensar seus empregados corre o risco de perder quem tem melhores condições de fazê-la inovar. Isso trará como consequência a perda dos melhores profissionais da empresa, que poderão engrossar a concorrência.

Trabalhar enobrece o homem ou empobrece a vida?

Uma vez que o trabalho está no centro de nossas vidas, devemos refletir se ele está contribuindo para enobrecer ou empobrecer nossa existência.

Comecemos com uma análise sobre o que o trabalho representa na vida da maioria das pessoas...

Para um indivíduo com terceiro grau completo e que conseguiu um emprego assim que se formou, a sua vida profissional começa aos 20 e poucos e vai até os 65 anos de idade; ou um pouco mais... Provavelmente ficará das 9h às 18h atrás de uma mesa, equipamento, ou na frente de um computador, todos os dias, exceto finais de semana, feriados e nos 30 dias de férias anuais (se tanto).

Alguns têm carga horária menor, como seis horas por dia, enquanto outros fazem plantões ou trabalham nos finais de semana. Há ainda os *workaholics*, que trabalham até 12 horas por dia... Mas vamos tratar todos estes casos como exceções, pois o são.

O trabalho pode criar uma rotina cruel:

Das 24 horas do nosso dia, ao menos 11 delas estão reservadas para nossos empregadores ou clientes. Estamos contando a hora do almoço, que é apenas uma pausa entre dois turnos, e aproximadamente duas horas com deslocamentos de/para o trabalho mais a preparação diária para chegar à empresa com roupa e aparência "adequadas".

Das 13 horas diárias restantes, cuidamos da nossa existência básica em pelo menos dez delas, considerando que deveríamos dormir em média oito horas/dia; nos alimentar; cuidar de nossa higiene etc.

Talvez nos sobrem três horas livres para fazermos o que quisermos!

Entretanto, conseguir usufruir diariamente dessas três horas requer disciplina... Alguns fazem atividades físicas. Outros vão para um *happy hour* com os amigos ou usam esse tempo para estudar ou ler um livro. A verdade é que, poucas vezes, as pessoas conseguem fazer algo realmente interessante com esse tempo – que nem sempre é contíguo. Sem contar que normalmente o cansaço, a preguiça ou os obstáculos impostos pela vida das grandes cidades (como trânsito e insegurança) acabam nos fazendo "preferir" desperdiçar esse tempo na frente da televisão ou do computador.

Moral da história: nos dias em que estamos trabalhando, nossas vidas tendem a ser monótonas, pobres, entediantes! Por isso há tantas piadinhas relacionadas à euforia pela chegada da sexta-feira ou da depressão de domingo à noite à medida que a segunda-feira se aproxima...

Talvez por isso tantas pessoas sintam um vazio existencial; vivem angustiadas e insatisfeitas com sua vida profissional. Talvez isso ajude a explicar por que tantos executivos "bem-sucedidos" sonham em jogar "tudo" para o alto e comprar uma pousada à beira-mar, enquanto tentam esconder, ou não, a depressão por terem uma vida tão entediante.

> "O trabalho é tudo o que se é obrigado a fazer; jogo é tudo o que se faz sem ser obrigado."
> (Mark Twain)

Para finalizar, quero lhes contar uma história:

Na empresa X, funcionários chegaram para trabalhar e encontraram um cartaz: "Faleceu ontem a pessoa que impedia seu crescimento na empresa. Você está convidado para o velório".
Todos se entristeceram com a morte de "alguém", mas também ficaram curiosos para saber quem estava bloqueando seu crescimento.
Conforme as pessoas iam se aproximando do caixão, a excitação aumentava: Quem será que estava atrapalhando meu progresso? Ainda bem que esse infeliz morreu!
Quando olhavam o defunto, engoliam em seco. Ficavam em silêncio, como se tivessem sido atingidos no fundo da alma. Pois bem, no visor do caixão havia um espelho... e cada um via a si mesmo...
Em resumo: só existe uma pessoa capaz de limitar o seu crescimento: você!!!
Você é a única pessoa que pode fazer a revolução de sua vida e também prejudicá-la. Você é a única pessoa que pode ajudar a si mesmo.
"Sua vida não muda quando seu chefe muda, quando sua empresa muda, quando seus pais mudam, quando seu namorado(a) muda. Sua vida muda quando você muda! Você é o único responsável por ela."
O pessimista vê em cada oportunidade uma dificuldade a mais; já o otimista vê em cada dificuldade uma oportunidade para ser melhor e ir além de seus próprios limites.
O problema maior é de foco, de atitude; a forma de como lidar com as dificuldades é que distinguirá o próspero do fracassado. Desculpas, pretextos não ajudam, isso é questão de foco. Não adianta eu querer mudar ninguém. Você é que tem de mudar. A vida muda quando você muda.
Pensamentos de fracasso levarão você ao fracasso. Pensamentos de sucesso levarão você ao sucesso. Por isso, cuide de seus pensamentos; tenha sempre em mente quão importante é pensar positivamente.

32

Mulher à frente do seu tempo: como revolucionar e contribuir para um mundo melhor na sociedade patriarcal

Quero acreditar que o verdadeiro e grandioso espírito humano é aquele que se importa com a situação alheia. Sabemos que o grande mal da humanidade é a ignorância, a desatenção à falta de informação, a ansiedade, as dúvidas, o estresse e a competição... Por isso, decidi depositar na essência da minha vida o propósito impessoal de contribuir para a evolução, transformação e autorrealização das pessoas, para alcançar a plenitude, rompendo desafios e obstáculos impostos pela vida neste mundão de Deus! Creio ser e ter motivos para lhes dizer: nós podemos!

Marlene Caleffo

Marlene Caleffo

Palestrante, *Personal* e *Professional Coach*. Graduada em Pedagogia, Desenho e Plástica e Canto-Orfeônico (Música). Experiência de 37 anos na vida pública como educadora, em renomadas Instituições de Ensino, nas cidades de Salto, Itu, Indaiatuba e Campinas. Vinte anos de carreira sólida na Reitoria da UNICAMP- Campinas, atuando em eventos e congressos Nacionais e Internacionais de grande porte. Membro da equipe do Instituto de Pesquisas Especiais para a Sociedade (IPÊS), pelo programa da OMS-OPAS (Organização Mundial Da Saúde e Panamericana), com o projeto "A Música a Arte com Intervenção Social, Pedagógica e Terapêutica", e que fez parte do livro "Campinas - No Rumo das Comunidades Saudáveis". Especialista em desenvolvimento, relacionamento e capacitação humana, assim como Musicoterapia. Formada em Ombudsman-Ouvidora nas empresas. MBA-*in ONE DAY*- Internacional, com o *trainer* e criador Ben Tiggelaar-SB *Coaching* - Villela da Mata e Flora Victória, *Coach* Comportamental Evolutivo, *Life Coaching*, *Public Master*, *Coach* de Comunicação e Inteligência Emocional. Criou e Desenvolveu o Programa "Amor- Arte" cujo objetivo é estabelecer vínculos intra e interpessoais. Fundadora e Coordenadora do Grupo "Mulheres de "Salto" Poderosas que Brilham". Sua Missão é inspirar e transformar "vidas".

Contatos
marlenecaleffo@yahoo.com.br
(11) 4028-1940 / (11) 99626-2482

Sou Mulher, com M maiúsculo, com M de Marlene, com M de Maria, com M de Movimento... Nasci e me criei em Salto, cidade do interior do Estado de São Paulo, localizada à margem do rio Tietê, com sua exuberante cachoeira que, após as chuvas, os taperás dançam, cantam e rodopiam, num vaivém sincronizado, como se fossem bailarinos, saltitantes ao som das quedas e das águas revoltas que a todos encantam. Nasci fruto da união de um grande amor entre João Baptista Caleffo (ele fazia questão do P do Baptista), jovem viúvo de 35 anos, e a senhorinha Dezolina Vicente, uma lindíssima mulher, jovem, com cabelos e olhos negros penetrantes de apenas 19 anos. Meus pais não eram letrados, estudaram até o quarto ano primário, que frequentaram na única escola da cidade, mas possuíam uma sabedoria nata. Ambos inteligentes, atrevidos, com ideias fora dos padrões da sociedade saltense da época.

Meu pai era comerciante bem-sucedido, esperto, honesto, de 1,50 m de altura, resmungão, filho de italianos, baixinho, mas gigante em sabedoria. Para ele, a família estava acima de tudo e de todos. Minha mãe, dona de casa dedicada, costurava, bordava, cozinhava divinamente e adorava aprender: lia muito, sonhava estudar e ter um diploma, mas foi impossível por não ter condições financeiras. Cuidava de mim como uma princesa. Cresci em um ambiente de muito amor, música, alegria, festas - meu pai era festeiro. Para ele, a honra, os valores da família e da educação eram primordiais. Eu tinha um irmão do primeiro casamento de meu pai; Adércio tinha sete anos quando nasci, e eu o amei muito!

Posso dizer que nasci em berço de ouro, pois se eu pedisse o mundo, meu pai o traria, mas enfatizava sempre com grande sabedoria: "filha, eu trouxe o mundo pra você, mas para isso acontecer tive que trabalhar muito, acordar às 4h da madrugada, pegar carona de caminhão com um amigo, viajar até São Paulo (capital) durante quatro horas na ida e mais quatro horas na volta; enquanto eu esperava passar o dia, eu vendia relógios, fumo de corda (era um dos melhores de toda nossa região, puríssimo) e maços de palha para fazer cigarro, entendeu, minha filha?". E completava: "na vida, você pode conseguir o que sonhar, o que quiser, basta acreditar, e ter atitude". E minha amada mãe Dona Dê, como era conhecida, confirmava os ensinamentos.

Como eram sábios, continuavam dizendo: "Nesta vida, neste mundo, você encontrará sempre pedras em seu caminho, algumas pequenas, que nada significam, basta dar um empurrãozinho e a estrada estará livre; outras vezes um pouco maiores, apenas abaixe e as carregue tirando do seu caminho; mas haverá dias em que surgirá uma montanha de aço, muito grande, e você não conseguirá passar para o outro lado... não desista, jamais!!! Procure até encontrar uma frestinha, uma saída, mesmo pequena, que a levará até o outro lado, para continuar a caminhada...". Esta fala me fortalece até os dias de hoje.

Disse que meu pai era atrevido, mas minha mãe era um pouquinho mais... Mulher maravilhosa com uma cabeça além da sua época, da sua geração e, eu, só poderia ter nascido atrevidíssima!!! Pensem comigo: nascemos em uma sociedade machista, em que a mulher era educada para casar antes dos 20 anos, porque depois era considerada solteirona e ficaria para titia. Nós, mulheres, éramos criadas para casar, cozinhar, lavar, passar, ter filhos e calar a boca. Como meu pai era apaixonado, minha mãe, com seu jeitinho, participava de seus negócios e conversas, apesar de ele ser bravo, implicante, ciumento! Ela tirava de letra, com sua determinação e inteligência fugindo às regras impostas.

Minha mãe contava que, desde criança, eu era alegre, sorridente, cantava, dançava, era desinibida, falante, adorava festas e pessoas e era muito comunicativa. Aos três anos, vejam bem, aos três anos de idade, eu quis fazer permanente - motivada por ela, claro. Eu tenho a foto! Fiquei embaixo de um secador de cabelos gigante, parecido com um capacete de astronauta, com bigudins fininhos de alumínio que enrolavam os meus cabelos, mechinha por mechinha, e depois ligavam o "bendito" na energia elétrica e esquentava muito, por 20 minutos. De tão pesado, minha mãe tinha que segurar minha cabeça para não sair do lugar. Incrível! Fiquei quietinha, pois estava determinada a fazer permanente só para ficar mais bonita, e sabem que fiquei?

Aos nove anos, aproximei-me do meu pai e disse: "Quero aprender a tocar sanfona". A sanfona era um instrumento musical usado só por homens e cantadores do Nordeste, como Luiz Gonzaga. Eu nunca gostei de músicas e instrumentos comportados, gostava de gingado, ritmos alegres, instrumentos mais do povo e mais divertidos. Adorava ouvir Carmem Miranda, Emilinha Borba, Angela Maria, Marlene, Julio Iglesias, Mario Zan e sua sanfona, não gostava de músicas clássicas tocadas no piano. Porém, naquela época, as mocinhas, as meninas de famílias mais abastadas, deveriam tocar piano por ser mais fino, feminino e mais social. Como meu pai adorava sanfona, ele ficou contente com o meu desejo, mas tinha um grande problema: e a sociedade? Onde conseguir uma professora de sanfona em nossa região? Ele também não desistia, tampouco se importava com a opinião alheia, pesquisou e procurou muito. Encontrou na cidade vizinha, Indaiatuba, uma professora! Chamava D. Zélia Stocco, competente, linda e charmosa tocando e ensinando acordeom, nome também conhecido do instrumento, embora eu preferisse sanfona, pois era mais popular.

A felicidade estava completa, mas uma confusão começou, pois eu precisaria viajar "sozinha" aos domingos - eram duas horas para ir e mais duas para voltar - de ônibus em uma estrada de terra com muitas curvas, levando o instrumento. Como estudava todos os dias no Primário, só restava o final de semana para as aulas. Por querer muito aprender, enfrentei a situação com a ajuda de meu pai.

O Caleffinho, assim como ele era conhecido em nossa cidade e região, tinha amizade com os dois motoristas que saíam de Itu e Campinas simultaneamente, cruzando na estrada, e vice-versa. Todo domingo, ele me levava à esquina da Rua Nove de Julho, a principal rua da cidade até hoje, e o motorista, seu Cléo (nome fictício), guardava sempre o primeiro banco atrás dele para mim e a minha sanfona de 120 baixos que meu pai mandou buscar na Itália, maravilhosa, vermelha de madrepérolas, pesada! Como era difícil! Chegando a Indaiatuba, eu tinha que andar cinco quarteirões até a casa da professora, andava um pouco, parava, respirava e continuava, parando e respirando. Assim fiz, enfrentei e venci.

Não preciso dizer que foi um verdadeiro escândalo na cidade. Os amigos... Ah! Os amigos e a sociedade criticavam aos quatro ventos essa aberração! Como um pai e uma mãe zelosos, cuidadosos e responsáveis, podem permitir que uma menina de nove anos viaje sozinha e de ônibus? Nem as mulheres casadas viajavam sozinhas. Que insensatez! Falta de responsabilidade! Eu e minha família suportamos todas as críticas, o *bullying* por parte das minhas amigas, dos familiares e da sociedade. Mas nada me desencorajou, pelo contrário, isso me dava uma força maior, me motivava e muito. Estava decidida. Era esse um dos meus sonhos e venci.

Estudei até meus 11 anos e nunca faltei. Por dois anos, viajei levando meu acordeom, minha sanfona de 120 baixos, muito pesada. E depois, parti para mais um desafio, outra pedra em meu caminho: prestei exames para entrar em uma Escola de Música oficializada. Lá, estudei mais nove anos até me formar professora de acordeom aos 19 anos, já casada com um lindo jovem por quem me apaixonei, Vlademir. Estamos juntos até hoje, há 55 anos; foi meu primeiro e único namorado. Verdade! Superei todos os obstáculos que me eram apresentados, continuei viajando sozinha e venci. Sempre lutei para ter e ser. Estávamos quebrando os padrões comportamentais de uma sociedade machista e arcaica; sempre com o apoio, a compreensão e o entendimento dos meus pais e marido. Ah! Que saudades! Tempos que não voltam mais.

Quero trabalhar... Quero ter meu próprio dinheiro... Aos 10 anos, disse isso ao meu pai. Ele parou, olhou, pensou e respondeu: "NÃO!!! Você está louca?!? Nem sua mãe trabalha, esqueceu que é filha do Caleffo?" Antes que eu dissesse algo, retrucou: "Não, e não se fala mais nisso". Lembro-me que saí de perto indignada, com raiva, chorando muito, mas sabia o que realmente queria e pensei: aqui está uma montanha de pedras e vou transpor este obstáculo. Vocês devem estar se perguntando: Por que trabalhar com essa idade? Eu queria ter meu dinheiro, pois não concordava, não aceitava precisar pedir ao meu pai para presentear minha mãe nas datas comemorativas, e vice-versa. Não tinha graça e nem valor. Sabia que não era eu quem estava oferecendo, mesmo com amor.

Meu "objetivo" tinha que ser realizado, eu teria que tirar pedra por pedra da minha montanha. E assim fiz: comecei a atazanar minha mãe, dia pós dia, explicando o porquê dessa minha vontade, desse meu desejo, do meu sonho. Então, ela criou coragem e explicou ao meu pai, que perguntou: "Qual seria o trabalho?". Eu tinha planejado tudo nos mínimos detalhes, e dito para ela o meu desejo, onde e como faríamos. Assim foi feito, disse que abriria um salão de beleza em nossa sala de visitas.

A Dona Dê, minha querida mãe, tinha habilidades em arrumar cabelos, fazia lindíssimos penteados em mim, nos familiares e amigas, e eu fazia as unhas, pois já sabia, aprendi sozinha. Bastava concluir o curso de cabeleireiro e manicure, em São Paulo. Preciso dizer mais? Depois de alguns meses, certificados na mão, inauguramos o primeiro Salão de Beleza Dona DÊ, com direito a comes e bebes oferecido pelo seu Caleffo.

Como sempre, surgiu o grande vilão: o preconceito. A cidade ferveu, buchicho para todos os lados. Amigos indignados, a sociedade, sempre em polvorosa, comentava aos quatro ventos: como permitir um disparate desse? Mulher e filha trabalhando? Lugar de mulher é cuidando da casa e dos filhos ou, no meu caso, estudando. Porém eu me dedicava muito! O primário estava terminando, mas ainda cursava acordeom, violão e já dava aulas particulares em minha casa dos instrumentos musicais. Era muito focada, adorava aprender e ensinar, até conversação para japoneses que compravam terras e vinham morar em Salto; era muito direcionada e sabia o que queria. Assim, superamos mais um obstáculo social e pessoal, em plena década de 1950. Acredito verdadeiramente que "o segredo para fazer alguma coisa acontecer em sua vida é, primeiro de tudo, ter o desejo de fazer acontecer. Depois a fé e a confiança de que pode acontecer. E depois, ter a visão clara e consciente para ver acontecendo passo a passo". (Caddy)[1]

---

1 Eileen Caddy. Escritora e uma das fundadoras da Fundação Findhorn, associação escocesa sem fins lucrativos que prega a vida comunitária e a partilha para a subsistência.

Confesso que, às vezes, essas escolhas, essas situações em que eu me coloco por ser arrojada, determinada, atrevida, confiante, guerreira e diferente me incomodam e, por várias vezes, sofria "*bullying*", só que naquela época era chamado de crítica, gozação, inveja... E ainda sofro nos dias de hoje, pois continuo arrojada, atrevida, não mudei em nada, só na idade. Penso e, muitas vezes, comento entre amigos que devo ter nascido antes do meu tempo, vim como um meteoro e caí do céu por acaso, no século e na cidade errada (eu amo minha Salto de paixão, aqui é minha raiz, o meu lar, e minha cidade). Muitos dos meus alunos concordam comigo por ter atitudes, desejos, sonhos, ideais, que fogem dos padrões ditados pela sociedade da época e a atual, que permanece machista.

Quero dar meu depoimento e dizer que foi por meio do *coaching* que compreendi e fiquei sabendo que sou sistêmica, pois uso os dois lados do cérebro e mais alguma coisa se houver! Foi quando entendi o porquê de outras brigas travadas comigo mesma, que me deixavam noites sem dormir, por continuar sendo essa mulher polêmica, diferente, que adora ser, ter, aprender e fazer. Confesso que estou mais confortável, pois obtive respostas que me faltavam e eu não aceito a falta delas. Só por isso.

Como coach profissional, poderia ditar regras, sugerir técnicas, questionários, usar ferramentas e estratégias, ajudá-los a encontrar o que lhes vai na alma e o que o está incomodando, seus conflitos pessoais, profissionais para depois, chegar à plenitude do conhecimento, do Eu. Porém, preferi contar minhas histórias reais, vividas intensamente, para que compreendam e concluam que não existe o impossível. Devemos focar, como disse no começo da história, na letra M de Movimento.

Como sempre amei a música, ela faz parte da minha vida pessoal e profissional. Em minhas sessões de *coach*, uso sempre que necessário, como intervenção social pedagógica e terapêutica. Quero dividir com vocês essa técnica por mim criada: coloco o cliente em uma *chaise long*, peço que relaxe, feche os olhos por alguns momentos, escolho uma música suave, de preferência orquestrada, massageio levemente sua face e a cabeça, só para relaxar, muito rápido. Depois, estimulo sua mente a trabalhar com sua imaginação real ou imaginária para que possamos eliminar o que o está atormentando, com técnicas, estratégias, e assim conduzi-los a Ser, a Fazer, e finalmente a Ter, indo ao encontro dos seus objetivos, sonhos, desejos, e do seu Eu. Sabemos que a música nos conduz ao Divino, ao amor, à união, às lembranças, à paz...

No ano 500 a.C., o grande filósofo chinês Confúcio dizia: "Quando a música e a cortesia forem melhores entendidas, então não haverá mais guerras". Guerras íntimas, guerras do eu, guerras entre povos, guerras entre pessoas, guerras entre famílias, enfim, guerras. É o que estamos vivendo neste mundo. Então sugiro que comece com você, experimente a alegria de ouvir música, ela é a linguagem universal, não precisamos entender, basta ouvir, sonhar, compartilhar, sentir que a música é uma forma real, que nos leva à paz, paz do coração, paz da mente, paz da alma, paz das pessoas...

COMO DIZIA O POETA: "O ARTISTA VAI ONDE O POVO ESTÁ". E VOCÊ?

Como disse anteriormente, me casei aos 19 anos com Vlademir Antonio Salvadori. Foi meu primeiro namorado e, com a certeza absoluta, de que seria o meu marido para sempre, pois estamos juntos há 55 anos. Tivemos quatro filhos, Vlamar Cristiane, Vlacy Maura, Vlademir Jr., Vlamir Arcílo, e quatro netos, Brenno, Mauro, Renan e Melissa. Felicidade completa. Mulher realizada. Mas a vida nos prega peças, situações assustadoras, tragédias. Surgiu uma enorme montanha de "AÇO", inesperadamente, e, em um período de 18 anos, perdi meus dois maiores tesouros, parte da minha vida, minhas filhas únicas. A dor, a tristeza, a loucura e o caos pairaram sobre minha família e tudo estava desmoronando. Então, como uma Fênix, ressurgi das cinzas e a fé em Deus, a responsabilidade como mãe e o amor falaram mais alto. E lutei! Como lutei! Meus pais sempre me ensinaram, e também por minha convicção, de que os filhos não escolhem os pais e nem a família; nós é que lhes damos a vida pelo nascimento e, portanto, somos por eles responsáveis, e por toda as gerações de netos e bisnetos.

Apesar de todo sofrimento, ainda tive muitos outros episódios menos trágicos, mas assustadores. Mesmo assim, como mãe, esposa, avó e amiga, não parei de sonhar e lutar pela felicidade. É muito difícil ultrapassar os limites das nossas dores. Devemos ser persistentes, ter fé em Deus, ser lutadoras (nós, mulheres, temos muito esse dom), determinadas, e gostarmos de nós sempre. É fundamental valorizarmos as pequenas coisas como o pôr do sol, o canto das aves, a chuva, uma noite de luar, o sorriso de uma criança, um abraço ou um olhar carinhoso. Enfim, amém, pois esse é o segredo para ultrapassarmos a montanha de "aço". Tudo que fizer, faça com amor e acredite em si!

"As pequenas coisas parecem ser nada, mas trazem a paz: assim são as flores dos campos, que acreditamos não terem perfume, mas que juntas perfumam."
(Gandhi)

Confesso que tenho, sim, minhas recaídas, meus momentos de dor, desespero, revoltas, tristezas, mas procuro sempre a ajuda de um coach, que me conduz a reencontrar novamente a serenidade, o equilíbrio e a paz. Cabe a nós escolhermos o melhor, sem derrotas. Afinal, "a única luta que se perde é aquela que se abandona".[2] (Bonafini)

2: Hebe Pastor de Bonafini. Ativista argentina pelos direitos humanos. Uma das fundadoras da associação Mães da Praça de Maio.

33

Coaching e constelações sistêmicas:
sintonizando com cavalos

No silêncio da alma encontre um sentido, mesmo que seja de um jeito diferente. Há mistérios que não se definem, apenas se mostram. A alma não busca o fim nem o começo. A alma busca todas as partes que conectam sem explicações tangíveis o intangível

Marly Cordeiro

Marly Cordeiro

Educadora, Terapeuta Sistêmica e *Trainer Coach*. Referência no Campo das Constelações Familiares, com trabalhos em atividades terapêuticas, musicais, educativas e organizacionais, focados em soluções sistêmicas. Seu método se distingue por unir o conhecimento da Abordagem Sistêmica junto à força da sua intuição. Especializada em Terapia Familiar Sistêmica e Musicoterapia – Treinamento Internacional em Constelações Sistêmicas e TSFI, Treinamento Intensivo Hellinger Sciência – Constelações Familiares e Organizacionais, Constelações Estruturais, Constelações Integrativas, Panorama Social, Pedagogia Sistêmica, Psicoterapia Assistida por Equinos - Eagala, Trauma Psicológico, PNL. *International Association of Coaches Institutes – Coaching* de Equipes, *Coaching* Energético Quântico, *Coaching* Sistêmico, *Coaching* com Cavalos, Comunicação Não Violenta, Ativismo Quântico. Membro da Hellinger Sciência. Atendimentos, palestras, vivências, *workshops* e cursos no Brasil e exterior. Diretora MAC Desenvolvimento Humano – Santos/SP.

Contatos
www.marlycordeiro.com.br
contato@marlycordeiro.com.br

Coaching com cavalos

É um processo de autoconhecimento, desenvolvimento pessoal e profissional baseado na aprendizagem vivencial através da interação com os cavalos em liberdade. Essa modalidade, trazida para o Brasil pelo holandês Ruud Knaapen, inclui, entre outros métodos, o trabalho sistêmico das constelações familiares e organizacionais, pensamento sistêmico, gestalterapia, *natural horsemanship*.

Quem pode ser trabalhado?
Direcionado a famílias, escolas, empresas, grupos de pessoas, esta experiência pode ser realizada em algumas sessões, trabalho de solo. Os participantes recebem informações do cavalo para as suas intenções, escolhas e comportamento, o resultado pode ser mais rápido que em um atendimento convencional. As questões a serem trabalhadas são abordagens advindas de lealdades sistêmicas, que nem sempre são observáveis de forma consciente para o cliente ou organização.

Constelações com cavalos
A Constelação Familiar, método terapêutico e filosófico criado pelo alemão Bert Hellinger, nos permite olhar para o sistema familiar com uma visão mais ampliada, proporcionando a compreensão da vida que vem através de nossos pais e dos destinos especiais de nossos antepassados. Também é possível constelar com cavalos, as primeiras experiências nessa modalidade aqui no Brasil foram realizadas em Curitiba, por Paulo Neumann e Sandra Zawadaski, que atuavam conjuntamente no campo da Equoterapia e das Constelações Familiares.

Como funciona?
No atendimento, primeiramente é feito um trabalho de reconhecimento entre os participantes e os cavalos, estes irão aceitar os primeiros como parte de sua manada e vice-versa. Neste momento, ocorre uma interação no campo energético, e os cavalos

passam a perceber, em cada movimento feito pelos participantes, o que está destoante em sua linguagem corporal. A partir daí, como os cavalos não entendem de emoções (e estas geralmente nos impedem de enxergar com "olhos de ver"), e não emitem julgamento, se nos apresentarmos de maneira diferente do que realmente somos em essência, eles "sentirão" e reagirão de forma imediata. A base das constelações sistêmicas, segundo Bert Hellinger, é mantida, o que difere dos trabalhos convencionais é a duração de cada sessão que diminui bastante.

Quem pode ser trabalhado?
Todas as pessoas que têm coração aberto podem "constelar" um tema com apoio dos cavalos, pois eles atuam espelhando o campo energético do sistema em funcionamento. Durante uma sessão, eles mostram rapidamente as informações ocultas que emergem a partir da força do campo, ajudando a clarificar processos internos da questão em foco/participante, quer seja dita (verbalizada) ou não.

Sintonizando com cavalos
Partindo de treinamentos internacionais de *Coaching* Sistêmico com Cavalos, Constelações Familiares e Organizacionais – Hellinger Sciência, do trabalho de *Coaching* Sistêmico, *Coaching* Neuroenergético, *Coaching* de Equipes, Pedagogia Sistêmica e Psicoterapia Assistida por Equinos – Eagala, resolvi agregar todas essas ferramentas e conteúdos numa dinâmica terapêutica própria, que exercito em *workshops* vivenciais.

"Sintonizando com cavalos – Marly Cordeiro"

O que é?
Interação entre cavalos e pessoas, mediante vínculo comunicativo e sensorial da linguagem corporal e a interação sistêmica familiar ou organizacional. Algumas relações vinculares podem influenciar de maneira considerável os nossos sentimentos, emoções, comportamento, saúde e negócios.
Sintonizar com cavalos é trabalhar a alma, olhar para dentro, conectar com profundo respeito as nossas verdades essenciais. O método terapêutico pode ser realizado individualmente ou em grupo.

Como funciona?
Em *"Sintonizando com cavalos"*, os participantes passam a ter uma visão sistêmica sobre diversos aspectos da vida, tendo nos cavalos seres de uma extrema sensitividade, e na sua linguagem corporal, o reflexo espelhado daquilo que está fora de contexto na vida do participante, colocando-o frente a frente com aquilo que ele (ainda) não quis ou não se sentiu confortável para enxergar e enfrentar, e que está bloqueando o desenvolvimento da sua caminhada e sua realização no propósito de vida pessoal e profissional.

Os resultados dependem de cada pessoa e do nível de compreensão que atua pela subjetividade.

Encontrar respostas essenciais que atuem a nível na alma e trazê-las à consciência é um dos objetivos do meu método, assim como dissolver bloqueios emocionais, questões de longa data, conflitos familiares, profissionais e qualquer outro tema relacionado à vida.

O que não queremos ver?
"Sintonizando com cavalos" oferece ao cliente uma nova perspectiva de olhar a temática através dos olhos do cavalo, o que pode levar a novas compreensões e novos caminhos de soluções reveladoras pela subjetividade. Esta perspectiva emerge porque um cavalo espelha as verdades essenciais do sistema do cliente onde geralmente existe a maior resistência de acesso. Neste ponto, realizo as intervenções sistêmicas, e ofereço ao participante o apoio necessário para aquele momento tão significativo e revelador.

Quem pode ser trabalhado?
Adultos, jovens, crianças e idosos podem participar da vivência. Os atendimentos não exigem montaria, o papel do facilitador terapeuta, bem como da equipe de apoio, é assessorar cada participante para que não haja intercorrências indesejadas. Os resultados virão a galope atuando no fluxo do amor que cura.

Sintonizando com cavalos – Estudo de caso
No instante em que o domador disse: "Esse cavalo foi considerado inapto para interagir com pessoas, poderíamos ter escolhido outro cavalo para iniciar a sessão", meu impulso foi incluí-lo, e ao compartilhar a decisão com a equipe experimentamos atuar com ele no campo das *Constelações sistêmicas – Sintonizando com cavalos*.

O que ocorreu não foi exatamente um milagre, foi arte da ajuda – um olhar ampliando e a conexão com a alma do cavalo.

O cavalo, no contexto da abordagem, seguiu naturalmente os movimentos da nova manada (nosso grupo) sendo guiado pela força do campo (grande alma) e sem manifestar nenhum comportamento agressivo (padrão antigo). A interação com o grupo foi fantástica.

O domador ficou perplexo diante dos resultados e da oportunidade ímpar dada ao seu estimado cavalo. Um milagre aconteceu aqui, disse ele.

Eu disse: "Sim. O milagre de estarmos com um cavalo, o que ele mostrou através de seu histórico, também é nosso, ele foi aceito por nós com o que trouxe e nos aceitou como somos diante dele, a mudança de padrão chega até nós pela força do grupo em criar uma nova atitude, a inclusão foi algo totalmente novo para ele e passou a ser uma saída também para nossos temas excludentes, que até então não tínhamos alcançado".

Verdades essenciais
Esse atendimento me fez enxergar de modo reflexivo a inclusão das crianças feridas, que carregamos internamente, e que muitas vezes emanam dor, fragilidade e medo de ser rejeitada.

De que forma devolvo a dignidade a essa criança?

A dor cessa na medida em que oferecemos presença, confiança e firmeza.

A frase interna curativa é "Eu estou aqui para você"!

34

Como nossas crenças podem impedir nossa evolução:
identifique e supere suas crenças limitantes

O objetivo é trazer ao leitor um momento de reflexão e autoanálise, pois a autocrítica, quando produtiva, auxilia no amadurecimento pessoal, crescimento profissional e evolução como ser humano

Mônica Alves

Mônica Alves

Psicóloga formada pela Universidade São Marcos com especialização em Psicoterapia Dinâmica Breve pela Faculdade de Medicina da Universidade de São Paulo com aprimoramento em Psicologia da Saúde Ocupacional pelo Instituto de Psiquiatria – HCFMUSP. Desde 2008, atua em consultório particular, realiza acompanhamento psicológico a crianças, adolescentes, idosos, adultos e casais; orientação a pais/responsáveis, além de ministrar palestras para empresas e instituições de ensino. De 2007 a 2012, trabalhou como voluntária em uma clínica comunitária, onde atendia crianças, adolescentes e adultos. Atendia, também, crianças e adolescentes em situação de abrigamento em SAICAs.

Contatos
www.psicologamonicaalves.com.br
contato@psicologamonicaalves.com.br
(11) 98748-6533

Quando utilizo a palavra "crença", algumas pessoas costumam associar à religião, porém crença é tudo aquilo que se acredita fortemente e que, de alguma forma, norteiam os nossos comportamentos. Em outras palavras, crença significa ter convicção íntima ou uma opinião que se adota com fé e certeza. Pode-se incluir religião, estilos e filosofias de vida, pensamentos construtivos que fortaleçam a autoestima, bem como pensamentos destrutivos e incapacitantes.

> "Quer você acredite que consegue ou não fazer alguma coisa, nos dois casos você está certo."
> Henry Ford

Todos nós temos as nossas crenças, isso é uma condição humana. As crenças fortalecedoras nos ajudam a liberar e lidar com nossos mais ricos recursos psíquicos. Por outro lado, as crenças limitantes impedem a nossa evolução no campo profissional e pessoal, e são essas as que mais preocupam.

Na clínica, muitas vezes, eu atendo pessoas com grande potencial de serem bem-sucedidas tanto profissionalmente quanto na vida pessoal, porém, devido às crenças limitantes e incapacitantes que cultivam, o sucesso não chega.

Segundo FLIPPEN (2010, p. 14), "... o sucesso verdadeiro requer mais do que talento e habilidade... Tem a ver com se tornar tudo o que você é capaz de ser – um ótimo filho, pai, chefe ou funcionário... Ter sucesso é ser capaz de ver além dos nossos objetivos pessoais e aprender a administrar nossas tendências inatas ao egoísmo e à cobiça, de modo a nos tornarmos mais sensíveis às outras pessoas com quem partilhamos nossa caminhada".

Ser bem-sucedido é ser reconhecido como alguém que faz a diferença, como alguém que tenta e consegue melhorar a vida daqueles que estão ao seu redor, alguém que busca a excelência naquilo que se propôs a fazer para si mesmo e para outras pessoas.

Em minha experiência na clínica, proponho exercícios de reflexão sobre os pontos fortes dos pacientes (habilidades e crenças produtivas). Neste momento, algumas pessoas conseguem facilmente falar e apontar as características que impulsionam a carreira e a vida pessoal. Por outro lado, existem pessoas que não apresentam a mesma facilidade em reconhecer os próprios pontos fortes e se autodepreciam.

Num outro momento, peço para refletir sobre os pontos fracos (crenças limitantes). As pessoas que antes tinham facilidade de falar sobre os pontos fortes, nesta nova reflexão sentem certa dificuldade em (re)conhecer suas limitações, porém conseguem entrar em contato com esse conteúdo psíquico. Para aquelas que apresentavam pensamentos e ideias destrutivas e pessimistas, não conseguiam (re)conhecer os pontos fortes e ficam presas às crenças limitantes, com isso apresentavam dificuldades em evoluir, tanto na carreira quanto na vida pessoal.

A intenção não é generalizar, pois cada pessoa tem suas crenças e suas particularidades, pois nenhum ser humano é igual ao outro. Estou apenas compartilhando algumas observações e reflexões que tenho diante da minha prática profissional.

Com isso, convido o leitor a refletir sobre si mesmo e as atitudes que o ajudam ou o impedem de ser bem-sucedido em todas as esferas da própria vida. A autoanálise é o primeiro passo para o autoconhecimento e, a partir deste ponto de partida, a pessoa aprende, também, a ouvir e enxergar as outras pessoas que convivem ao seu redor, tanto no ambiente profissional quanto no pessoal.

Darei mais ênfase às questões que envolvem as crenças limitantes, como identificá-las e, principalmente, formas de superá-las.

Identificando as crenças limitantes

Sabemos que todos nós somos guiados pelo nosso jeito de ser e de pensar, na forma da qual enxergamos o mundo onde estamos inseridos, porém algumas crenças são prejudiciais e nos impedem de evoluir.

O que você faria se pudesse identificar seus pontos fortes, e diminuir ou até mesmo eliminar suas limitações? Imagine os sonhos e conquistas que você pode alcançar.

Acredito no potencial de todas as pessoas e respeito as escolhas de cada uma, mesmo quando não concordo.

Saliento que cada pessoa tem o poder de decidir como quer viver, pode continuar convivendo com suas crenças incapacitantes e as consequências destas, ou pode escolher transformar sua vida, dando um salto de qualidade na própria profissão e nos relacionamentos interpessoais.

FLIPPEN (apud, p. 26) afirma que durante sua pesquisa conseguiu classificar cinco leis das limitações pessoais.

A primeira lei é reconhecer que todos nós temos algum tipo de limitação. As limitações podem ser:

(1) Limitações inconsequentes – quando a pessoa apresenta alguma característica física que interfere no desempenho de um papel ou trabalho específico. Por exemplo: ter pouco senso estético, ser baixo ou alto, ou ser canhoto geralmente têm impacto mínimo no sucesso de alguém.

(2) Limitações delegáveis – são aquelas atividades nas quais a pessoa não tem habilidade para executá-las e delega para outra pessoa habilitada. Por exemplo: eu não tenho habilidade em criar sites, por isso contratei uma empresa que criasse o meu site e me assessorasse no desenvolvimento de campanhas na internet.

(3) Limitações intransferíveis – estas terão um impacto mais profundo na vida profissional e pessoal, pois estão relacionadas a comportamentos incapacitantes como autoconfiança enfraquecida, pouco autocontrole emocional e outros comportamentos que só você pode mudar. Por exemplo: agressividade excessiva ou falta de confiança nos outros.

À medida que conseguimos entender esses tipos de limitações pessoais, poderemos identificá-las e decidir se iremos ignorar, delegar ou assumir. Saber a diferença entre elas é muito importante para o processo de autoconhecimento com o objetivo de ser alguém bem-sucedido.

A segunda lei está relacionada às limitações intransferíveis, mais precisamente em enfrentar essas limitações para resolvê-las e superá-las.

A terceira lei refere-se à consciência de que nossas limitações pessoais interferem em todos os campos da nossa vida, nos acompanham aonde quer que iremos. Esse exercício de reflexão é para reconhecermos, enfrentarmos, elaborarmos e superarmos questões relacionadas às nossas deficiências. Nesta etapa, é de suma importância que aprendamos a ouvir a opinião e observações de outras pessoas a nossa volta, pois essas pessoas (amigos, parentes, colegas de trabalho) podem nos ajudar a enxergar nossas dificuldades num outro prisma. Esse *feedback* o auxiliará na consciência e na mensuração do impacto e das consequências das suas limitações pessoais.

A quarta lei está ligada à compreensão plenamente de que as limitações pessoais estão intimamente relacionadas ao desempenho das tarefas e funções, ou seja, o impacto destas na execução das tarefas e dos papéis sociais. Precisamos analisar e avaliar cada uma dentro do seu contexto.

Após todas as reflexões e compreensões das leis anteriores, chegamos à quinta, e última, lei, esta é a etapa de superação das limitações pessoais. Nesta etapa, espera-se que a pessoa tenha conseguido minimizar ou eliminar as limitações significativas, aquelas que estavam obstruindo o seu caminho para o sucesso. Quanto menos limitações, mais perto do sucesso você chegará.

Contudo esse processo não será fácil, por isso você tem algumas escolhas. A primeira é tentar caminhar sozinho. Ao ler este capítulo você já deu o primeiro passo para a reflexão e, talvez, já começou a identificar algumas limitações. A segunda é você procurar o auxílio de um profissional para acompanhá-lo nessa jornada. Você não precisa, necessariamente, estar sozinho neste processo de autoconhecimento.

Pare de se autossabotar e supere as crenças limitantes

Viver é se deparar com vários desafios ao longo da vida. A cada momento, novos desafios surgem, e o importante é saber que cada desafio superado contribui para o crescimento pessoal. Por isso, trata-se de um processo, com etapas a serem cumpridas.

Ainda falando um pouco mais sobre crenças limitantes, FLIPPEN (idem, p. 40) classifica dez principais limitações fatais. Essas são cruciais para você identificar e iniciar o processo de superação. São elas:

1 – À prova de balas (excessivamente confiante);
2 – Ostra (pouco confiante);
3 – Docinho de coco (superprotetora);
4 – Crítico (exigente, implicante ou rude demais);
5 – *Iceberg* (pouco afável, educado, cortês);
6 – Catatônico (paixão, visão ou vigor baixos);
7 – Rolo compressor (excessivamente dominante);
8 – Tartaruga (resistente às mudanças);
9 – Vulcão (agressivo, raivoso);
10 – Rápido no gatilho (pouco autocontrole, impulsivo).

Identificar essas características pessoais ajuda a traçar o plano de ação com o objetivo de superar essas limitações. Às vezes podemos identificar uma ou até mais dessas limitações em uma só pessoa; com isso, ela deverá analisar qual dessas prejudica mais o próprio desenvolvimento, e assim que superar a primeira, passa a se dedicar às demais limitações. Um passo por vez, sem atropelos, porém, seguindo metas de superação.

Para elaborar o plano de ação, a pessoa deverá, primeiramente, firmar um compromisso consigo mesma, seguido da ajuda de um profissional qualificado (psicólogo).

O objetivo principal a ser atingido é a transformação ou revolução, e para isso a pessoa precisa agir com foco e objetivo traçados, ir (mover-se) em busca da excelência em sua profissão e melhorar sua qualidade de vida.

FLIPPEN (idem, p. 152) elabora um *Plano de tração* (como ele denomina o plano de ação) que direciona a pessoa a seguir essa jornada de autoconhecimento, crescimento e superação, rumo ao sucesso. O plano consiste em cinco etapas:

1 – O objetivo final deste processo (estabeleça o seu objetivo);
2 – Uma lista de seus pontos fortes (identifique seus pontos fortes);
3 – Sua principal limitação pessoal ou as duas principais (mencione suas limitações pessoais a serem tratadas);
4 – Etapas de tração específicas (traçar ações simples e especificar);
5 – Um plano de comprometimento (firmar compromisso consigo mesmo).

Vale ressaltar que cada etapa deverá ser específica e lidar diretamente com os comportamentos sabotadores em questão. Esse processo é trabalhoso, porém não impossível e pode ser acompanhado por um profissional qualificado da área.

Contudo, podemos concluir que todos nós temos crenças e limitações pessoais que adquirimos ao longo da nossa vida. As nossas primeiras crenças são adquiridas na infância, aprendemos na relação com as pessoas que nos rodeiam, em especial com nossos familiares. Estas nos acompanham na nossa vida pessoal e profissional, e quando são limitantes nos impedem de crescer, evoluir.

Quando nos propomos a reconhecer e a identificar nossas características destrutivas ou incapacitantes, nos presenteamos com a oportunidade de nos autoconhecer e superar aquilo que nos impede de revolucionar.

A escolha é sua. Quer continuar a se sabotar?

Vamos dar a volta por cima.

Referência
FLIPPEN, F. Pare de se sabotar e dê a volta por cima. Rio de Janeiro: Editora Sextante, 2010.

35

Qualidade de vida sistêmica

A fim de alcançar a tão sonhada Qualidade de Vida com uma linha de chegada determinada, desenvolvi um novo modelo de trabalho, a Gestão Emocional – em que o empoderamento é a palavra-chave, principalmente no âmbito profissional, o que torna as pessoas mais produtivas, focadas e realizadas. E, ainda, reflete-se no lado social, afetivo e íntimo potencializando a vida de modo integral

Paula Caputo

Paula Caputo

Meu mais novo *status quo* é ser mãe da esfuziante Milena, mas também sou filha, esposa, dona de casa, empresária, escritora. Meu momento escritora/empresária tem sido dedicado ao empoderamento - Acredito ferozmente no potencial humano, e tenho trabalhado com dezenas de casos onde o autoconhecimento tem participado como alicerce para verdadeiras redescobertas de vida e carreira. Tudo isso embasado na minha própria trajetória profissional, em mais de 10 anos como pesquisadora clínica, Especialista em Saúde Pública e Mestre em Ciências da Saúde. Os anos de carreira, somados a outras especializações, como *coach*, Analista Comportamental e Psicoterapeuta, me permitiram mesclar qualidade de vida com alto desempenho profissional, resultando na verdadeira fórmula para uma vida plena e com propósito claro. Convido você a me acompanhar no site O Segredo, no qual atuo como colunista, ou nas redes sociais. Agradeço por dividir minha visão de qualidade de vida - Espero francamente iluminar seu caminho.

Contatos
paulacaputo.com
paulacaputoqvs@gmail.com
linkedin.com/in/paulacaputoqvs

A crescente busca por uma vida mais equilibrada e harmônica nos dias de hoje tornou a expressão "Qualidade de Vida" comum àqueles que vivenciam o estresse do dia a dia e convivem com a constante falta de tempo, seja para a família, seja para o lazer. Além de, muitas vezes, somarem problemas de saúde, como dores ou insatisfações.

Segundo a Organização Mundial da Saúde (OMS), o termo Qualidade de Vida consiste na "percepção do indivíduo sobre sua posição na vida, no contexto da cultura e no sistema de valores nos quais ele vive e em relação aos seus objetivos, expectativas, padrões e preocupações".

Portanto, o termo Qualidade de Vida pode variar conforme sua cultura, seus objetivos e suas expectativas, ou seja, varia de pessoa para pessoa.

Visando uma forma de avaliação, a OMS, ainda na década de 90, elaborou o questionário WHOQOL – abreviação para *World Health Organization Quality of Life*, subdividindo os fatores determinantes à qualidade de vida de uma pessoa em seis domínios: domínio físico, domínio psicológico, nível de independência, relações sociais, ambiente e aspectos espirituais/religião/crenças pessoais.

No entanto, o objetivo aqui não é avaliar, mas desenvolver e aprimorar capacidades pessoais que propiciem a tão buscada Qualidade de Vida.

Um novo método

Pensando em proporcionar uma qualidade de vida maximizada, elaborei o conceito do Método Gestão Emocional. Uma metodologia que une a psicoterapia e as áreas da saúde ao processo de *coaching* e mentoria, gerando uma linha de trabalho única, com um processo exclusivo de ensinamento, para proporcionar um conhecimento diferenciado e abrangente sobre os diferentes aspectos que proporcionam uma qualidade de vida sistêmica.

Para realizar esse novo modelo de trabalho, exclusivamente estruturado na incessante busca por uma melhor condição de vida, aliei minha formação em biomedicina e a experiência de mais de dez anos como pesquisadora clínica às observações nos atendimentos individuais em consultório como psicoterapeuta. Somando-se a leitura e o estudo constante de artigos científicos e pesquisadores renomados.

Esse método objetiva desenvolver quesitos pontuais, que possibilitem a você reestruturar sua vida de modo amplo e dinamizador – retomando o comando e (re)direcionando seus valores e crenças aos seus objetivos, metas e sonhos. Possibilitando, assim, o encontro da realização pessoal, profissional, ou qualquer outra área da vida que deseje êxito.

Não existe milagre ou mágica

Quando se trata de mudanças, estas ocorrem de maneiras diferentes em cada indivíduo. No entanto, todas as mudanças precisam passar por diferentes níveis de entendimento e compreensão por parte da pessoa, para que realmente se efetive como hábito e se torne intrínseca no seu dia a dia. Ou seja, se você não entender e validar o processo de mudança, essa não se manterá por muito tempo, fazendo com que você retome seu antigo padrão de comportamento. E são esses diferentes níveis de entendimento e compreensão que diferenciam as pessoas, a validação de seu poder pessoal. Poder esse que construímos ou limitamos com nossos valores, crenças e/ou ações diárias. Vale frisar que o entendimento se dá num nível mais superficial, e a compreensão atua num patamar mais profundo, levando realmente o indivíduo à ação.

Mudar - Desejo íntimo de busca pela felicidade

"Viver sem sonhos pode ser triste, mas mais doloroso é tê-los e não persegui-los."
Flávio Gikovate, 2014.

O mudar, o transformar-se, o metamorfosear-se, nada mais é que a inquietude humana na busca por aquilo que lhe traga mais satisfação, seja no âmbito profissional, seja no pessoal, amoroso etc.

Optar por novas escolhas, ceder à coceirinha da inquietação, é o início do processo de sair da zona de conforto e deixar de realizar ações automáticas – o que, nem sempre, acarreta em muitas alegrias ou satisfação em curto prazo. Entretanto, adentrar nesse processo de caos instalado, que é o transformar-se, em que, muitas vezes, a luz no fim do túnel parece apenas ser um trem desgovernado, vem da ânsia pelo prazer do gozo da felicidade.

As sensações e os sentimentos estão diretamente relacionados aos hábitos, crenças, costumes e, principalmente, valores.

Muitas vezes, esses valores foram ainda adquiridos na mais tenra infância junto aos laços familiares – foram se alicerçando, crescendo, juntando-se ou adaptando-se aos demais valores adquiridos ao longo da vida.

São eles, os valores/crenças/hábitos, os reais responsáveis por nossas escolhas, pela direção norteadora que a vida desenhou ao longo da trajetória de nossos anos vividos. O melhor de tudo é que podemos (re)programá-los a qualquer momento – só depende da sua vontade de querer uma melhor qualidade de vida. Sim, suas emoções são responsáveis diretas por sua qualidade de vida. São elas que determinam suas escolhas, elas são a bússola da sua vida.

Ter um maior domínio e clareza sobre a pessoa que é (seus sentimentos e emoções) proporcionam uma ampliação da sua existência emocional. O que está diretamente relacionado com o modo como você se comunica, se relaciona e se expressa no meio em que vive.

Conhecer seus valores norteadores (qualidades, defeitos, escassez e abundâncias) o transformam no verdadeiro "senhor de si", dono de seus atos e de seu destino e, consequentemente, detentor de uma maior inteligência emocional.

Merthiolate emocional

Reflita por um instante: quando você se corta, você não pega um objeto pontiagudo e começa a escarafunchar para ver até onde você aguenta, não é? Você simplesmente limpa o ferimento, faz um curativo e segue vivendo, sabendo que evitará problemas no futuro.

Então por que não agimos da mesma forma quando o assunto é dor emocional?

Daniel Goleman, em sua obra, nos fala sobre isso ao explicar o termo coeficiente emocional (QE) e como as emoções são determinantes para o desenvolvimento de nossas capacidades e potenciais.

Até mesmo uma resposta negativa, muitas vezes, apesar de gerar uma inicial tempestade emocional, pode ser o item desencadeador para aquela tão sonhada guinada na rota dos acontecimentos em sua vida.

A pesquisadora Brené Brown ratifica essa ideia. Ela cita a vulnerabilidade como um dos principais fatores quando o assunto é a humanidade que há em sermos imperfeitos.

A autora compara a imperfeição com uma válvula propulsora de coragem, para seguirmos nossa trajetória e buscar aquilo que desejamos. Assim como outros sentimentos considerados negativos ou de menor (pré)julgamento, como medo, vergonha etc.

Nenhum sentimento é bom ou ruim de maneira isolada, nós é que fazemos essa classificação, de acordo com os valores familiares que nos foram passados ou agregados ao longo de nossa trajetória.

Aqui se encontra uma questão importante, dentro do método Gestão Emocional, que chamo de Higiene Emocional. A assepsia de uma crítica deve ser tão essencial quanto a de um corte na perna.

Por esse motivo, é preciso frear o seu "crítico interno" – você não ganha nada se autopunindo. A diferença está em realmente procurar se conhecer e identificar seus valores, crenças, potenciais e medos, isso sim potencializará suas chances de sucesso.

Isso porque conhecer essas características o faz genuíno, único, pois muitos podem ter a mesma habilidade que você, mas ninguém desenvolve ou aplica da mesma forma (as pessoas são diferentes, lembra?!). É a forma como você usa essas características a seu favor que irão lhe possibilitar um maior discernimento no modo como agir nas mais diversas situações. Essa é a base da sua evolução emocional.

Podemos citar, como exemplo, a raiva – um sentimento, muitas vezes, abafado e mal explorado. Uma raiva bem canalizada, trabalhada, pode sim gerar frutos muito doces; como no caso de você usar essa raiva como motivador para sair de uma situação desagradável em que se encontre há muito tempo, ou mesmo para explorar seu autocontrole.

Essa é a missão do Gestão Emocional: auxiliar você a identificar suas qualidades e defeitos, bem como as principais atitudes norteadoras de suas escolhas, que te descrevem e te determinam como ser humano. Com essas informações, é possível traçar um plano de ação, potencializando essas qualidades e trabalhando os pontos de melhoria, para mudar sua trajetória profissional, melhorar sua vida pessoal e alcançar a total qualidade de vida sistêmica.

Ter oportunidades é um luxo

Todas as respostas que você procura já estão dentro de você, apenas estão desorganizadas ou confusas. O que somado a sua visão míope, embaçada, acarreta no caos total.

Precisamos interromper pensamentos e raciocínios que só nos levam a outras ideias preconcebidos (limitadas) – chegar às mesmas conclusões de sempre não irá resolver seus problemas, ou alterar alguma situação mais difícil que você esteja vivenciando.

É necessário usar nossa inteligência para pararmos de justificar nossos enganos e equívocos a nós mesmos.

Assim, por favor:

– Pare de dar nome bonito às coisas, enfrente a realidade sem medos ou culpas.

– Erros são erros, não transforme erros em "acertos", mas em experiências.

– Grosseria em "autoafirmação", e isso é total falta de educação, mesmo.
– Orgulho não é "amor-próprio". Desenvolva sua autoestima e verá que isso é outra coisa.
– Covardia não é "autopreservação".
– Preguiça não é cansaço.
Não se engane.

Viva intensamente, supere seus limites, não se acomode – saber que ter oportunidades é um luxo, e saber que você é detentor de todas elas, podendo (re)descobrir ou mesmo criar, e ainda, potencializá-las, é o maior tesouro que o universo pode lhe oferecer.

Nosso maior desafio não é sermos sinceros com os outros, mas para conosco. Você só é capaz de enganar a si, e o maior prejudicado nessa história toda é você mesmo!

Pare de viver a vida que você não quer

Toda mudança gera um caos inevitável, que fará você dar aquela olhadinha para trás com saudade da sua zona de conforto. Entretanto, passado o caos inicial, olhar para a frente é realizador.

É no hoje (no agora) que sua vida vai se transformando e você vai metamorfoseando, se realizando, se edificando.

Ao ir fazendo escolhas conscientes e bem estruturadas, você está determinando o modo como quer que sua vida se ajeite lá na frente (no futuro), isso porque é só no futuro que você realmente viverá a concretização das suas escolhas de hoje.

O futuro pode ser daqui a uma hora, um minuto – pense nisso!

Seu futuro depende exclusivamente das escolhas do seu presente, por isso viver no agora, com escolhas concisas, é tão importante e determinante pra sua qualidade de vida.

Reflita sobre a história da sua vida que gostaria de contar.

Reveja seus valores, suas crenças, seus hábitos e seja o arquiteto da própria vida – essa responsabilidade é só sua!

Permita-se tomar novas decisões, viver mais livre, explorar seus potenciais. Aprenda e sinta como seus novos sentimentos e sentidos surgirão e se manifestarão frente a todas as novidades a que agora você se expõe.

Embarque nessa aventura. Você pode realizar tudo aquilo que desejar, mudanças e/ou transformações, a qualquer momento. Pode dar um passo para trás e dois para a frente ou vice-versa, só depende da sua vontade e do seu desejo de realização. Confie em você, confie em suas escolhas – ninguém sabe mais sobre sua vida ou sobre o que é melhor para si do que você mesmo.

Pronto pra evoluir?

Abrir-se para a reflexão, pensar, é o primeiro passo para uma mudança significativa. Silencie-se para escutar seu coração.

Você é merecedor de tudo de melhor que o mundo, o universo, tem a lhe oferecer. E quando você descobre quem é, aí ninguém te segura, meu amigo(a)! Porque você se torna seu dono e seu senhor, e a opinião dos outros se torna o que sempre deveria ser: apenas a opinião alheia. E esta não o afeta mais, não lhe causa nenhuma insegurança, dúvida ou prejuízo.

Isso tudo porque você (re)conhece seus valores. Agora você sabe o que lhe serve e o que não lhe serve. Passando a encarar a vida e travando batalhas com o que realmente deve ser combatido, e não com moinhos de vento.

Não espere que os outros digam do que você é capaz. Apenas você é capaz de responder a essa pergunta, pois é o detentor dessas respostas, as respostas que realmente interessam e fazem toda a diferença em sua vida.

Só você é capaz de discernir as melhores escolhas, seu grau de esforço e dedicação, foco e organização em suas atividades.

Lembre-se, a grama do vizinho só é mais verde porque o foco, a dedicação, a disciplina e a organização dele a sua causa pessoal são mais intensas e determinantes do que a das outras pessoas. Essa pessoa não teve sorte, ela fez escolhas que fizeram toda a diferença nos resultados que obteve. E na sua vida, qual são as escolhas que farão toda a diferença nos resultados que você tanto deseja alcançar?

Referências
BARROS Filho,Clóvis De; CALABREZ, Pedro. *Em busca de nós mesmos.* Editora Citadel, 2017.
RUIZ,Don Miguel. *Os quatro compromissos: edição comemorativa.* Editora Best-Seller, 2017.
GOLEMAN, Daniel. *Inteligência emocional – A teoria revolucionária que define o que é ser inteligente.* Editora Objetiva, 2015.
_____ *Foco – A atenção e seu papel fundamental para o sucesso.* Editora Objetiva, 2014.
GIKOVATE, Flávio. *Mudar – Caminhos para a transformação verdadeira.* Editora MG Editores, 2014.
BROWN,Brené. *A coragem de ser imperfeito.* Editora Sextante, 2013.
GUILLEBEAU,Chris *A arte da não conformidade.* Editora Saraiva, 2012.
SHERMER, Michael. *Cérebro e crença.* Editora JSN, 2012.
CHAMINE,Shirzad. *Inteligência positiva.* Editora Fontanar, 2009.
TOLLE,Eckhart. *Um novo despertar.* Editora Sextante, 2007.
DE ALMEIDA, Marco Antonio Bettine, GUTIERREZ, Gustavo Luis e MARQUES, Renato. *Qualidade de vida - definição, conceitos e interfaces com outras áreas de pesquisa,* Editora Escola de Artes, Ciências e Humanidades - EACH/USP, 2012.

36

O que você está fazendo com a sua vida?

Dalai Lama, um dos líderes de uma das maiores tradições de fé do mundo, um dia falou sobre a natureza da vida humana: "Nascer é um milagre. Então, o que você está fazendo com a sua vida?".

Paulo Moreno

Paulo Moreno

Sênior Coach Executivo, Carreira e de Empregos certificado pelo NeuroLeadership Institute e também pela ICI - Integrated Coaching Institute, além de especializações em *Coaching* pela Universidade de Nova York e Erickson. Executivo de RH em empresas multinacionais há mais de 15 anos e formado em Administração de Empresas - FECAP, Pós-Graduado em Recursos Humanos - FAAP, além de MBA em Gestão Estratégica na USP, Mestrando em RH e Gestão de Conhecimento pela FUNIBER e um MBA Internacional in company pela Cornell (EUA) - Executive Certificate in HR Leadership. Mais recentemente cursando Psicanálise junto à Sociedade Brasileira de Psicanálise Integrativa e me especializando em Inteligência Emocional através de uma formação junto com o Dr Daniel Goleman nos EUA, pai da Inteligência Emocional. Premiado pela TOP 5 - Jovem Talento de RH - 12º *Top of Mind* e eternamente apaixonado pela vida, minha família, no desenvolvimento de pessoas, pelo Corinthians e por Nova York.

Contatos
www.paulomoreno.com.br
paulomoreno@rhpm.com.br
55 (11) 3042-4472
+1 646 7086171 (WhatsApp)

Comentei com uma amiga que começaria um artigo para um livro com essa citação anterior do Dalai Lama e ela, ironicamente, mas também sabiamente, me perguntou: "Precisa escrever algo mais depois disso?".

Claro que ri, mas respondi prontamente: "Ainda vejo que tem muita gente que nunca parou para pensar sobre isso, acho que vale escrever um pouquinho mais".

Sei também que é uma pergunta profunda e ao mesmo tempo bastante simples, mas sempre que estou com meus clientes de *coaching* de Carreira ou de Transição e discutimos um pouco sobre essa questão, noto que acaba causando um impacto e até implicações muito grandes em cada um.

Não faço essa pergunta por acaso, não. Pode até parecer clichê ou até muito filosófico, mas realmente acredito no que Ken Robinson um dia falou em uma de suas palestras para o TED: "Cada um de nós somos um momento único na história. Absolutamente ninguém jamais viveu a sua vida e tampouco alguma outra pessoa viverá".

Claro que nossas vidas são afetadas devido às chances e às circunstâncias, mas elas também são moldadas pelas suas próprias atitudes, expectativas e pelas descobertas de nossos talentos e paixões.

Conhecemos muitas pessoas que realmente são apaixonadas pela vida e a vivem de maneira intensa e tentam aproveitar cada momento dela, outras que se contentam com muito menos e a exploram muito menos também. Elas simplesmente não desfrutam de suas vidas ou, mais especificamente, o trabalho que possuem. O mais importante é deixar a semana passar e, muitas vezes, ficar contando as horas para que a sexta-feira chegue o mais breve possível. Alguns dizem que não têm muito o que fazer, a vida é simplesmente assim, mas tudo poderia ser, sim, muito diferente. Quem não tem que lidar com pressões, obrigações e dificuldades? Será mesmo que não existe uma outra maneira ou algo diferente? E se criássemos um hábito diferente? E um pensamento, vamos dizer... mais ousado?

Bem, se você está realmente pensando em fazer alguma mudança, já adianto que precisamos pensar diferente e, muitas vezes, entender claramente sobre o que realmente queremos de nosso trabalho e como então vamos fazer isso. E é exatamente o que esse artigo vai falar.

Nessas poucas páginas, vou trazer o meu exemplo de mudança e o que me motivou a fazer uma grande transformação na minha vida e na minha carreira.

Também trago questionamentos, pensamentos e provocações, para que o ajude a trazer uma nova maneira de pensar e como você pode se reorientar no seu trabalho e nos muitos caminhos que vão surgir.

Então, está preparado para pensar o que está fazendo com a sua vida?

O que é mudança?

É dúvida...

Eu trabalhava como *head* de aquisição e desenvolvimento de talentos para a maior empresa de bebidas destiladas do mundo.
Uma carreira bem sólida e ascendente.
O momento?
Eu diria que para qualquer executivo de RH – de dar inveja!
Transformação de toda cultura organizacional, implementação e mudança de cada processo de recursos humanos, tocando um projeto global de desenvolvimento de toda a liderança sênior da organização, liberação para aumento de quadro da equipe, e seu chefe apenas fortalecendo que estávamos no caminho certo. Porém, um sentimento crescia cada dia mais dentro de mim e precisava entender melhor o que era aquilo.

Eu sentia que aquilo não era mais para mim. Perguntava-me diariamente se o problema era comigo, a empresa ou a função que eu exercia.

Não parava de me perguntar: por que não buscar uma nova oportunidade de trabalho antes de sair desse emprego?

É tensão...

Tenso, pois pela primeira vez na minha carreira estava fazendo algo parecido. Todas as vezes que resolvi pedir demissão, sempre já havia uma outra proposta em mãos e nunca tinha sido desligado de nenhuma empresa.

Sentei com meu chefe e disse para ele que tinha tomado a decisão de deixar a empresa. Expliquei que não sentia mais a mesma vontade e crença pelo que eu estava fazendo, tampouco pela organização. Mas, que como não tinha nada em vista ainda, que cumpriria com meus compromissos e entregaria o que havíamos acordado caso assim ele também quisesse.

Não preciso dizer que a conversa foi longa e que ele trouxe argumentos e muitas reflexões para que eu desistisse daquela decisão.

Saí, então, com a incumbência de refletir sobre aquilo e de voltarmos a conversar nas próximas semanas.

É foco?

Nada me fazia mudar mais de opinião e realmente o meu único sentimento era que eu precisava deixar a empresa e buscar algo novo. Entrevistas começaram a surgir.

Meu chefe, naquele momento, respeitou meu desejo e combinamos alguns pontos: a busca de meu substituto, fazer a passagem de bastão, finalizar os projetos e colocar um prazo para que tudo isso fosse realizado. E que, enquanto isso, manteríamos tudo apenas entre nós dois.

É alívio, liberdade...

Um alívio invadia meu corpo e minha mente de modo que eu não conseguia me conter. Parecia que eu estava ganhando a liberdade, que eu tinha assumido um controle sobre mim que nunca havia sentido, nunca havia tido o prazer de ter.

E fui fazendo o que se esperava.

Iniciei diversas conversas com *headhunters*, comecei a falar com alguns amigos para avisar que estava disponível no mercado, e a cada entrevista que eu participava ia seguindo adiante; eu me questionava se era aquilo que eu realmente queria para minha vida, até que resolvi aceitar o que há muito tempo me perseguia.

São questionamentos...

Ao sair de uma entrevista de uma gigante do setor farmacêutico, recebi a ligação da consultoria, pois eu havia sido aprovado para a fase final do processo e que haviam gostado muito de mim.

Feliz? Nada. Bateu-me um desespero e na mesma hora voltou a sensação de estar deixando algo passar. Parecia que o trem estava mudando o rumo e indo para o caminho errado novamente.

Liguei em seguida para o *headhunter*, conversei por alguns minutos e agradeci a oportunidade. Disse a ele que, por razões particulares, precisaria de um tempo e que não poderia seguir adiante no processo.

É aceitar, é tomar coragem...

Um dia li em um artigo da Liz Ryan, na *Forbes*: "Aqui está o segredo para sua reinvenção e para ter a carreira e a vida que você quer:

tudo começa a mudar quando você dá um bravo passo se olhando no espelho! Você é a estrela do filme! É a sua vida, e é a sua carreira".

E essas palavras já estavam me incomodando por algum tempo, até que naquele mesmo dia resolvi que tinha que me abrir e deixar o meu sentimento fluir. Então, ao chegar em casa, fui direto conversar com minha família – dividir o meu desejo. E assim o fiz.

Ao começar a contar sobre minha decisão, me olhavam com aquela pergunta que estampava as suas faces: você está louco?

Essa pergunta de fato não veio, mas outras surgiram:

E o emprego? Não dá para eles te ajudarem com isso?

E se não der certo?

Vamos ter dinheiro para isso?

E sua carreira? O que os outros vão pensar?

E como vamos viver?

E depois, e se você não conseguir mais emprego?

Já não está velho demais para isso?

Eu sabia que essas perguntas surgiriam, e já estava preparado para algumas delas, mas para outras o que me restava dizer era "não sei".

Porém, o que mais me impressionava era o sentimento que crescia em mim a cada pergunta – um sentimento de certeza, de que eu precisava assumir meu desejo de uma vez por todas. Claro que minhas respostas não foram nada tranquilizadoras, mas acho que minha inspiração era tanta que consegui o apoio final de que precisava e uma resposta que me deixou ainda mais forte – meu marido disse: "Estou com você. Vamos em frente!". Sim, ali também estava colocando um casamento de 11 anos nesse processo todo.

É fazer acontecer...

Sexta-feira, 20 de março de 2015 – São Paulo – voo internacional saindo de Guarulhos – tempestade e trânsito maluco nas marginais – início do outono no Brasil e da primavera no local de destino – Nova York.

Preocupação com aquela tempestade, ansiedade e uma adrenalina tomavam conta daquele que, ao chegar no horário no aeroporto, descobre, ao sentar na sala de embarque e já com tempo de ligar o celular, que aquele era o Dia Internacional da Felicidade.

Respiro forte e levanto a cabeça com um sorriso leve no rosto. Como toda mudança, a partir do momento que tomamos a decisão, buscamos qualquer sinal que possa reforçar e dizer que você está no caminho certo.

E os sinais não pararam por ali. Olhei para o monitor que indicava as informações sobre o voo e mais um fato que vou chamar aqui de reforço positivo: 20h20 (era o horário do voo).

, UAU! Pensei comigo – 20h20 – tem coisa mais perfeita que o significado da visão perfeita?

Objetivo: morar seis meses na cidade que me conquistou desde a primeira vez que pisei por lá e aproveitar para fazer uma reciclagem em universidades locais em tudo no que tange à liderança, ao *coaching* e à gestão de mudança.

Visão perfeita...

Se realmente lá em 2015 eu tive a visão perfeita sobre o que aconteceria na minha vida, de fato eu não sei.

O que eu sei é que quando parti para Nova York o meu planejamento inicial era de um ano, mas que, com o problema político brasileiro na época, o dólar disparou e o plano ou objetivo, como disse acima, se transformou em apenas seis meses.

Com dois meses por lá, comecei a estudar na Universidade de Nova York e *insights* começaram a surgir. Foi então que resolvi colocar meu site no ar e declarar oficialmente que estava me tornando *Coaching* Executivo e de Carreira, profissão essa que discretamente já fazia em paralelo desde 2011, quando fiz minha primeira formação.

Sempre havia sido reconhecido pelos meus clientes, funcionários diretos, colegas de trabalho e também pelos meus chefes devido à minha habilidade em liderar e desenvolver pessoas e também pela minha capacidade em ouvir e dar *feedbacks*.

Isso realmente sempre foi minha paixão, e foi então a maneira que encontrei para fazer tudo isso do jeito que eu gosto e acredito. Mais do que isso, hoje minha nova profissão me permite atender profissionais de todos os níveis no Brasil, nos Estados Unidos e ao redor do mundo, e estar em Nova York desde então, me deixa conectado com tudo que existe de mais atual, renomado e sendo usado no mundo das organizações. O que mais você quer?

Reflexão

Desde que fiz essa mudança em minha vida, não é incomum encontrar com amigos e conhecidos e escutar: "Puxa! Se eu não tivesse isso ou aquilo, eu faria igual a você!". Ou então: "Nova York é meu sonho, mas não posso largar meu emprego. Se não tivesse filhos...". E por aí vai.

Depois de um tempo ouvindo dezenas de pessoas fazendo esses comentários e ao mesmo tempo vivenciando outras dezenas de pessoas que estão ali em Nova York, cada uma de sua maneira, mas vivendo seus sonhos, seja longe de família, trabalhando em empregos talvez menos requintados, sofrendo para pagar uma escola e conseguir aprender o tão requisitado inglês, focando em uma nova formação etc., mais do que nunca pude presenciar o quão verdadeiro é aquela citação: A vida é feita de escolhas.

Sim, isso é a mais pura verdade, mesmo quando achamos que não.

Quem já não teve um trabalho que achou ridículo, um chefe controlador, uma situação difícil na família, problemas financeiros, ou qualquer outro grande problema que passam em nossos caminhos?

A tentação em dizer que devido a esses problemas ou situações eu não consigo fazer nada, não consigo fazer diferente ou não consigo controlar tudo, é enorme. Se você está nesse momento quase já incomodado com o que estou dizendo e até me fazendo críticas, só posso lhe dizer – que pena!

Quantos e quantos exemplos de transformação você já não viu ao seu redor? Quando tomamos a decisão em aceitar que nossos problemas são maiores do que nós e que não há nada que eu possa fazer, coisas terríveis acontecem – tornamo-nos vítimas, e aí sim já não estamos mais com o controle de nossas vidas. E não porque alguma outra pessoa tomou o controle, mas porque preferimos largar mão.

Quando você confia em si mesmo para permitir que seus sonhos se expandam para além do que pensou ser possível, sua perspectiva mudará dramaticamente. Seja qual for o aborrecimento, os obstáculos imediatos que você tem percebido bloqueando seu caminho até aqui lhe parecerão muito menores, ou eles sumirão completamente, uma vez que você escolhe seguir o seu real caminho.

Faça suas escolhas e não deixe de responder para si mesmo:
O que você está fazendo com a sua vida?

37

Uma mulher que decidiu mudar

Quando trabalhamos com o que gostamos,
de fato, as coisas acontecem

Pri Queiroz

Pri Queiroz

Empresária, palestrante, mentora de micro e pequenos empreendedores, Presidente da Rede Mulheres que Decidem, grupo com mais de 40mil mulheres no Brasil e em outros Países. Tem um Canal no *YouTube* com o próprio nome, onde fala sobre dicas de vendas e negociação, além de entrevistar empresários com suas histórias de superação e aprendizados durante seu processo de empreendedorismo. Desenvolveu o método exclusivo chamado "Vip – Vendas, Influência e Produtividade". É treinadora de equipes comerciais de liderança com ênfase transformacional e *mindset*. Dinâmica, criativa, e com uma energia a mil, ama praticar esportes e sempre reserva uma data na agenda, para viajar e desbravar o Brasil e o mundo. Graduada em Turismo, tem especialização em *marketing* pela FGV. Trabalhou 17 anos nas emissoras da Globo. É formada em PNL, desenvolvimento e liderança (DL) pelo Instituto INEXH, e em *coaching* pelo Instituto NBC. Coleciona cursos e treinamentos e dois foram especiais para sua formação: *Power Trainer* e Ultrapassando Limites, ambos do idealizador Rodrigo Cardoso.

Contatos
www.priqueiroz.com
www.youtube.com.br/priscilia-queiroz

De repente, eu precisava escrever. Como assim? Eu? Em que será que eu posso contribuir com outras pessoas? Pensei. Refleti. Pedi a Deus que me ajudasse, verdadeiramente, a fazer isso. Aí imaginei que todos nós somos pautados em histórias de vida. Todos nós gostamos quando ouvimos histórias e passagens do que acontece com outras pessoas e com nós mesmos. Aí, pensei que poderia contar a minha.

Aprendi que, na vida, quando sonhamos, precisamos dar forma, cor, jeito, prazo, e principalmente, formatos. Eu, desde pequena, dizia que ia trabalhar na televisão, desde os meus 17, trabalho em televisão, mas "na boa", nunquinha com aquilo que realmente eu desejava: ser apresentadora de televisão. Minha inspiração na época, Priscila Saldanha, da TV GLOBINHO. Passei no teste da TV Tribuna e como não podia, de jeito nenhum, menor de idade e eu estava com 17 anos apenas, falei, pedi, implorei para meu primeiro chefe na TV!

Eu comecei na função de datilógrafa, como já disse, mas era e sempre fui insatisfeita e cheia de vontade de aprender mais. Enquanto as pessoas ficavam conversando nas horas vagas, eu queria aprender, e ficava de mesa em mesa procurando entender o que cada um fazia. Não contente com isso, comecei a ir para outras salas, departamentos e, em quatro anos de emissora, conhecia departamento por departamento. Sempre fui muito alegre, muito expansiva, muito fácil de fazer amizades, e isso me ajudava demais.

Logo fui convidada a ir para Sorocaba e com quinze dias, já com as malas prontas, o meu gerente me avisou que não. Eu não ia mais para Sorocaba! Eu iria para Jundiaí.

A luta começou quando cheguei em Jundiaí. Outra vida, ainda tão difícil quanto a fase de Cabo Frio. Um ano depois de instalada com o meu marido Amauri – sim eu havia me casado com véu e grinalda, como manda o figurino – A notícia que ele partiu de forma ríspida, grosseira, incompreensível! Fiquei sem chão! Morri junto com ele naquele momento.

Recebi a notícia mais triste da minha vida. Ele simplesmente foi baleado dentro de um ônibus de viagem! Um traficante fugindo da cidade sentou no banco da frente em que o meu Amauri estava.

O outro traficante resolveu fazer um acerto de contas, entrou no ônibus, simplesmente disparou contra aquele que estava na frente do Amauri! Uma única bala! Uma única manifestação de que meu mundo desabava. A mesma bala que atravessou o traficante parou na cabeça do meu marido, sentado ali naquele banco, naquele número que ele comprou no guichê. Um número maldito! Bendito! Seja lá como você define agora!

Meu mundo desabou e meu castelo desmoronou. A vida não tinha sentido mais para mim! Eu só tinha 26 anos, quando isso tudo aconteceu! Ele era meu tudo: minha base, minha fortaleza, meu alicerce. Como conseguiria seguir adiante? A notícia, quando você recebe, de uma morte inesperada, é a pior dor que um ser humano pode sentir. Você não faz ideia do que isso significa!

Dor latejante, dilacerante, que rasga, que destrói, que corrompe tudo! A minha dor era tão grande, tão forte, tão indesejada, que para compensar este processo todo, eu me rasguei inteirinha com as minhas unhas pelo meu corpo. Não podia aceitar aquela notícia, não podia aceitar que ele tinha me deixado de forma tão cruel, tão rude, tão sem sentido!

Naquela fase em que estava na TV em Jundiaí, ganhando prêmios e mais prêmios, buscando forças e focando a minha energia em outras coisas, eu precisava canalizar minha dor em algo palpável. Algo que pudesse me levar adiante. Que não me entregasse para a depressão e pela dor insuportável de não estar mais com ele.

Só quem perde alguém sabe o que estou escrevendo.

Eu reagi! Saí do fundo do poço! Saí daquele momento que "era só meu" e olhei em torno. Olhei para o que estava acontecendo em minha vida e resolvi olhar para frente e entender no que havia, de fato, se tornado minha vida e o que eu desejaria para ela nos próximos anos.

Foi aí que me permiti seguir adiante, focar cem por cento no meu trabalho, nas minhas metas, nos meus resultados. Sempre que uma dor dilacerante invade nossa vida, temos que focar em algo e, no meu caso, foi no meu trabalho. Todos os dias, saía com o propósito de fazer acontecer. Tinha horas do dia em que sentia imensa e profunda vontade de chorar, desabar, desistir, enlouquecer.

Fiquei exatamente 17 anos nas emissoras afiliadas Globo. Como fui feliz este tempo todo... Como aprendi.

Durante a minha fase do luto, algo diferente estava planejado para minha vida.

No final do ano entre de 2003, resolvi ir para um SPA!

Aquele era o lugar que eu precisava. Ouvi dizer que tinha um bem pertinho de Jundiaí, chamado SPA Recanto e resolvi fechar ali mesmo. Um baque pra família, porque não queria passar o *Réveillon* com ninguém. Queria meu momento.

Foi muito bom. Conheci muitas pessoas diferentes. Marquei em um Karaokê e nunca me esqueço, era uma Quarta-feira e a maioria deles eram de outras cidades apenas um amigo apareceu. Reação!

Uma amiga amada e querida, e vou aqui dar esta homenagem a ela, Clarissa Musso virou para mim, me puxou em um canto daquele bar e disse:

Miga, este é o homem da sua vida.

Oi? Pirou? Não quero saber de homem nenhum, você sabe! Ainda vivo triste e sofrendo pela morte do Amauri! Não quero de jeito nenhum!

Esta minha amiga amada sempre teve algumas "habilidades extraterrestres" (risos), e repetiu dizendo para eu ficar de olho, porque não era só um amigo que eu havia conhecido no SPA. Ele era e seria muito importante em minha vida.

Quando o meu amigo Valter resolveu ir embora daquele karaokê eu o acompanhei até a porta, e na hora que agradeci, pois realmente havia ficado muito feliz com sua consideração, ele pegou com as suas mãos a minha cabeça e "PUFT", me tascou um beijo na boca!

Logo no dia seguinte, ele me ligou. Ligava insistentemente e eu pedia que não me procurasse. Não queria saber dele. Não queria ninguém.

Ele foi insistente e como todo bom ariano, não desistiu. Que decisão difícil a minha, porque de fato aquele homem tinha reacendido algo dentro de mim. Algo que estava abafado, esquecido, coberto de destroços, e eu estava com muito, muito medo de trazer isso à tona. Vasculhar por entre os destroços e entender o que ali acontecia.

No dia do tal do jantar, ele veio até Jundiaí e conversamos muito. Lembro como se fosse hoje, como ele estava lindo. Caramba, já me entreguei aqui? Então. Mais ou menos. De fato, eu queria e não queria. Avaliava e não avaliada os riscos. Ficamos ali por horas, e ele me dizia que não estava entendendo o que estava acontecendo com ele também, que desde aquela noite eu não saia da cabeça dele... O que aconteceu ali foi que o estopim havia explodido e, de fato, começamos a nos entender.

Começamos a trabalhar juntos e foi minha experiência enquanto empreendedora. Crescemos em três anos muito!

Chegamos a recrutar 32 vendedores, simultaneamente. Ganhamos muito dinheiro.

Uma época ótima e feliz para que pudéssemos construir nossa casa. Foi uma loucura total. Sim. Iria reconstruir minha vida!

Na ocasião, recebi, um belo dia, uma ligação do meu amigo e padrinho (sim, padrinho, porque foi ele quem me descobriu para área comercial), Júlio Petucco, me convidando para um almoço.

Falamos muito, conversamos, e ele me perguntou "na lata", se eu não gostaria de voltar para emissora.

Contei isso ao Valter, que me estimulou muito e voltei!

Até que eu resolvi pedir um novo almoço com meu amigo Júlio e aceitei a proposta de voltar à emissora.

O bom filho a casa torna, não é mesmo?

Recomecei na TV, agora TV TEM, uma equipe linda me recebeu e eu me sentia mais forte do que antes. Claro, agora tinha tido o olhar do empresário, entendia como as coisas funcionavam e por que funcionavam daquela maneira. Entreguei-me aos métodos, processos, metas e ia trabalhando dia a dia, me reiterando de tudo e de todos.

Como afirmei acima, fui levando os prêmios anuais e, desde meu retorno, não havia um ano sequer que eu não estivesse nas finais dos campeonatos de vendas.

Naquele momento, algo havia mudado em mim. Sim, era uma vontade de querer fazer as coisas de forma diferente, de reinventar os processos ali existentes, querer me doar mais para os gestores e, junto deles, mirar projetos mais "comerciais", e assim ter mais expressões dentro das comunidades. Com o tempo, percebi que precisava voar outros voos e que ali estava meu momento e ele deveria ser vivido. Foi isso que fiz.

De repente voltei a empreender. Desta vez com uma produtora de vídeo. Criamos, então, o produto *Mídia Indoor*, TV Cena e, rapidamente, em apenas três meses, tinha 12 locais com monitores funcionando. Como eu faria para crescer? Depois de alguns percalços, fiquei sabendo de um grupo novo chegando em Jundiaí, com Mídia Indoor, e resolvi me unir a ele.

Falaria tudo que eu construí e o que poderia agregar se nos tornássemos um.

Toquei a campainha da empresa e quase como um muro do outro lado, destrava-se o portão. Acho que ele não acreditou que sua concorrente estava tocando sua campainha. Ousadia eu tive. E muita!

Óbvio que o meu concorrente já sabia meu nome, quem eu era, e quando entrei naquela sala, lembro como se fosse hoje, estavam pai e filho olhando com cara de "ué" para minha cara de pau.

Sentei, me apresentei, busquei saber o que eles faziam e dei a cartada. Nua, dura e crua:

— Vocês querem ser meus amigos?... (foi quase assim mesmo).

Dias depois, ainda preocupada com o meu prazo para sair do escritório com a minha ex-sócia, literalmente com a mala na cabeça e uns computadores também, recebi uma ligação de um número sem identificação e atendo.

Era o meu concorrente. Eram eles. Pai e filho retornando da nossa última conversa e pedindo uma nova reunião.

— Opa, pode ser amanhã? Agora? Ontem? Chegando lá, me deparei com os dois e mais uma pessoa, a filha. O pai iniciou a conversa perguntando que tipo de feitiço eu havia feito com as pessoas da cidade.

Carambola! Que alívio! Que notícia maravilhosa! Como foi bom saber que fomos queridos. Aí veio a proposta.

— Vamos nos unir. Vamos unir nossas forças. Claro, aceitei imediatamente.

Eu estava em êxtase e se eu já trabalhava demais, imagine na época, eu extasiada?

Era um avião a jato, um cometa Harley querendo dar a volta no Planeta Terra mais de um milhão de vezes.

Naquele primeiro ano, fizemos um barulho gigante na cidade. Estávamos maiores, com o relançamento da TV CENA e já passávamos de 40 monitores. Um sucesso absoluto. Sem concorrentes no setor. Uma fase boa e diferente. Fase que novamente fiquei em paz monetariamente, ganhando dinheiro, crescendo, me mantendo firme em meus propósitos, fazendo e acontecendo. Interessante como a motivação pode vir para um ser humano de diversas maneiras: pelo dinheiro; pela fé; pela vaidade de se tornar aquilo que sempre desejou e almejou. Acreditava e ainda acredito demais no meu produto e naquela época, então, fazia ainda muito mais coisas, visitava clientes.

A TV CENA se tornou conhecida, se tornou ímpar em Jundiaí e ganhou em escala como a maior rede de mídia *indoor* da cidade.

Um belo dia, meu sócio me chamou na sala dele e me falou que ele e o filho precisavam conversar comigo. Não queriam mais continuar com a empresa, problemas e soluções que precisavam ser tomadas no âmbito familiar e que os impediam de continuar ao meu lado.

Fiquei desesperada. Começou uma vida nova, uma vida diferente, uma vida sozinha e cheia de loucuras de empreendedorismo para enfrentar.

Ser empreendedor não é fácil, hein?

1º) Não podemos pensar em salário para gente! Se sobrar *top*!

2º) Benefícios. Que benefícios?

3º) Estabilidade, plano de carreira, vale transporte?

Ser empreendedor é abdicar do seu orgulho e entender que a prioridade é a sua empresa.

Fase 1: tem sempre uma fase complicada que não sobra dinheiro pra nada!

Fase 2: um ano e meio. Aqui, muitas quebram! É o momento em que você se supera ou é superado pelo mercado.

Fase 3: estabilidade. Momento de se manter, manter sua estrutura. Este é o momento.

Fase ouro: aqui, você realmente é um empresário de sucesso, desejado! A diferença é que agora você deve estar ganhando bem para caramba para fazer o que faz.

A maioria vive este ciclo de vida vicioso. Não consegue estruturar, para que o dinheiro trabalhe para ele e vive na condição que se parar, tudo morre, tudo termina, tudo finda.

Reflita comigo, agora, caro amigo. Em que fase você se encontra? Agora você sabe qual a fase que vem na sequência e pode decidir: É isso que eu quero para a minha vida?

Com este livro, eu quis mostrar pra você, que não existe fórmula de sucesso, coisíssima nenhuma. O que existe é trabalho, foco, energia, processos, pessoas, relacionamentos.

Realmente faz o que ama?

Eu adoraria que as pessoas buscassem seus verdadeiros prazeres. Seus verdadeiros momentos de inspiração e de trabalho. Quando trabalhamos com o que gostamos, de fato, as coisas acontecem.

Espero ter colaborado bastante com você até aqui, contando algumas passagens da minha vida e algumas experiências adquiridas.

A maior alegria é que este livro vem para revolucionar você, eu e todos que se permitirem uma leitura adorável, com tantas pessoas incríveis querendo contribuir.

38

Eneagrama das personalidades
O caminho seguro para a alta performance nos relacionamentos pessoais e profissionais

Uma fonte de sofrimentos é a nossa tendência de focar no passado ou no futuro, que são projeções mentais de algum fato. Ao sair do agora, ficamos vulneráveis às mágoas do passado e ansiedades do futuro, perdendo as prioridades e a paz do momento atual. Sua essência renascida revoluciona a felicidade, a paz e a satisfação pessoal, quando você se religa à sua genuína realidade

Renato Bittencourt

Renato Bittencourt

Médico *expert* em eneagrama, psicologia transpessoal e comportamento humano. Autor do livro Essência renascida – religue-se à sua genuína realidade. Criador do Programa Essência renascida – ampliar níveis de consciência, desenvolvendo nossa espiritualidade comportamental. Este é estruturado na qualidade de vida, na satisfação pessoal e no equilíbrio emocional por meio *marketing* digital, no formato de artigos, *e-books*, livros, vídeos, palestras, treinamentos *online* e mentorias. Criador do Projeto Re-Neagrama, que após muitos anos de estudo comparativo das obras de vários autores do Brasil e do mundo, realiza uma releitura com uma visão renata do eneagrama. Trinta anos de experiência em análise comportamental, espiritualidade e transformação pessoal.

Contatos
www.renato-biteca.com.br
contato@renato-biteca.com.br
Youtube: Renato Luiz Bittencourt Ferreira
Linkedin: linkedin.com/in/renato-bittencourt/
Facebook: renatobiteca
Instagram: @renatobitteca
(81) 98174-7139

A ansiedade e a inquietude mental decorrem da aspiração de uma melhor comunicação, entendimento e captação do que motiva os pensamentos, sentimentos e atitudes das pessoas. Estamos sempre ávidos por métodos que controlem os apegos, ajudem a falar em público, reduzam o tempo de trabalho e aumentem o tempo com a família, afastem a irritação, assegurem bom sono, propiciem perder peso e tirem dores. Estes pontos se relacionam como causa ou efeito um dos outros, pelo modo mecânico, automático, repetitivo e até subconsciente de nossos atos e hábitos cotidianos.

Então lhe peço agora: permita-se vivenciar, sem medo, os sentimentos que não são perceptíveis em seu cotidiano, por estarem abafados e camuflados pelas couraças dos padrões e das defesas que criamos ao longo da vida. O eneagrama é um mapa que ajuda a reconhecer cada uma das nove emoções: raiva, orgulho, vaidade, inveja, avareza, medo, gula, luxúria e indolência. Pela leitura corporal das emoções, é possível perceber como nosso corpo adquiriu tal forma e jeitão, desde a vida intrauterina até hoje.

A revolução é identificar o que motiva cada tipo do eneagrama e as defesas que criamos durante anos, escondendo o que somos em essência. O corpo expressa as principais emoções da personalidade. No curso online, do Programa Essência Renascida, ensino a identificar o tipo/perfil de cada pessoa, de acordo com a sua constituição física.

Tipo 1: raiva
Radar: dever
Motivação: perfeição

Orienta-se sobre o que tem que ser feito, cumpre regras, tem senso prático apurado. É oito ou oitenta, não tem meio termo. Exigente (consigo e com o outro), inflexível, crítico. Esta emoção se sustenta na rigidez/contração muscular.

Faça meditação, *yoga* e tudo que estimule a flexibilidade, o não julgamento, a aceitação do jeito do outro, a delegação de tarefas, o controle das indignações.

Em estresse, fica depressivo, crítico, trágico. Seja direto e objetivo com ele, mostrando uma visão serena da realidade.

A virtude do tipo 1 é a serenidade. Consciência que permite que todos os sentimentos venham e vão, sem julgamentos, permitindo o sentimento de prazer e aceitação do modo alheio.

Tipo 2: orgulho
Radar: necessidade do outro
Motivação: ser querido

Sorriso estampado, cativante. Ele é empolgado e voluntarioso. Brilho no olhar. Seu assunto é pessoas. É cinestésico, envolvente, percebe o estado emocional de todos. Autoimagem engrandecida. Acredita que não precisa de nada, quem precisa é o outro. Fisicamente com bloco superior desenvolvido, ombro alto e peito estufado, cheinho, fofinho.

Para domar o ego, traga ao consciente a tendência invasiva de ser sempre solícito. Seja autêntico e espontâneo, sem o medo de não ser amado. Medite com foco em suas carências e limitações.

Em estresse, quando não se sente valorizado ou protelado, fica teimoso, manipulador e inconsequente. Age com agressividade, vingança e intolerância, "rodando a baiana". Ajude-o pedindo auxílio, mostrando o quanto ele é importante; trate-o com jeitinho, "olho no olho", seja presente.

A virtude do tipo 2 é a humildade, na forma de ter tranquilidade em reconhecer suas carências, deficiências e limitações.

Tipo 3: vaidade
Radar: sucesso
Motivação: admiração

Desde cedo, aprendeu a fazer coisas para ser admirado. Torna-se o capitão, o líder ou o CDF. Na fase adulta, substitui emoção por trabalho, tornando-se um(a) *workaholic*, tudo pelo sucesso e dinheiro. Máscaras sociais adaptadas à imagem idealizada por ele.

Dica de ouro: seja você, sem papéis. Engaje-se no grupo sem ter que liderar e exibir *performance*. Contente-se em não fazer nada.

Vai para o ponto de estresse, quando tem sensação de fracasso iminente, de impotência ou sem desafios, tendo que manter a "média", sem se destacar e obter admiração. Aí vai para a "caverna", procrastinando tudo, ficando inseguro e com pouco senso de direção. Então, dê-lhe desafios, *feedback*, estimule-o a fazer ligação emocional com seus projetos.

A virtude do tipo 3 é a sinceridade/veracidade. Enfrente honestamente suas falhas e deficiências e tenha uma interação emocional com os projetos e as pessoas, sem o uso de "máscaras".

Tipo 4: inveja
 Radar: para o que falta
 Motivação: singularidade

Introspectivo, o peito é um turbilhão de sensações. Porém, percebe o que sente, mas não se move em direção à mudança, o que gera frustração, insatisfação e sensação de que sempre está faltando algo. É hipersensível e instável. Quer ser diferente em tudo, customiza suas coisas. Boca com os cantos puxados, sobrancelhas baixas (expressão de quem comeu e não gostou). É dotado de um humor sarcástico, irônico e sua crítica é mordaz.

É importante que você não fique se comparando. Tire o peso emocional e coloque racionalidade. Olhe para o que tem de bom. Pratique *yoga* e meditação para equilibrar os sentimentos. Fica estressado com o fato da rotina não poder ser diferente, sentindo-se comum. "Como você é tão insensível e não sabe o que eu estou sentindo?". Em estresse fica servil, vítima, incriminador, apegado.

Então, para lidar melhor com ele, não identifique-se com suas queixas, ajude-o a encontrar o ponto de equilíbrio e ação. A virtude do tipo 4 é a equanimidade e o equilíbrio. Volta-se ao racional, aceitando o comum e a rotina. Racionalize a instabilidade emocional sem culpa.

Tipo 5: avareza/retenção
 Radar: informação
 Motivação: compreender

Mantém as emoções controladas com apatia e frieza. É racional, lógico, calculista, sem expressão. Fechado em si mesmo, minimalista, descarta contato físico. É distante e tem ar de arrogância. Estrutura física: corpo esguio, andar sem peso, expressão congelada, olhar vazio, ostracismo-barriguinha, ombro caído. Só o corpo presente e a mente distante.

Super dica: não controle as emoções, compartilhe conhecimento, não se afaste das pessoas. Abrace! Desapegue-se da "cabeça" e passe a se basear nos instintos/*insights*. Não reprima as emoções; não retenha sentimentos. Fale claramente, nada de meias palavras. Socialize-se! Pratique meditação de conexão com o corpo.

Vai ao ponto de estresse quando perde a autonomia e a liberdade ou quando tem que decidir na hora. Também fica estressado quando você é intransigente e não o compreende. Sob estresse, torna-se superficial, fantasioso e eremita. Então, não tente convencê-lo, apenas dê informações.

Dê-lhe tempo para pensar, evite contato físico e jamais visite seu "castelo" sem ser convidado. Estimule-o para a ação e a amorosidade.

Trabalhe a virtude do desapego das coisas mentais e do medo de perder. Expresse o que está sentindo. Nada de meias palavras. Socialize-se!

Tipo 6: medo
Radar: risco
Motivação: segurança

Questionador, filósofo, afável e fiel. Metódico, apegado às regras, valores e controle. É o sargentão. Ansiedade, antecipação, inquietude mental e insegurança formam a estrutura de caráter do tipo 6. É hipervigilante, cheio de culpa e tensão. É questionador, sempre pronto para o ataque e com o "pavio curto". Fisicamente é forte e troncudo, com aquele olhar ansioso e desconfiado.

Aqui vai a dica: confie e aceite o jeito do outro. Desapegue-se do apego ao controle. Flagre-se maquinando o tempo todo e medite, percebendo os pontos de tensões no seu corpo e relaxe.

Nada de hipertrofia. Alongue-se, faça *yoga*, pilates e meditação.

Vai direto ao ponto de estresse ao sentir ameaça e risco quando não cumprem a promessa ou se atrasam, quando não sente clareza na comunicação. Então, se torna argumentador e crítico. Não suporta ter que aceitar "goela abaixo". Portanto, passe segurança a ele, não generalize, seja claro e específico. Comunicação "olho no olho" para que se sinta seguro. Avise com antecedência.

Sua virtude é a coragem. Tenha coragem interna para confiar em si mesmo e decidir com o sentir e não com o pensar.

Tipo 7: gula
Radar: prazer
Motivação: satisfação

Personalidade com turbilhões de ideias na cabeça, muita iniciativa e pouco foco. Quer liberdade, rebelde, improvisador, "bagre ensaboado", piadista, conversador, jovial, espontâneo, otimista. Sempre nega o medo e a dor pela busca do prazer. Quer variedade de estímulos e sensações.

Dica de ouro: saia da embriaguez mental, tenha foco e termine todos os projetos que começa. Enraíze-se emocionalmente, a longo prazo. Encare a dor com maturidade.

Pratique natação, *yoga*, *tai chi chuan*, meditação e tudo que foque no agora.

Vai para o estresse quando lida com pessoas inflexíveis, quando tem que encarar rotinas metódicas e perder sua liberdade. Também fica estressado quando tem que se adequar, com poucos estímulos. Se torna irritado, teimoso, intransigente e distante. Estimule sua criatividade com sobriedade.

Aliás, sobriedade é a virtude a ser trabalhada. Desacelere. Desenvolva a frugalidade (contente-se). Medite sobre a superficialidade e compulsão/gula pela variedade.

Tipo 8: luxúria
Radar: poder
Motivação: respeito
Ditador, justiceiro e dominador. "Rolo compressor". Exagerado, lascivo, tudo tem que ser *over*. É arrogante, rude, ofensivo, intimidador e fanfarrão. Características físicas e psicológicas de dominância como: tronco e caixa torácica desenvolvidos, potência na voz e não demonstra tensão.

Dica de sobrevivência: pare! O leão não vai fugir! Pergunte se as pessoas necessitam realmente serem salvas. Apesar da "casca grossa", procure sentir sem necessitar de estímulos tão fortes. Meditação, alongamentos, dança (molejo), natação, massagem (se soltar e confiar) são excelentes práticas.

Vai direto para o estresse quando tem que baixar a guarda, se submeter. Ao sentir-se traído, não tem o controle. Nesses casos, fica quieto e vai para a "caverna" arquitetar a estratégia de guerra. Se torna analítico, intelectual e maquiavélico para contra-atacar.

A virtude do tipo 8 é a inocência de ver sem julgar, sentir compaixão e compartilhar sua força, sem oprimir e intimidar. Deixe-se influenciar, medite entregando-se e flexibilizando-se.

Tipo 9: indolência
Radar: paz
Motivação: tranquilidade
A única saída dessa criança foi render-se às circunstâncias, anestesiando o seu querer. Hoje, é flexível como água, pega o ritmo do outro, foge de conflitos e não se posiciona. É resignado, jovial, amigável, extrovertido, bonachão e faz piada de si mesmo. Sempre diz: "tanto faz", "qualquer um tá bom", "escolhe você". Empurra com a barriga. Rosto com expressão de "paisagem", peito para trás, barriga para frente, pés abertos e tendência à obesidade. De tanto engolir sapos ao longo da vida, fica com o corpo em formato de barril.

Pegue esta dica: posicione-se! Não tenha medo de rejeição. Seja autêntico. Medite caminhando, sobre o que você mais procrastina.

Fica estressado quando é forçado a decidir ou quando se mete em algum conflito que não consegue mediar. É quando ele fica empacado, apegado, resistente e inflexível. Nesses casos, tenha paciência com ele, não o force e não decida por ele. Ouça-o e não o pressione, apenas dê carinho.

A virtude do tipo 9 é a ação correta, que vem quando ele reflete e descobre o sentido do seu querer. Dê o primeiro passo, depois o segundo, e se envolva com a própria ação. Posicione-se e seja autêntico.

Você está a cinco passos da revolução

1º Autopercepção. Nosso corpo e nossa mente são o mapa da mina. Da mesma forma que o engenheiro precisa conhecer a estrutura e os alicerces da casa para empreender uma reforma, se nos conhecermos e nos observarmos com maior profundidade, conquistaremos o privilégio raro do autocontrole do ego.

No curso *online*, *Essência Renascida*, e em nosso programa de mentoria, aprofundamos dicas e ferramentas poderosas neste processo de autopercepção.

2º Autorresiliência. Semelhante ao garimpeiro que necessita de material adequado para cavar mais fundo, nossa metodologia fornece estratégias seguras para descobrir o que há por trás de cada reação do seu padrão de comportamento. Baixa o nível das cobranças internas a que você se submete, exercita a compaixão e a paciência consigo mesmo.

3º Foco no outro. Assim como uma luneta é de grande valia para que o capitão do navio aviste a ilha do tesouro, à medida em que você direcionar o seu foco para as reações e expressões das pessoas ao seu redor, poderá aprimorar sua interação com elas.

4º Desenvolver amorosidade. A amorosidade sincera é uma habilidade que você pode conquistar através do treino contínuo de gestos, palavras e atitudes singelas. Ela visa aperfeiçoar seu campo das emoções e dos sentimentos, bem como o emocional da pessoa em que está focado naquele momento do seu dia.

5º Manter o padrão. A sua revolução interna torna-se efetiva quando você consegue manter o padrão desta mudança, permanecendo livre dos deslizes do ego, que te fazem voltar a exercer velhos hábitos viciosos. Para isso, é fundamental dispor de um método de autodesenvolvimento que proporcione continuidade desse crescimento pessoal. Está nas suas mãos a construção de uma estrutura de caráter forte, dinâmica e equilibrada. Este é o objetivo do Programa Essência Renascida. Espero você.

39

Somos vítimas, não se culpe. Cure-se!

Neste espaço, venho relatar o quanto nós de lá dos anos 80 até os dias de hoje nos desenvolvemos cientificamente e não evoluímos emocionalmente. A população está esgotada, líderes estão estressados, as famílias não se assentam para discutir seus problemas, as pessoas estão sozinhas e egoístas, a tecnologia os celulares, *tablets*, os *iPhones*, os *smartphones* estão sendo nossos melhores amigos de passeio, de conversas, de desabafos, de relacionamentos e investigação da vida alheia; essa tem sido uma rotina da grande parte da juventude brasileira, a comunicação agora é virtual, perdeu se o contato olho no olho, a brincadeira de rua, somos um monte de gente num grupo social discutindo qual futuro?

Roberto Almeida

Roberto Almeida

Personal & Professional Coach pela Sociedade Brasileira de Coaching, centro de referência nacional em *coaching*. Graduado em Economia pela Universidade São Caetano do Sul-USCS, Prós-graduado em Finanças pela FECAP. Psicanalista, pela Sociedade Paulista de Psicanálise. Empreendedor: RM Almeida Consultoria e Treinamentos Ltda. Pastor, *Personal Counseling*, Conferencista, Palestrante, *Coach* Cristão e de Carreira.

Contatos
www.rmalmeida.com.br
rm.almeidacoach@uol.com.br
(11) 98346-9077

No Brasil, 25 milhões de pessoas ou 12% da população necessitam atendimento para sua saúde mental. Há dados da Associação Brasileira de Psiquiatria que 7 milhões de brasileiros sofrem com transtornos mentais graves. No mundo todo, mais de 400 milhões de pessoas estão afetadas por distúrbios mentais ou comportamentais. Problemas de saúde mental ocupam cinco posições no ranking das dez principais causas de incapacidade de acordo com a Organização Mundial da Saúde.(OMS).

Emocionalmente, o povo brasileiro vem sendo vitimado por tantos problemas psicossociais e não é de agora que enfrentamos essa avalanche de distúrbios com planos de Governo desde 1985 os ajustes: Planos Cruzado 1986, Plano Bresser 1987, Plano Verão 1989, Planos Collor I 1990, Plano Collor II 1992 e Plano Real de 1994. Planos que durante uma década e meia trouxeram grandes prejuízos e sacrifícios ao povo brasileiro, um passado recente que nos fizeram oprimir, sacrificar, nos abalar, com filas para atendimentos médicos precários e racionamento de alimentos, investimentos e sonhos exauridos com confiscos financeiros e enorme traumatização social, problemas graves de saúde, físico, emocional, foram legados deixados pela história econômica das últimas décadas.

Vivemos um período neurótico em que a ética e a moral, a dignidade passaram despercebidas diante dos políticos (eles também com transtornos emocionais graves) desta Nação. Muitas famílias perderam seu precioso Patrimônio, a morte bateu na porta de milhões de brasileiros, casamentos foram desfeitos, crianças e jovens herdam décadas e décadas de desajustes, nos tiraram o direito de estudar, ficamos a um "Deus dará", incompetência administrativa e política, herdamos um fardo, um jugo pesado. Nestes anos, sem dúvida, a fé seja qual for a origem, foi o sustentáculo de muita gente a esperança num horizonte desanimador.

O brasileiro na sua grande maioria Cristã se bem ou mal se apegou, como sempre, à fé, tentando frear as consequências do processo Econômico Social degradante existente, a busca do milagre, da providência divina, da cura emocional, ou da cura física foi explorada e *marketizada*, com um crescimento estrondoso nos movimentos Pentecostais e Carismáticos. Neste espaço, venho relatar o quanto nós de lá dos anos 80 até os dias de hoje nos desenvolvemos cientificamente e não evoluímos emocionalmente. A população está esgotada, líderes estão estressados, as famílias não se assentam para discutir seus problemas, as pessoas estão sozinhas e egoístas, a tecnologia os celulares, *tablets*, os *iPhones*, os *smartphones* estão sendo nossos melhores amigos de passeio, de conversas, de desabafos, de relacionamentos e investigação da vida alheia; essa tem sido uma rotina da grande parte da juventude brasileira, a comunicação agora é virtual, perdeu-se o contato olho no olho, a brincadeira de rua, somos um monte de gente num grupo social discutindo qual futuro? Uma bolha pronta a estourar, a explodir; como vemos em alguns casos de morte, assassinatos, suicídios crimes hediondos, feminicídio, pedofilia, o isolamento é real, o imaginário, os complexos, os traumas as síndromes se apresentam nos *Facebooks*, temos que nos assegurar e proteger nossas famílias. Os consultórios de Psicologia e Psicanálise, Centros de psiquiatria necessitam urgentemente ser adaptados a novas regras de atendimento e ajustes nos preços dos seus serviços, ainda é caro se submeter a um tratamento nesta Nação.

Mediante uma excepcional história bíblica, venho apresentar um exemplo de superação, inteligência espiritual, emocional, projeto de vida, realização de um sonho, história de uma família, instituição de uma Nação. Nessa fantástica história, temos a convicção que não se pode liderar, educar, viver, criar sem ter um mínimo de conhecimento das consequências físicas e emocionais que estamos absorvendo em função do nosso sistema neurótico de vida e a desenfreada busca pelo sucesso. Os transtornos aos quais estamos expostos é adquirido a cada dia, fazem com que jamais desprezemos e fechemos nossos olhos para os conceitos bíblicos dados, principalmente, pelo evangelho de Jesus Cristo, o qual pode nos auxiliar para obtenção de paz e bem-estar. A fé e a ciência juntas podem ser, sem dúvida, uma ferramenta eficaz para um bem-estar, para a melhora de nossos relacionamentos, cura emocional e sucesso profissional, com certeza, a nos proporcionar maior equilíbrio físico espiritual. A Revolução do século XXI começa dentro de nós, abrindo caminho para quebra de jugos e paradigmas expostos durante anos. Hoje vemos padres, pastores, líderes espirituais, executivos, diretores de escolas com visão psíquico espiritual, aconselhando pessoas a buscarem a terapia para ajuda psíquica, como também vários deles com a bíblia aberta em suas mesas transmitindo versos do evangelho para conselho e libertação de almas que se encontram oprimidas, eles estão conseguindo alinhar com muita tranquilidade o que é espiritual, separando o que é transtorno mental.

"Eu mesmo tenho dito, se não permanecesse alguns anos dentro de uma Sociedade de estudos Psicanalíticos, não teria jamais conseguido permanecer de pé e ativo, pois é pesado o encargo de poder ouvir e auxiliar pessoas, vidas, casais, jovens, com seus diversos problemas e angústias sem ter uma boa base e conhecimento do consciente e inconsciente, o mundo espiritual existe". Jesus falou sobre as obras das trevas, a matéria psicologia faz parte de um bom curso Teológico. Na grade curricular da grande maioria das faculdades teológicas há professores com especialidades psicanalíticas e de psicologia, não estamos falando nenhuma novidade, estamos reforçando a necessidade que há em revolucionar esses conceitos de libertação espiritual, com o tratamento psicológico.

Todos os dias, são centenas de jovens que descarregam suas mágoas nas bebidas, fruto de suas frustrações. O Ministério da Previdência Social gasta bilhões com o tratamento de seus pacientes acidentados e afastados dos seus trabalhos e funções, motivo: o emocional destruído pelo desejo de ter e obter, mas, na realidade, não se oferece condições para tal. Quantas decepções, quantos casais se separam, quantas empresas faliram, quantas pessoas terminaram relacionamentos e amizades pela falta do conhecimento psicológico, num tempo de estresse. A população está assustada com a criminalidade, a neurose nossa de cada dia interfere no bem-estar do meu próximo, temos que efetivar novas mudanças para frear essa loucura, revolucionar o cuidado com a saúde, com o corpo, com a alma; aliado a tudo isso, humildade para ouvir e ler a palavra de Deus. O suicídio cresce de forma absurda, a pedofilia se torna notícia toda semana, não se trata só de uma fuga ou um crime, existe uma ação espiritual por de trás de tudo isso também. Qual? Cabe a cada um interpretar, não quero ser o dono da verdade.

A fé em Deus, a terapia no deserto, Deus foi o mentor de Abraão
Temos plena consciência de que quando um projeto vem do fundo da alma e do coração, temos a impressão que Deus falou conosco, não vemos a hora de colocar em prática, os sinais, as pessoas com que nos relacionamos, os últimos livros que lemos, as péssimas experiências que acabamos de vivenciar, um conjunto de fatores parecem que vem à tona para corroborar com um sonho que está prestes a sair do papel, na maioria das vezes falta capital, falta quem nos entenda, falta aquela mãozinha dizendo "o que você está precisando"? No entanto, nem todos conseguem detectar quando é o próprio ser criador Deus dizendo, " eu te criei e te dei vida para fazer isso aqui, vai por esse caminho que gosta, persevera, pois irei te honrar, eis que sou contigo".

Assim se constituiu a forma de Deus falar com muitos homens na sua palavra a Bíblia, o próprio Deus disse para Abraão: Sai da tua terra, e da tua parentela; e da casa de teu pai, para a terra que eu te mostrarei. E far-te-ei uma grande nação, e abençoar-te-ei, e engrandecerei o teu nome, e tu serás uma benção. E abençoarei os que te abençoarem e amaldiçoarei os que te amaldiçoarem; e em ti serão benditas todas as famílias da terra. Gen.12:1 a3.

Deus chama Abraão, Ele também te chama, ouça sua voz

Pode um homem conviver com sua família e parentes até 75 anos de idade e Deus o Senhor prometer a ele filhos, prometer moradia, sem dar o endereço, prometer terras, e honrá-lo sem nunca ter se apresentado a ele? No entanto, Deus o conhecia e, com certeza, Abraão era um homem temente ao Senhor.

Fora o registro de bondade, mansidão e amor a Deus, Abraão recebeu instruções e conselhos de Melquisedeque rei de Salém e sacerdote de El Ely(Deus altíssimo), o pai de Abraão se chamava Terá e sua família era natural da cidade de Ur dos Caldeus, na Mesopotâmia, saiu de Ur, seguindo em direção à terra de Canaã, e depois foram até Harã e habitaram ali. Foi educado, observado, separado para este enorme propósito, gerar um Nação escolhida por Deus. Melquisedeque trouxe-lhe pão e vinho, o abençoou e disse: Bendito seja; Abrão do Deus Altíssimo, o possuidor dos céus e da terra.

Todos nós teremos uma oportunidade de dar uma virada na vida em certo momento fique atento, muitas lutas, muitas decepções; é um cenário propício para mudanças fortes, para revolucionar a vida e começar de novo, de dar a volta por cima. Neste projeto que está nascendo, o qual Deus está colocando em suas mãos, que tal receber a benção do Senhor, você ter a mão de Deus apontando para onde deve seguir, auxílio nos negócios será uma fonte de inspiração e segurança, um alicerce para o enorme plano que Deus irá desenvolver em sua vida.

Por falta de conhecimento bíblico, estamos perdendo oportunidades fantásticas de ver o quanto o Senhor tem tocado em nossos corações dizendo: vai por aqui, creio desde o momento em que você se tornou adulto e responsável pelos seus atos, Ele vem falando que espiritualidade e fé movem os céus; convidar o Senhor e receber sua benção não é somente no dia do casamento e no momento em que nasce um filho, Deus quer e deseja ser seu Sócio majoritário, quer participar dos seus sonhos, quer nos orientar diariamente, o que dizem é uma grande verdade não precisamos estar morando dentro de uma Igreja, ou de um retiro espiritual, mas quanta diferença faz para aqueles dez minutinhos na hora do almoço e fazer uma oração, uma meditação; a certeza é que o dia vai mudar e as circunstâncias impossíveis se tornarão possíveis, é o encontro do poder de Deus, com o estresse rotineiro que nos consome. Não falo nenhuma novidade, mas destaco a importância de buscar esse combustível chamado poder de Deus.

Portanto, seu sonho estará exclusivamente nas mãos de Deus. Hoje será que Deus fala claramente com uma pessoa? Tenho visto alguns testemunhos assim, mas o que fica agora em pauta é que Ele tem dado todo indício a nós que está presente, e cuidando de nós, o fato é que, às vezes, nos distanciamos e nossa fé enfraquece mediante algumas circunstâncias difíceis. Abraão só teve uma voz a ouvir, só teve um Senhor a seguir. A ansiedade, o medo, a depressão por ter saído sem saber pra aonde ia, não deram lugar a grande oportunidade de se tornar exclusivo nas mãos de Deus.

Quero, aqui, deixar uma palavra profética para sua vida, " Que seu sonho, seu projeto seja exclusivo, e desenhado por Deus, olhe para sua vida e veja quantos livramentos, bençãos Deus já lhe proporcionou, então chegou a hora de sair do meio daqueles que não creem no seu sonho, talvez sua rotina e convivência diária têm freado aquilo que Deus quer realizar e trazer a você, vamos em frente posicione-se". Não limite a obra que Deus quer realizar, coloque por terra essas crenças negativas, liberte-se, transforme se, Jesus virou a mesa no templo. Os transtornos mentais podem atingir qualquer pessoa; todos com fé em Deus, sem fé, ateus, todos estão sujeitos a passar por algum transtorno, precisarão serem tratados por especialistas, porque é fundamental sabermos isso? Por que já vimos por muitas vezes, você já ouviu empreendedores, líderes, pessoas desempregadas tomando decisões; montando empresas, fazendo negócios, desfazerem negócios grandes, em momentos de euforia, de depressão, de fragilidade emocional, passarem da medida, do limite físico, exaustos em suas profissões com suas respectivas rotinas, obtendo por consequências prejuízos exorbitantes, chegando à falência e até separação matrimonial, terminando uma sociedade com enorme carga de peso e opressão, portanto é hora da revolução; consultar o analista e consultar a Deus. O encontro com Deus serve justamente para cuidar de nós, está escrito: Não andeis ansiosos quanto a vossa vida, pelo que haveis de comer ou pelo que haveis de beber, nem quanto ao vosso corpo, pelo haveis de vestir. Não é a vida mais do que o mantimento e o corpo, mais do que a vestimenta? Mat.6:25

Sigmund Freud exemplificou três tipos de preocupações: a ansiedade da realidade (o medo), a ansiedade moral, (culpa, vergonha, acusação), a ansiedade neurótica, (aquela nos faz perder o controle, ficar nervoso, impaciente). No caso de nosso Patriarca Abraão, ele teve medo de falar para

Abimeleque que Sara era sua esposa, mentiu dizendo que era sua irmã, omitiu a verdade, pois Sara era filha de seu pai, mas não filha de sua mãe. Posteriormente, a ansiedade de sua esposa veio a naufragar o grande projeto de Deus, a impaciência de Sara fez com sua enorme vontade de ter um filho o convencesse de persuadir seu marido, a se deitar com Agar e antecipar na sua casa a vinda de um filho, o qual depois nasceria Ismael. O mesmo não estava nos planos de Deus, mas o Senhor abençoaria Agar, multiplicaria sobre maneira sua descendência.

Olhemos as consequências da ansiedade, ela, devido a alguma origem emocional, pode desencadear um problema ainda maior, de ordem financeira, física, destruindo um sonho. O que vemos hoje: a falta de tratamento e a não cura desse transtorno pode levar ao alcoolismo e uso de outras substâncias e entorpecentes. O que aprendemos aqui é que um homem cujo o Senhor Deus falava com ele cara a cara teve medo e ansiedade, deixou que a dúvida invadisse seu coração, afetassem sua fé, invadissem sua mente, corrompeu a promessa de Deus e esquecesse a voz do Criador; por conseguinte, nós necessitamos, sim, de terapeutas preparados dentro de suas especialidades para serem instrumentos também de Deus para nos auxiliarem a reestruturar nossas emoções, um amparo na realização de nossos sonhos, os quais Ele mesmo quer nos dar. Como diz a própria palavra: A soberba do homem o abaterá, mas o humilde de espírito obterá honra.Pv.29:23.

Uma mudança transformadora daria um novo tempo na vida desse homem separado por Deus: Sendo, pois, Abrão da idade de noventa e nove anos, apareceu o Senhor a Abrão e disse-lhe; eu sou o Deus todo Poderoso; anda em minha presença e sê perfeito. E porei o meu concerto entre mim e ti e te multiplicarei grandissimamente, E não chamarás mais o teu nome Abrão, mas Abraão será o teu nome; porque por pai de multidão de nações te tenho posto. E te farei frutificar grandissimamente e de ti farei nações, e reis sairão de ti. E estabelecerei o meu concerto entre mim e ti e a tua semente depois de ti em suas gerações, por concerto perpétuo, para te ser a ti por Deus e à tua semente depois de ti e te darei a ti e à tua semente depois de ti a terra de tuas peregrinações, toda a terra de Canaã em perpétua possessão, e ser-lhe-is o seu Deus. É inegável que todas as experiências vividas de sucesso ou fracasso, quando se deparam com a vontade de vencer e reiniciar um sonho de vida, com a visão transformadora do autoconhecimento, é o que estamos propondo a terapia intensiva junto com a Espiritualidade, em nosso caso a fé Cristã, o elo entre o equilíbrio emocional e a fé traz uma enorme segurança da mesma forma como Deus mudou o nome de Abrão para Abraão, confirmando suas promessas e seu encargo de Líder e Patriarca de uma Nação. Creio que já existe uma trajetória de experiências profissionais positivas que neste instante teu nome, ou teu sobrenome, suas características, devam ser expostas para obtenção de resultados favoráveis, identificar com certeza uma marca, não só dada pelo mercado, ou melhores amigos, mas, sim, é um presente de Deus que deseja nos transformar por completo, entrando no cenário diário profissional e familiar dando um novo ritmo para nosso modo de viver esse mesmo Senhor e Deus quer te honrar da mesma forma que honrou a Abraão. É de suma importância destacar que o Senhor também muda o nome de sua esposa chamada Sarai, para Sara, porque disse o Senhor: Eu ei de abençoar e te hei de dar a ti um filho; e a abençoarei, e será mãe das nações; reis de povos sairão dela. O tempo de júbilo, o tempo de honra está se aproximando, olhe e veja quando o Senhor começar a despertar seu sonho, falar com você numa forte e determinante oração. Assim, mudou o nome de Abraão e de Sara, Abraão caiu sobre o seu rosto, e riu-se e disse no seu coração: A um homem de cem anos há de nascer um filho? E conceberá Sara na idade de novena anos? É tremendo esse momento, você pode imaginar: exatamente agora o Senhor Deus pode estar preparando um novo caminho na sua história, independentemente da idade, do seu dinheiro, mas depende de sua vontade de aprender e estar com seus sentidos, seus desejos, sua fé determinada Nele para que dentro de um voto e propósito Deus possa ver disposição; o que Ele deve colocar em suas mãos para te honrar, tem um contexto macro, abençoar a muitos, ter retorno financeiro sim, mas visa também demonstrar a grandeza do Pai criador, e deixar o legado de um testemunho fantástico e abrasador. Assim foi com Abraão e Sara, E o Senhor visitou a Sara, como tinha dito; e fez o Senhor a Sara como tinha falado. Gen 21:1. E concebeu a Sara e deu Abraão um filho na sua velhice, ao tempo determinado, ao tempo determinado que Deus lhe tinha dito. E chamou Abraão o nome de seu filho que lhe nascera que Sara lhe dera, Isaque. Era Abraão da idade de cem anos, quando lhe nasceu Isaque, seu filho. E disse Sara: Deus me tem feito riso, e todo aquele que ouvir se rirá comigo.

Chegou a hora da sua transformação - "saia do seu quadrado, Deus tem coisas maiores para você"
As revoluções Russa, Cubana, Chinesa, Inglesa, Industrial, todas, sem exceção, tiveram um poder de mudança, renovação de conceitos, tiveram força para unir, desunir, desestruturar um regime estabelecer novos conceitos, criar novos governos, estabelecer novos regimes de Governo, o conflito tem suas consequências nesses casos que citei muitos regimes estão de pé até hoje, se reinventaram, modernizaram-se, outros estão absolutamente obsoletos, faltam políticos inovadores sociais.

Quando olhamos para esse momento no mundo, olhe para o Brasil, ou seu País, no nosso caso o Brasil; está postada a nossa frente uma tela branca pronta para ser pintada, desenhada, recriada; o homem anseia por paz, o homem quer conforto mas, onde está o respeito e a segurança? Há uma voz que clama por transformação. O mundo pede a alma geme, as famílias de bem gritam, até onde vai o poder de destruição do homem? No mesmo tempo, até onde vai o poder Inovador do mesmo Homem? Estamos vendo quantas ações inovadoras que esses homens que mudaram o mundo por meio da tecnologia, Artur C.Clark, Ted Turner, Bill Gates, Akio Morita, Mark Zuckerberg, Sergey Brin e Larry Page, Jeff Bezos, Martin Cooper e outros mais que poderíamos citar que não detêm seus prêmios Nobel, mas estão criando, estão performando, na música, na arte, na ciência e no esporte.

É nesse espírito Inovador e transformador que o Senhor Deus pai te convida a realinhar sua vida e trazer de volta aquela vontade de fazer o principal o bem para o próximo. Há muitas oportunidades a serem dadas por Deus para a humanidade.

Agora é hora de quebrar barreiras, juntar ideias para o coletivo, e trazer esperança para o futuro.

Assim foi nesse pequeno texto da vida de Abraão e sua esposa Sara, o criador simplesmente gerou vida, onde existia um coração bom, e temente ao Deus. Uma Revolução de cultura, Social e religiosa foi construída por meio da vida desse casal.

Aprendemos que a fé não só remove montanhas, mas destrói o pessimismo, o individualismo, e põe pra fora a opressão mental, renova a esperança traz um novo sentido para vida. O Amor ao próximo deve prevalecer diante de tanto desenvolvimento e destruição física e moral.

Em qualquer projeto, vejo claramente essa sequência estrutural para obtenção de sucesso, prosperidade e crescimento; ninguém pode iniciar um sonho, um empreendimento sem essas premissas: 1 – Paz interior, 2 – Ajuda e amor ao próximo, 3 – Cordialidade, 4 – Generosidade, 5 – Gratidão, pois está escrito: A alma generosa prosperará e o que regar também será regado. Pv. 11:25.

Jamais poderei começar um empreendimento sem passar na sabatina de Deus, tenho que ter propósitos, objetivos, ter a mente em paz, paz interior, equilíbrio emocional, tenho que enxergar mais um pouco além do normal, visão de águia, olhar de forma diferente, portanto jamais inicie seus projetos com coração magoado, machucado, a terapia e a cura da alma andam juntas e são alicerces para realização dos nosso sonhos.

Há um Deus criador
"Tu só és Senhor, tu fizeste o céu, o céu dos céus e todo o seu exército, a terra e tudo quanto nela há, os mares e tudo quanto neles há, e tu os guardas em vida a todos e o exército dos céus te adora." Nem 9:6

"Ora aquele que é poderoso para fazer infinitamente mais do que tudo que pedimos ou pensamos, conforme o seu poder que opera em nós." Ef.3:20

"Ora fé é a certeza de coisas que se esperam, a convicção de fatos que não se veem." Heb.11:1

Reitero que a falta de conhecimento nos leva, muitas vezes, ao prejuízo financeiro, desgaste e cansaço físico, e dá abertura para a entrada de doenças que iniciam no nosso emocional.

O que faz um coach cristão?
Ele profissional (*coach*), com o cliente (*coachee*), elabora um processo composto de 10 a 12 sessões de *Coaching*, por meio de técnicas e estudo metodológico juntamente com preceitos bíblicos que visam racionalizar as promessas de Deus, enxergar que em tudo Deus tem um propósito de dar vida em abundância para seus filhos. O *coaching* ajudará a transformar os sonhos em realidade com mais eficácia e urgência, *coaching* cristão mediante a obra de Jesus Cristo como mestre e Senhor, forjará o *coachee* para excelência em suas ações profissionais, ministeriais e de liderança.

Faz o *coachee* enxergar que, muitas vezes, não é a falta de fé em si, mas a falta de algumas competências e habilidades tem sido a causa do insucesso, gerando frustrações e decepções. Sem dúvida, sabemos o que está escrito: sem fé é impossível agradar a Deus, heb.11:6. O *coach* cristão colocará em evidências não só seus conhecimentos bíblicos, como outras habilidades; como conhecimento Psicológico Pastoral, escuta para processos de libertação e cura da alma, quebra de maldições, auxílio para desvios mentais e situações de neurose, psicose, esquizofrenia, depressão, estresse; sabendo, com certeza, quando se deve levar o caso diante de um Psiquiatra, Psicólogo, Médico especialista. O *coaching* cristão não vai, e não pode jamais pensar em curar alguém, o *coaching* é um processo metodológico visando excelência no aspecto cristão. O amor de Cristo Jesus. A atuação no momento de luto, casamento, separação conjugal, planejamento familiar, planejamento profissional, projetos corporativos e empreendimentos é de suma importância a benção do Senhor, a confirmação e consagração de um sonho conforme a vontade de Deus gerando fé, segurança e o sobrenatural, (uma providência divina na hora das dificuldades).

A alma em paz faz com que o indivíduo produza mais e melhor, com alto nível de assertividade e excelência, evita-se demasiadamente o estresse desnecessário e rotineiro dos grandes centros, que atinge a maioria dos Líderes. Bem-aventurado o homem que acha sabedoria, e o homem que adquire conhecimento, porque melhor é a sua mercadoria do que a mercadoria de prata, e a sua renda do que o ouro mais fino. Prov. 3:13-14.

O *coaching* cristão leva a pessoa leiga a discernir, elaborar projetos com a benção do Criador. O *coaching* cristão mostra a saída do caos, saída do fracasso, abre perspectiva de vida, age em todas as áreas da vida, pois a palavra garante e tem base para todas áreas de nossa vida. O *coaching* cristão te faz vencer como Cristo venceu, não carregue um fardo ou jugo pesado Deus deseja te ajudar. O *coach* cristão irá te direcionar a esta grande vitória.

Clame a mim e responder te ei e anunciar-te-ei coisas grandes e firmes que tu não sabes. Jer 33:3

Um case de transformação
Resultado obtido para a glória de Deus
A pessoa estava em luto, destruída sem direção, viúva há dois anos, sozinha com duas crianças. Muito tempo desempregada e sem trabalhar. Pessoa de fé, mas, no entanto, o que acontecera mexeu com seus valores e sentimentos. Mas, fazendo *coaching* cristão, a fé em Deus e em Jesus Cristo foi o grande princípio da restauração mais a visão e propósito de tudo aquilo acontecer, foi feito um plano para mudança e transformação daquela vida, propus fazer o *coaching*.

Disse a ela: vamos trabalhar sua autoestima, segurança, identificar seus valores, realinhar seus sonhos, elaborar um exercício diário para sair dessa opressão, vamos colocar uma escala de valores para não perder mais seu tempo, terá que cuidar dessa depressão, determinamos foco. Começou a caminhar, passei alguns livros para ler e, nas sessões de *coaching*, sempre deixava claro para não desistir; ouvindo sermões, lendo a bíblia e fazendo os exercícios propostos na sessão de *coaching* essa pessoa foi se achando, se reestruturando, expressou perdão para si e para alguns da sua própria família, com os primos e alguns tios, trouxe alguns questões que a limitavam, transmitiu o que ela tinha como crença ou (imaginava da vida), descobriu alguns talentos que possuía e que não sabia, passou a ter propósitos com Deus e, por final; chegando a mais uma sessão, colocou o desejo de fazer um curso de informática para atualização e trabalhos gerais. Nas sessões de *coaching*, como de praxe mais ouvia, mas seu inconsciente só havia tristeza porque assim fora criada; debaixo de jugo de palavras e decepção, isso vindo por parte de pai. Jesus lhe mostrou como ele era e o que lhe bloqueava intelectual e espiritualmente, parou de dar desculpas e culpar pessoas pela sua falta de oportunidade e angústia do luto, deixou de falar que sua vida era uma miséria, cuidou em focar no curso de Computação, tirou um tempo para fazer caminhadas, parou de procrastinar seus afazeres domésticos, passou a interagir novamente com seus dois filhos, porque três meses após morte de seu esposo sua vida desmoronou, nem mesmo os filhos davam força e prazer para realizar um simples passeio com as crianças ou um simples lazer. O *coaching* também auxiliou na fé, foco para a leitura diária da palavra de Deus, ação para levantar cedo e sentar diante do computador à procura de um novo emprego, passou a dar valor a cada minuto do dia, firmou seus passos com Deus, determinou um tempo de orações nas madrugadas, pois a palavra diz " Eu amo os que me amam, e os que de madrugada me buscam me acharão". Prov.8:17.

A fé alinhada com as sessões de *coaching* começaram a produzir resultados efetivos já na segunda sessão, a tomada de posição e atitudes foram cruciais diante de um quadro tenebroso de solidão e desânimo, mas, a partir da sétima sessão em frente, foi que realmente conseguimos notar uma interação, uma recuperação e restauração física, emocional e psicológica daquela senhora.

Foi nítida a transformação e libertação que o *coaching* cristão proporcionou, trazendo à tona também algumas virtudes que estavam enterradas, submersas, destruindo sofismas e cadeias de crenças acumuladas, e o desenvolvimento de algumas competências como o positivismo e a autoconfiança; sua imagem foi revigorada. Concluindo; o Senhor lhe deu um bom emprego, e abriu também no seu coração à expectativa de ter alguém ao seu lado. Passados três meses após o bom emprego, surgiu um pretendente ao um namoro firme e ajustado conforme seus desejos. A ferida foi tratada com fé, terapia e *coaching* cristão, para quem estava morta, valeram muito aquelas 12 sessões de *coaching*. Agora, se vai ser plenamente feliz não podemos saber, no entanto, está vivendo, houve uma transformação ou revolução para quem estava à beira da morte. Esta pessoa, literalmente, no pior momento de sua vida, revolucionou, não fechou a porta para o conhecimento, não deixou o preconceito barrasse sua vontade de vencer, uniu forças, buscou ajuda emocional, física, intelectual, terapêutica e determinou um plano de ação.

O galardão da humildade e o temor do Senhor são riquezas e honra, e vida.Prov.22:4;

Boa sorte, vá em frente, Deus é contigo!

Referências
ABP. *Associação Brasileira de Psiquiatria*. Disponível em: <https://www.abp.org.br/>. Acesso em: 13 de nov. de 2018.
BRASIL. *Governo do Brasil*. Disponível em: <www.brasil.gov.br>. Acesso em: 13 de nov. de 2018.

40

O caminho para a mudança

Há momentos em que a vida o desafia a mudar. É quando a fé, os valores e a capacidade de resistir são testados, fazendo você acreditar que não tem mais recursos, nem forças para seguir. Neste capítulo, você descobrirá o que fazer para revolucionar sua vida, como dar os próximos passos que mudarão a sua história.
Sandra Nunes Lorenzato

"O importante não é onde você começa, mas sim as decisões que toma sobre o lugar que está determinado a alcançar."
Anthony Robbins

Sandra Nunes Lorenzato

Sandra Nunes Lorenzato

Leader Coach e *Personal Life & Professional Coach,* pela Sociedade Brasileira de *Coaching*; especialista em Gestão de Negócios, pela Universidade Católica de Pernambuco (Unicap) e graduada em Comunicação Social – com habilitação em Relações Públicas, pela Unicap. Assessora de Comunicação da Ezato Comunicação e *Marketing* e membro da COOPERH – Cooperativa, Consultoria e *Coaching*. Experiência profissional de dez anos na Petrobras, na área administrativa.

O verdadeiro sentido da vida é acordar todos os dias por uma missão, um propósito. É o que o faz levantar e dedicar as horas mais produtivas do dia para fazer algo que lhe trará realização. Mas, será que é isso que acontece com você? Pense um pouco antes de responder. Avalie o que está por trás daquilo que você faz; o motivo pelo qual você faz o que faz. Essa reflexão permitirá que você decida o que quer mudar na sua vida e como deseja fazer. O conhecimento de suas emoções é o ponto relevante para o início dessa jornada.

Pesquisas revelam que as emoções têm um papel fundamental nas decisões tomadas pelos seres humanos, o que não é percebido pela maioria das pessoas. Daniel Goleman, em sua obra *Inteligência emocional* (2017), diz que, segundo pesquisadores, somos orientados pelas emoções diante de situações decisivas. Cada tipo de emoção que experimentamos nos predispõe para uma ação frequente, isso porque essas experiências foram se repetindo e sendo gravadas no sistema nervoso como inclinações intrínsecas e espontâneas do coração.

A criação que recebemos dos nossos pais e do meio em que convivemos, com permissões e proibições, nos molda para a vida. Muitas vezes, o excesso de cuidado e proteção pode criar crenças limitantes ou fortalecedoras. É claro que a intenção dos pais, avós e familiares, na maioria dos casos, é a melhor possível.

Essas vivências vão delineando a forma como o ser humano pensa, age e se comporta. Nós somos condicionados a aceitar os acontecimentos, sem muitas vezes questionar suas causas e consequências.

Ao serem armazenadas no córtex cerebral, essas informações contribuem para formar nossa personalidade e comportamento. As crenças adquiridas nos fazem pensar que somos produtos do meio e que isso não pode ser alterado. Desta forma, não é possível mudar sua pré-condição de vida, ou seja, se você for de família humilde, jamais conseguirá ser rico.

Muitas pessoas passam a vida acreditando que nada podem fazer para mudar sua condição atual, que o sucesso não é para todo mundo, que não têm sorte, que só ganha dinheiro quem tem dinheiro; pobre não consegue nada, e assim por diante.

No texto *A lógica de Einstein*, atribuído ao próprio Albert Einstein, é contada uma história de duas crianças patinando em um lago congelado, quando repentinamente acontece um acidente:

> (...) o gelo quebrou e uma delas caiu, ficando presa na fenda que se formou.
> A outra, vendo seu amiguinho preso, e se congelando, tirou um dos patins e começou a golpear o gelo com todas as suas forças, conseguindo, por fim, quebrá-lo e libertar o amigo.
> Quando os bombeiros chegaram e viram o que havia acontecido, perguntaram ao menino:
> – Como você conseguiu fazer isso? É impossível que tenha conseguido quebrar o gelo, sendo tão pequeno e com mãos tão frágeis!
> Nesse instante, um ancião que passava pelo local, comentou:
> – Eu sei como ele conseguiu.
> Todos perguntaram:
> – Pode nos dizer como?
> – É simples – respondeu o velho. – Não havia ninguém ao seu redor para lhe dizer que não seria capaz.
> (EINSTEIN, 2017)

Augusto Cury, em *O funcionamento da mente* (2015), diz que "o processo de construção de pensamentos se dá segundo os parâmetros históricos da psique humana, os quais são formados por milhares de janelas ou arquivos que contêm experiências construídas e informações recebidas ao longo da vida".

Bom, até aqui você entendeu como são programadas as crenças limitantes ou fortalecedoras na mente e como elas influenciam nas suas ações diante das situações diversas.

Você pode se perguntar: E agora, como faço para mudar minha situação atual? Cada um tem um modelo mental, *mindset*, exclusivo. O autoconhecimento é essencial para entender a forma de pensar, conhecer e analisar as emoções e como se dá o gerenciamento delas, ou seja, como acontece a comunicação interior e exterior e como você reage diante dos desafios.

Para Anthony Robbins, em *O poder sem limites* (1997), "Não é o que acontece conosco que nos faz ter sucesso ou fracasso, mas como percebemos isso e o que fazemos para ajustar e mudar".

Para muitos, perder o emprego é o fim do mundo, para outro é a possibilidade de encontrar novos caminhos para sua realização profissional e pessoal. A diferença é a forma como você reage aos acontecimentos.

Toda mudança parte de uma necessidade, um desejo ou um desconforto. Todavia, na maioria das vezes, estamos imersos numa zona de conforto tão profunda que não percebemos que alguns comportamentos como irritabilidade, mal-humor, depressão, angústia, impaciência, desânimo, entre outros, indicam que estamos realizando uma atividade ou fazendo algo que vai de encontro aos nossos valores.

Então, pode ser que você queira mudar sua forma de pensar sobre si mesmo e sobre os outros e começar a ter resultados, em três passos.

O primeiro passo: observar a si mesmo, entender a forma como você se comunica consigo e com o mundo. Quais atitudes, comportamentos e ações você tem em casa, no trabalho, com amigos? Perceber e anotar o que o deixa desconfortável, triste e irritado, em que situações isso ocorre, como reage e o que gostaria de mudar.

Esse passo lhe permitirá fazer uma primeira avaliação. Quem você é, como se sente, como reage a certos estímulos e o que quer melhorar? Perceber se gosta do que faz, quais são suas habilidades e o que é importante para você. Esse é um momento que lhe permitirá olhar para o seu interior, para onde, possivelmente você nunca foi. Aproveite o momento para se perguntar: Quais são os meus sonhos? Por que nunca os realizei? Quais os meus receios? E, principalmente, estou feliz com a vida que levo?

No segundo momento, busque informações, conhecimentos, aprendizados, que lhe proporcionem ampliar seu *mindset*. O momento atual, chamado de "A Era da Informação", possibilita o acesso a todas as formas de aprendizado: livros digitais, internet, cursos gratuitos, processos de desenvolvimento pessoal e profissional, como o *coaching*, que promove o autoconhecimento, o aumento da autoconsciência, desenvolve o foco e habilidades.

A informação traz conhecimento, abre horizontes e apresenta um mundo de possibilidades para se ter sucesso. Quer saber como alguém teve sucesso? Estude suas estratégias de ação para conhecer como essas pessoas agem, o que fazem para ter sucesso, o que as diferem dos outros e siga seus passos. É importante entender que apenas o conhecimento não é suficiente para a mudança. É preciso algo mais efetivo: ação! Só a ação é capaz de mudar sua situação atual e movê-lo em direção ao seu sonho de vida.

Terceiro momento: elimine maus hábitos, foque, planeje, desafie-se, permita-se arriscar. Você só descobrirá o sucesso se errar e tentar, tentar, tentar e tentar novamente, até que consiga encontrar o ponto certo.

No livro *O poder sem limites* (1997, p. 27), Anthony Robbins descreve que Bandler e Grinder descobriram que há três formas de ações mentais e físicas que correspondem, mais diretamente, à qualidade dos resultados que se produz.

A primeira é o sistema de crenças das pessoas. O que ela pensa ser possível e impossível determina o que pode, ou não, fazer. A segunda é a sintaxe mental das pessoas, ou seja, a maneira como elas organizam seus pensamentos: é como um código, tem uma sequência lógica para se fazer as coisas. A terceira é a fisiologia. Mente e corpo estão totalmente ligados! A maneira como você respira, mantém o corpo, a postura e expressões faciais; a natureza e a qualidade dos movimentos são o que determinam em que estado você está e este, a extensão e a qualidade dos comportamentos que você produz.

> "O encontro da preparação com a oportunidade gera o rebento que chamamos de sorte."
> Anthony Robbins.

Quando você entra em ação, dá início à mudança, que gera oportunidades em todos os campos da sua vida. É como se você fosse um ímã, capaz de atrair tanto energias positivas quanto negativas. Isso quem vai determinar é você, a partir do que pensa, sente e faz. Terá boas oportunidades e realizações, "sorte", se for positivo e assertivo, e terá más oportunidades, ou azar, se desenvolver pensamos e ações ruins. Dessa forma, o tom da vida será determinado no momento de suas escolhas e de suas ações.

A forma mais assertiva de entrar em ação é a partir do autoconhecimento. Um excelente processo de desenvolvimento da *performance* humana, baseado no autoconhecimento, é o *coaching*. Ele possibilita identificar objetivos, entender comportamentos e encontrar caminhos.

O *coach* leva você, por meio de perguntas que geram reflexão, a descobrir saídas para aquilo que pensava não ter solução, a visualizar respostas, encontrar os recursos internos dos quais dispõe e que podem fazê-lo traçar metas e atingir resultados desejados.

Existem inúmeras razões que fazem você ficar e permanecer na situação atual. Para gerar mudança você precisa entender sua responsabilidade no processo e assumir o compromisso consigo mesmo e definir aonde quer chegar.

Iniciando a caminhada

Quando você decide passar por um processo de *coaching*, muito provavelmente deseja realizar uma mudança ou está incomodado com uma situação. Nesta fase, uma ferramenta que o *coach* poderá aplicar é "Resultados Esperados". Utilizada para definir o foco, e saber aonde o *coachee* quer chegar e para onde deseja direcionar suas forças. É importante que os resultados esperados sejam específicos, mensuráveis e com prazos claramente definidos. Também devem ser definidas quais evidências serão utilizadas para indicar que o objetivo foi alcançado, por que é importante para o cliente alcançar esse objetivo e definir o grau de responsabilidade e comprometimento com o processo.

Valores: O pilar das decisões

Após a definição do propósito, é interessante que seja estimulado o autoconhecimento. É nessa fase que o *coachee* percebe seus valores e entende que suas decisões são tomadas com base neles. Essa percepção permitirá que o *coachee* negocie consigo mesmo até onde ele pode ir sem se chocar com seus princípios.

> "A grande finalidade da vida não é o conhecimento, mas a ação."
> Thomas Henry Huxley.

Definindo a missão

Durante toda a vida você desenvolve muitos desejos, aspirações e sonhos, busca caminhos que acredita serem os melhores e faz algumas escolhas, a maioria destas por não ter outras opções naquele momento. Esse caminho é percorrido, muitas vezes, de forma automática e imperceptível, entretanto, intrinsecamente, existe um desejo latente e inconsciente, uma necessidade, que quando não é atendida incomoda, irrita e o deixa inquieto. Esse desconforto acontece porque você não encontrou o verdadeiro motivo que te faz levantar todos os dias e ter prazer em realizar.

O ser humano tem diferentes necessidades que precisam ser atendidas para que haja uma satisfação em cada momento da vida. Segundo Abraham Harold Maslow, a necessidade que está no topo de sua pirâmide é a autorrealização, que se caracteriza pela satisfação no trabalho, crescimento pessoal, participação nas decisões, diversidade de autonomia e um trabalho desafiador, além do crescimento pessoal.

Encontrar sua missão e viver para ela é algo que o fará ter satisfação no dia a dia e sentimento de realização ao longo da vida. Pode-se perceber que mesmo aquelas pessoas que se realizam fazendo o que gostam precisam se desafiar sempre, buscar novos estímulos para ter a sensação de realização.

No *coaching*, a definição da missão é a razão que atrai a pessoa para viver e sonhar, fazendo-a desenvolver os seus talentos e habilidades, por meio dos comportamentos que tem para conquistar seus objetivos.

Construindo uma Rota de Ação – *Roadmap*

Nada é mais eficiente e eficaz do que fazer um planejamento bem feito, passo a passo, a partir de uma meta bem definida. Após o autoconhecimento, o *Roadmap* (*Powerscript SBCoaching*) ou Rota de Ação é um momento importante na construção de qualquer objetivo. Nele serão mensuradas as ações a serem tomadas, em tempo e espaço possíveis. É o momento de visualizar o futuro e corrigir o que for preciso de forma a atingir seu objetivo final.

Conclusão

Imagino que ao longo deste capítulo você conseguiu se ver em muitas situações, boas e ruins, e percebeu que é capaz de começar tudo de novo, com uma diferença, agora você sabe o que deve fazer para dar o primeiro passo na direção daquilo que quer para sua vida. O caminho não é fácil, mas quem disse que é? Se fosse não teria o gosto da vitória, o sabor da descoberta do seu potencial. Acredite em você! Afinal, ninguém, além de você, é capaz de mudar o seu destino!

"Se você pensa que pode ou se pensa que não pode, de qualquer forma está certo."
Henry Ford.

Referências
CURY, Augusto. *O funcionamento da mente*. São Paulo. Cultrix, 2016.
EINSTEIN, Albert. *A lógica de Einstein*. Disponível em <http://www.feis.unesp.br/Home/departamentos/fisicaequimica/relacaodedocentes973/alogicadeeinstein-1.pdf>. Acesso em 7 de outubro de 2017.
GOLEMAN, Daniel. *Inteligência emocional: a teoria revolucionária que define o que é ser inteligente*. 2. ed. Rio de Janeiro: Objetiva, 2017.
MATTA, Villela da; VICTORIA, Flora. *Personal & Professional Coaching – Livro de Metodologia – Intensivo*. São Paulo. SBCoaching Editora, 2016.
ROBBINS, Antony. *O poder Sem Limites - Título original: Unlimited Power* - Tradução de Muriel Alves Brazil - Editora BestSeller, 1997.

O *coach* na sociedade 5.0

O caminho da sociedade e das tecnologias é retratado de maneira global. Este artigo visa refletir como o *coaching* poderá ajudar nesta transição social/tecnológica e seus impactos no mundo corporativo. Lideranças e pessoas mais preparadas para uma sociedade que permita escolher como trabalhar de maneira mais conectada, isso é o que destaca a Sociedade 5.0

Sirlene Costa Ms

Sirlene Costa Ms

Coach Executivo de Lideranças, certificada pelo *ICI Integrated Coaching Institute*, membro fundador do Capítulo ICF Regional Pernambuco como voluntária vice-presidente do Capítulo. Psicóloga e consultora organizacional, doutoranda na Universidade de Vigo - Espanha na linha de análises econômicas e estratégias empresariais. Formação na metodologia *"The Inner Game"*, de Timothy Gallwey. Docente em cursos de pós-graduação como Oficinas de *Coaching*, *Assessment* de Potencial, Jogos de Empresas, Comportamento Organizacional e outras. Coautora do livro *Novo manual de coaching*, com a coordenação de André Percia, Maurício Sita, pela Literare Books International, publicado em 2016; e *O Psicodrama como protagonista no Coaching*. Bolsista no intercâmbio para o mestrado na cidade de Örnsköldsvik/Suécia. Pós-graduação na cidade de Bornholm, na Dinamarca, em Andragogia. Artigos publicados em congressos internacionais – Canadá e Suécia.

Contatos
sirlene@sirlenefabris.com
www.sirlenefabris.com
+351 91199-2390 (Porto - Portugal)

Revolução... *revolutione* (em latim)... Transformação traz reflexões que permitem presenciar uma nova era, em que a inovação, impulsionada por tecnologias habilitadoras, evoluiu mais rápido do que o comportamento humano, que se vê hoje perdido em meio a todas estas mudanças. Não se está afirmando aqui a dependência tecnológica, mas o uso inteligente da tecnologia para a concretização de objetivos e novos padrões sociais.

Este tema engloba o Conselho de Ciência, Tecnologia e Inovação, organizações, inteligência artificial, qualidade de vida, de maneira geral e o posicionamento das pessoas sobre a "sociedade superinteligente", pioneira visada pela Sociedade 5.0. E como será trabalhar com estas pessoas e seu desenvolvimento?

O que é Sociedade 5.0? Tendo uma visão abrangente da história e estudos, pode-se definir a Sociedade 1.0 como grupos de pessoas que caçam e reúnem em convivência harmoniosa com a natureza; a Sociedade 2.0, como grupos formadores baseados em cultivo agrícola, organização crescente e construção de países. A Sociedade 3.0 é uma sociedade que promove a industrialização por meio da revolução industrial, possibilitando a produção em massa; a Sociedade 4.0 é uma sociedade da informação que realiza um aumento do valor agregado conectando ativos intangíveis como redes de informação. Sociedade 5.0 é uma sociedade da informação construída sobre a Sociedade 4.0, visando uma sociedade próspera centrada no ser humano.

"Contribuir para o bem-estar das pessoas, naturalmente, exigirá uma variedade de abordagens, e a Sociedade 5.0 abraça este amplo conceito."

"Nesse momento em que estamos nos preparando para uma revolução, não podemos deixar que a ignorância e o medo nos impeçam de evoluir. Aproveitar a tecnologia e todas as mudanças que estão acontecendo em favor do ser humano nos dá uma chance de ouro para construir uma sociedade mais justa com relações mais saudáveis. Essas mudanças estão transformando não somente a forma como fazemos as coisas, mas também quem somos", aborda Douglas Oliveira, CEO da Opencadd.

A Sociedade 5.0, em uma visão que o Japão trouxe, visa enfrentar vários desafios, indo muito além da digitalização da economia para a digitalização em todos os níveis da sociedade, principalmente a sociedade japonesa e a transformação (digital) da própria sociedade. E isso converge em algumas consequências, como a Sociedade 5.0 funciona na realidade, pois teremos muitas lições a aprender com essa perspectiva de população de maneira global. Os esforços de transformação digital e o repensar os cuidados com as pessoas, incluindo o avanço das tecnologias, são parcialmente impulsionados pelo fato de que as pessoas em média simplesmente evoluem, ficam mais velhas e há uma mudança cultural, na ótica de mundo.

Estudiosos enfatizam que a reforma mais urgente nesta sociedade é a capacitação humana. Em outras palavras, cada pessoa de uma nação ou organização deverá estar equipada com a capacidade necessária para o desenvolvimento e a mudança, e ser capaz de explorar completamente essa habilidade.

O que o Japão essencialmente faz hoje, conforme foi apresentado no CeBIT 2017, é tomar a dimensão de digitalização e transformação, que está acontecendo principalmente no nível de organizações individuais e partes da sociedade, para uma estratégia de transformação nacional completa, política e mesmo nível de filosofia. Na Sociedade 5.0, a busca pela formação do fundamento do conhecimento é uma das prioridades.

Outros estudos nos falam sobre uma economia que deverá ser centrada nas pessoas, assumindo que todas podem criar valor; é necessário que por intermédio de mecanismos a economia facilite a expressão e os resultados desse valor. O presente mercado de trabalho, no entanto, é ineficiente e não projetado para uma visão inovadora ou centrada nas pessoas.

A inovação, para o ecossistema de empregos, pode sempre contribuir para uma economia centrada nas pessoas, na gestão de pessoas, que maximize o valor mais bem-sucedido das pessoas do que uma economia arbitrária centrada em tarefas, que só procura minimizar o custo da tarefa que acontece nos dias de hoje.

Uma visão simplificada da economia, em que "as pessoas precisam umas das outras, e quando as pessoas necessitam mais, a economia cresce e vice-versa", é apresentada por Nordfors. Portanto, é necessário incentivar ações inovadoras que resultem em processos em que as pessoas precisam mais umas das outras.

E pensando no questionamento semifinal, objeto deste artigo: os *coaches* estão preparados para a Sociedade 5.0? Estão preparados para tratar da convergência das tecnologias com o objetivo de melhorar a qualidade de vida e felicidade das pessoas? Ou seja, os sistemas inteligentes não serão considerados "inimigos" do ser humano, e, sim, aliados para resolver problemas e trazer cada vez mais soluções.

Os *coaches* na atualidade possuem uma conexão com os *coachees* para estas novas tecnologias?

Pesquisadores enfatizam que a verdadeira harmonia entre homens e máquinas só vai acontecer se cada cidadão contribuir, de fato, para uma sociedade mais evoluída. Os profissionais devem buscar novas competências constantemente para se dedicarem a atividades que exijam criatividade, deixando as tarefas mais repetitivas para os robôs executarem. Quais serão essas competências?

Que revolução os *coaches* poderão incentivar e como devem estar preparados para esta revolução tecnológica? E as relações humanas como ficam? Como lidar com pessoas "superinteligentes" e suas relações?

Os *coaches* poderão ajudar na cultura 5.0 a focar na sociedade centrada na pessoa, a partir do momento em que a conexão "*coach* x *coachee*" gere aprendizado.

Na Sociedade 5.0 deve-se por meio do *coaching* ajudar as pessoas que se sentem "marginalizadas" e que querem acessar as novas tecnologias, despertar, e com base no conhecimento e autoconhecimento acessar, por exemplo, a inteligência artificial. Interagir com a conexão.

Como será possível priorizar ações no cenário do agora tecnológico mundo *coaching*? *Interação* com conexão.

O *coach* pode atuar para esta interação com conexão, com uma das competências definidas pelo *ICF-International Coach Federation*, que é "criando consciência". Definida como a capacidade de integrar e avaliar corretamente as múltiplas fontes de informações e de fazer conexões que ajudem o cliente a se conscientizar e, assim, chegar aos resultados acordados. Porém são onze (11) competências importantes para essa transformação.

O momento de um encontro de *coaching* é raro, e este marco tecnológico é um convite para deixar o que você está fazendo agora e "ir para outro lugar e fazer outra coisa". *Coach* na arte e ciência do *coaching* está se preparando para esta Sociedade 5.0?

Como exercitar a competência "criando consciência" no mundo tecnológico e se comprometer com o aqui e agora no *coaching* na Sociedade 5.0?

Assim, como por algum motivo, a tecnologia parece perpetuar a ilusão de que neste mundo "todos podem" ter momentos que se tornem realidade. Da mesma forma, o mundo tecnológico atual permite um encontro *coaching*, mas existe um "abismo", que já é grande em muitas partes do mundo, entre a falta de infraestrutura, a propagação da tecnologia e o preparo do *coach* para lidar com este mundo coaching na Sociedade 5.0. Se estas barreiras não forem ultrapassadas, haverá rupturas entre o mundo tecnológico e o real.

O *coach*, na conexão com seu *coachee*, na era do conhecimento, extrapola mais do que informação ou conhecimento ou fato. Tecnologias de ruptura do tempo, a criação de consciência no *coaching* desafiam nosso âmago mais profundo, porque consegue arquivar o passado, e um pouco dele se torna difícil de esquecer, mesmo quando o momento presente for incrivelmente imemorável. Eles são como "bolhas de sabão" que desaparecem quando são tocadas. A competência "criar consciência" no *coaching* traz o intrínseco, o melhor de si, fazendo desses momentos movimentos de desenvolvimento e práticas positivas nas suas conexões.

Quanto à presença, outra competência do *coach*, ambos, *coach* e *coachee*, os "eu" ficam completos. O "eu" que vive da narrativa e o "eu" que vivencia o momento se tornam um. O presente encapsula o passado e uma promessa para o futuro. O presente se une a um fluxo de tempo de antes e depois. Essa conexão é necessária.

Na Sociedade 5.0 é necessário que o *coach* traga plenitude de "nós mesmos" e gere aprendizado.

Pode-se "desacelerar" e pode-se sintonizar as variações do tempo. Pode-se escolher retomar o tempo e experienciar em cada encontro de *coaching*, vivenciando o compromisso que o mundo tecnológico nos exige neste momento.

Vamos revolucionar para aprender.

Referências
CASTELLS, Manuel. *Sociedade em rede*. São Paulo: Paz e Terra, 2010.
FUKUYAMA.Mayumi. *General Manager and CIO Technology Management Center, Technology Strategy Office, Research & Development Group, Hitachi*, Ltd Joined Hitachi, Ltd. in 1987. <http://www.hitachi.com/rev/archive/2017/r2017_06/pdf/p08-13_TRENDS.pdf>
GOUILLART, Francis J.; Ramaswany, Venkat. *A empresa cocriativa: por que envolver stakeholders no processo de criação de valor gera mais benefícios*. São Paulo: Symnetcs, 2010.
FUKUYAMA.Mayumi. *General Manager and CIO Technology Management Center, Technology Strategy Office, Research & Development Group, Hitachi*, Ltd Joined Hitachi, Ltd. in 1987. <http://www.hitachi.com/rev/archive/2017/r2017_06/pdf/p08-13_TRENDS.pdf>
TAPSCOTT, Don, *Grown Up Digital: How the Net Generation is Changing Your World*. USA, New York: The McGraw-Hill Companies, October 2008.
_____. *Macrowikinomics: reiniciando os negócios e o mundo*. Rio de janeiro: Elsevier, 2011.

42

(R)evolução da felicidade

Deve ser comum acordar com vontade de aprender e se sentir feliz. Entretanto, nossa vida é feita de ciclos de evoluções, de altos e baixos e, por isso, precisamos estar preparados para agir de forma diferente e conquistar confiança. Entendendo que nessa jornada, para alcançarmos nossos objetivos, sempre teremos pessoas especiais que podem nos ajudar. É nesse contexto que começo a contar as experiências que obtive em minha carreira

Thomaz Fischer Levy

Thomaz Fischer Levy

Engenheiro eletricista com pós-graduação em segurança da informação e MBA em *Design Thinking*. É um evangelista de transformação cultural digital, apaixonado por tecnologia, educação e inovação, que busca práticas que possam fazer a diferença na vida das pessoas e impactar de forma significativa as organizações. Possui capacitação em Gestão Estratégica de Negócios pela FGV-SP, Modelagem de Negócios Inovadores pela UNICAMP, Gerenciamento e Execução de Projetos de Inovação Tecnológico pela USP e *Practitioner* em Programação Neurolinguística pelo INEXH. Foi um dos colaboradores pioneiros do *Innovation Lab* – Hospital Israelita Albert Einstein, atuou no Magazine Luiza, CPqD, Ericsson, Venturus, LNLS e hoje é um dos líderes da célula de inovação da Gerdau, conhecida como *Innovation Maker*. Faz parte como voluntário do CJE, Comitê de Jovens Empreendedores da FIESP, que apoia e incentiva *startups* de todo o Brasil.

Contato
thomazfischer@gmail.com

Erros, acertos e aprendizagem fazem parte de minha trajetória, e acredito que de cada um que esteja lendo esse texto agora. Aprendi, em primeiro lugar, que nossos sonhos são os alicerces das realizações que desejamos e que eles só acontecem se acreditarmos e construirmos de forma contínua, colaborativa e compartilhada em um ambiente de confiança. A visão de sonhar grande passa pela evolução do aprendizado em que cada etapa obtemos uma conquista. Estamos no momento de enormes mudanças sociais, mentais, espirituais, tecnológicas e de negócios, tudo isso acontecendo ao mesmo tempo é uma das maiores revoluções.

Meu ponto de partida começa em um ambiente de confiança chamado família, que sempre me incentivou a buscar e a praticar a criatividade, uma das ações fundamentais para a mudança, e isso me ajudou. Desde criança fui estimulado a conhecer de tudo, fiz diversas modalidades de esportes, pude entrar em contato com alguns instrumentos musicais, teatro e algumas práticas de espiritualidade, tais como o catolicismo e o *reiki*. Além disso, consegui através de viagens conhecer diversas pessoas com suas culturas e histórias diferentes que colaboraram na minha evolução como pessoa.

Nesse contexto fértil, inicio o que considero meu primeiro contato prático com as tecnologias que estão ajudando a melhorar a vida das pessoas. Esse fato ocorreu na chegada do meu primo, em meados de 1996, que veio cursar Publicidade e Propaganda e morar na casa da minha avó materna. Lembro que quando ele entrou pela sala da casa, observei que trazia consigo um computador (*Pentium* 100Mhz) juntamente com uma impressora matricial. É a partir dessa situação que começo minha jornada de aprendizado tecnológico.

Fiquei impressionado quando vi aquele objeto entrando pela sala. O PC era um produto tecnológico muito sofisticado para a época, no qual poucas pessoas tinham acesso, e eu estava a um passo de entrar para esse grupo. Naquele momento minha curiosidade e vontade de aprender a mexer no computador trouxe à tona um sentimento quase inexplicável muito parecido com o prazer que tinha ao jogar futebol. Todas as vezes que meu primo ligava o computador, eu ficava fascinado, prestando atenção a todos os movimentos. Lembro-me de como se fosse hoje quando toquei no teclado e o jogador virtual se movimentou na tela do monitor. Eu me emocionei! O coração pulsou mais rápido e me marcou para sempre aquela sensação que acredito ter sido um pico de felicidade. Essa foi a primeira interação com uma tecnologia que mudou o modo como enxergava o mundo, que me fez sonhar com um futuro diferente e de alguma forma queria repetir aquele sentimento mais uma vez.

Minha trajetória profissional se mistura ao avanço tecnológico e esse fator fez com que aprendesse a me adaptar às transformações que impactam processos, tecnologia e o relacionamento humano. Desde o surgimento do computador até a evolução da *Internet* chegando ao início do barateamento da tecnologia, todas essas evoluções possibilitaram uma nova forma de fazer negócios, de interagir com a família e até de cuidar da nossa saúde.

Nessa nova realidade de hiperconexão tecnológica, cada pessoa, seja da nova, seja da antiga geração, deverá se adaptar às mudanças e ter empatia com as pessoas. Por isso, resolvi adaptar meu estilo de vida com a carreira profissional, e essa junção está me proporcionando aprender e ensinar através das experiências que resultam em projetos que podem revolucionar o comportamento das pessoas potencializando os picos de felicidade.

Vou contar sobre algumas experiências que passei em organizações com diferentes atuações, nos quais pude aprender e entregar projetos junto com profissionais ou mentores de excelência, que me ajudaram a compreender a importância de confiar, construir, entregar e realizar.

Primeira experiência

Logo que terminei o curso de programação, no colégio técnico, realizei um dos meus sonhos de infância, pude aprender como desenvolver projetos de programação de *software*. Em paralelo à conclusão do técnico, consegui entrar na faculdade de engenharia elétrica e comecei a identificar oportunidades onde poderia aplicar aquele conhecimento de programação que havia adquirido. Lembro que estava sentado em frente ao laboratório de circuitos eletrônicos quando avistei um cartaz que dizia sobre a oportunidade para uma bolsa de iniciação científica (IC) no Laboratório Nacional de Luz Síncrotron (LNLS). Refleti um pouco sobre os pré-requisitos e resolvi fazer a inscrição para concorrer à vaga.

Fui o escolhido para a vaga. Iniciei em agosto de 2004, e logo conheci meu primeiro grande mentor, o Carlos Scorzato, um dos caras brilhantes que ajudaram a construir o acelerador de partículas. Ele me ajudou e ensinou como elaborar as placas analógicas e digitais que precisava construir. Meu segundo mentor foi o engenheiro Eduardo Shigueo, que sabe dialogar com a máquina como poucos que conheci, ele me ensinou como programar para microcontroladores. Acredito que o período em que estive no LNLS aprendi fazendo, construí desde placas para controle de motores até *softwares* de automação, sempre mantendo a mesma disciplina de planejar, construir, desenvolver, testar, errar, refazer, ter resiliência e foco.

Ao final da IC, o principal entregável foi um sistema que conseguia controlar até 256 motores de passo ao mesmo tempo. Essa foi a primeira experiência na prática na qual aprendi muito sobre a parte técnica, e a maior lição era saber que para ir longe teria que ter mentores de excelência ao meu lado.

Segunda experiência

Minha vontade de programar só crescia. Resolvi começar a prestar alguns programas de estágio e acabei entrando no Venturus Centro de Inovação Tecnológica. Uma *spin off*, se é que posso chamar assim, da multinacional sueca Ericsson. Entrei em março de 2007, com mais um grupo de estagiários, e fomos todos aprender as linguagens de telecomunicações, ASA e PLEX, que são de propriedade da Ericsson. Após cerca de três meses de cursos, fomos alocados nas áreas, cada estagiário com um mentor responsável. Iniciei na área de manutenção de central telefônica, mas esse projeto durou pouco tempo. Logo, recebi um convite para participar de um núcleo que estava começando a programar em linguagem de objeto JAVA. Acredito que a escolha ocorreu pela facilidade que tinha em aprender e me relacionar com os times.

Junto com os mentores, Bruno Oliveira e Eduardo Slompo, teríamos o desafio de digitalizar os testes de um protocolo de telefonia em apenas um mês. Naquele momento, fiquei lisonjeado em ter sido escolhido para o projeto, entretanto, estava tenso por não saber quase nada sobre essa nova linguagem de programação. Mais uma vez, os mentores entraram em cena me ensinando a nova programação, e minha evolução, posso dizer, foi exponencial. Nós conseguimos entregar o projeto, criando um emulador para Protocolos de Central

Telefônica que foi um sucesso. Fiquei muito feliz ao ganharmos reconhecimento do *board* sueco.

A entrega desse projeto possibilitou a abertura de uma nova área no Brasil, e me fez um profissional realizado e cheio de confiança.

Terceira experiência

Entrei no CPqD, no início de 2011, na área de segurança da informação. Tecnicamente todos os profissionais que ali estavam tinham conhecimentos profundos sobre o tema. Acabei conhecendo mais dois mestres que admiro muito, que são o Sérgio Ribeiro e o Emílio Nakamura. Eles puderam me ensinar a teoria e a prática dos cenários de segurança da informação. Comecei a atuar fazendo consultorias para os setores bancários e públicos em projetos que envolviam riscos de perda de informações.

Nesse momento, o mercado começou a dar uma enorme importância para recém-formados que tivessem potencial para se desenvolver através do programa *Trainee*, conversei com os mentores sobre a oportunidade e prestei alguns desses programas e consegui ser aprovado em um dos processos seletivos.

Quarta experiência

Havia conquistado mais um desafio, agora era um *trainee* de uma das maiores varejistas brasileiras. Recém-cheguei ao Magazine Luiza junto a um grupo multidisciplinar, no qual fomos todos alocados em algumas lojas da rede. O intuito era aprendermos desde o funcionamento dos processos das lojas até os desafios de *marketing* e vendas, sempre com o foco em melhorar a experiência do cliente. Essa compreensão inicial foi extremamente importante para o caminho que trilhei dentro da companhia.

Ao término do programa de *trainee*, fui alocado para trabalhar na área de infraestrutura e segurança da informação, no qual consegui entregar alguns projetos específicos e comecei a lidar com projetos mais complexos em que o maior desafio era conseguir dar fluidez na comunicação e na execução, começava a partir daquele momento a entender a disciplina de pessoas. Paralelamente a esses projetos complexos, comecei a interagir com o gestor da área de inovação, André Fatala, que se tornou meu mentor de carreira e me despertou a vontade de conhecer o tema inovação mais profundamente.

Após estudar sobre os temas de inovação encontrei uma mentora, Ilca Sierra, que resolveu junto comigo dar um curso de capacitação em inovação para colaboradores do Magazine. A ideia era juntarmos conhecimentos e incentivarmos os funcionários que quisessem aprender, e ao final do curso surgiram algumas propostas de projeto para o varejo. Acredito que essa foi uma das ações que ajudou no processo de transformação cultural e digital da companhia. Naquele momento sentia que estava pronto e encorajado para começar a fazer revoluções.

O projeto mobile montadores, posso dizer, revolucionou o modo de gerenciamento e execução e pude ter orgulho em entregá-lo junto com um time multidisciplinar de excelência e meu primeiro "pupilo" João Rafael. O projeto trouxe novas metodologias, o conceito *mobile first*, o jeito *agile* de trabalhar em time, *feedbacks* constantes que trouxeram resultado para o cliente e a empresa, e mais um momento de pura felicidade.

Quinta experiência

Depois de um longo período no varejo chegava a hora de enfrentar novos desafios. Em uma palestra do livro As 10 dimensões da Gestão da Inovação, acabei conhecendo o diretor de inovação do HIAE (Hospital Israelita Albert Einstein). Após algumas entrevistas houve o convite para ajudá-los na construção e gestão do *InnovationLab*. O propósito ficou evidente desde o início: impactar a saúde no Brasil, e isso me tocou. Tínhamos uma equipe jovem extremamente inteligente que entregava com maestria e rapidez os projetos propostos pelos médicos e *startups*.

Um dos desafios era formar e capacitar uma equipe *machine learning*. Contratamos o líder e mestre Silvio Moreto, com quem pude aprender a expertise de como conduzir uma equipe jovem, incentivada a participar dos desafios da plataforma Kaggle, o que potencializou o aprendizado daqueles jovens engenheiros. No tempo que estive por lá, aprendi a fazer a gestão de equipe, a conhecer a complexidade dos processos médicos e pude entender com mais um mentor, Felipe Fornaziere, como me relacionar com as *startups* do setor da saúde.

Sexta experiência

A Gerdau surgiu em um momento em que estava passando por diversas mudanças em minha vida. Confesso que o processo de saída do InnovationLab foi difícil, devido ao propósito da área da saúde.

Acredito que esse desafio da área industrial estava faltando para agregar meus conhecimentos, e que se conseguisse cumprir poderia ajudar na melhora da economia do país. Entrei na área de inovação em que ajudo a empresa na transformação cultural digital, e no avanço de novos modelos de negócios com o foco inicial em Construtech. Os mentores André Augusto e Gustavo Werneck me ajudam a entender melhor o contexto industrial e a transformação de *mindset* da companhia. Acredito que a indústria está passando por uma enorme revolução e agora me sinto parte dessa mudança.

Para finalizar, considero que as evoluções da minha vida aconteceram devido a cada experiência que vivenciei e tenho certeza de que cada um terá a sua. Ter mentores e pessoas que admiramos é importante. Devemos sempre tentar fazer e persistir até acertar aquilo em que acreditamos. Esse é meu processo de construção de aprendizado e tenho como base quatro valores: respeito, transparência, confiança e atitude. Conquiste seu sonho e seja feliz.

Lembre-se de que a tecnologia está transformando cada vez mais nossa realidade; estamos vivendo a era das plataformas e a um passo de entrarmos na revolução do *blockchain*. Entretanto, o mais importante é entendermos o que disse o mentor Mahatma Gandhi: "Gaste seu tempo ao lado de pessoas inteligentes, dirigidas e educadas. As relações devem nos ajudar e não nos machucar. Cerque-se de pessoas que refletem a pessoa que você quer ser. Escolha amigos que você se orgulha de ter conhecido, pessoas que você admira, pessoas que te respeitam. Pessoas que fazem o seu dia um pouco mais brilhante, simplesmente por estarem nele. A vida é muito curta para perdermos tempo com pessoas que sugam nossa felicidade".

Quero agradecer a todos que fizeram parte dessa história e contribuíram para meu ciclo de aprendizado. Gratidão!

43

A revolução é a arte para evoluir

Prezado leitor, desejo que esta obra seja um grande diferencial em sua vida. Por meio deste artigo, venho compartilhar algumas questões que vão ajudar você a pensar de uma forma diferente e despertar o seu poder interior ilimitado, para que tenha uma vida plena e feliz

Vanessa Pacheco

Vanessa Pacheco

Palestrante *coach* e analista comportamental. *Executive, leader & life coach*. Contadora e administradora de empresas. Pós-graduada em metodologia da educação no ensino superior. Empresária, proprietária da Power Coaching Vanessa Pacheco – Instituto de ensino e treinamentos. Tem obtido destaque e resultados realizando palestras, programas de desenvolvimento comportamental, *workshops* vivenciais e cursos de formação em *coaching*. Tem ajudado várias empresas e empreendedores a alavancarem seus negócios e pessoas a transformarem suas vidas despertando o poder interior de cada um.

Contatos
Tumblr: /blog/coachvanessapacheco
vanessapacheco.coach@gmail.com
Facebook: Vanessa Pacheco Power Coaching
Instagram: vanessapacheco_coach
(53) 3305-0744
(53) 99135-7423

Caro leitor, seja bem-vindo! Acredito que nada é por acaso e, se este livro chegou em suas mãos, é porque você precisa desta mensagem. Espero que aproveite cada palavra e que elas façam sentido em sua vida, boa leitura.

Revolução é uma palavra muito forte, muitas pessoas associam à revolta. Não trago com este sinônimo, mas para que seja motivo de reflexão e de grandes transformações.

Muitas vezes, é necessário revolucionar para evoluir, seja evolução moral, material ou espiritual. Independentemente do sucesso que você já tem ou deseja, dos desafios que está enfrentando, onde quer que esteja neste instante, é exatamente onde deveria estar. Este momento é para aprender o que é necessário para se tornar a pessoa ideal, para revolucionar a sua vida.

Quando há uma vida pacata, sem mudanças, na maioria das vezes, é necessário revolucionar algo em você. É aí que a transformação acontece.

Nos dias atuais é muita correria, as pessoas correm em busca de seus objetivos, vivem no piloto automático e não param, um segundo, para pensar se o que elas estão fazendo está contribuindo para o que elas desejam, se estão dando um passo à frente para onde querem chegar.

A reclamação é uma constante em muitas pessoas, se ouve reclamações em todos os lugares, sobre vários aspectos como saúde, governo, educação, transporte etc. Mas, em meio a tudo isso, não pensam em como andam suas vidas. E você? O que está fazendo com ela?

Reclamar não ajuda em nada no progresso, pois a evolução se dá com as modificações do ser humano e a possibilidade de mudarmos os outros. É muito pequena, pois ninguém muda se não tiver vontade. Portanto, mude você, porque alguém tem que dar o exemplo. É muito fácil notar como está a situação do vizinho e pensar que o gramado dele está muito mais verde que o seu, mas por quê?

Está na hora de dar um basta em todo marasmo de uma vida de mesmices e mudar a forma de pensar e de agir, para ter uma vida feliz. Todos nascem para ser felizes, mas apenas alguns resolvem revolucionar suas vidas, mudando completamente, saindo da zona de conforto e resolvendo escrever a própria história.

De nada adianta ficar culpando as outras pessoas por suas falhas, pelo que aconteceu no passado e pelos resultados que não foram tão bons quanto o esperado. Ao invés de ficar reclamando que as coisas não estão acontecendo da forma desejada, deve focar no futuro, colocando no papel como elas devem ser e, a partir de hoje, fazer tudo diferente.

É muito fácil ficar se comparando com os outros e notar o quanto eles têm uma vida diferente da sua, o quanto eles têm sucesso e você não, como são felizes, o que adquiriram, o quanto viajam ou tem uma família mais estruturada, mas tudo isso só depende de uma decisão sua, para que a sua vida se torne assim também.

Pare de ficar pensando, culpando seus pais, o governo ou outras pessoas pela vida que você não tem e pelos acontecimentos no passado que não foram como gostaria. Adquira o domínio dela, responsabilizando-se por tudo que ainda não aconteceu. Aceitar a responsabilidade sobre sua vida é ter o poder de si mesmo. Empodere-se.

Deixe o "depois eu faço" e adquira o poder do "agora eu vou fazer". Lembre-se, só existe uma pessoa responsável por tudo que acontece a seu redor e a mais importante: você!

É o seu dever dar o melhor de si. Sair da zona de conforto não é fácil, pois requer muito esforço para revolucionar sua vida. Mas até quando você continuará neste estado?

Pense que suas conquistas estão a um passo de você e todo esforço valerá a pena diante de tantas coisas boas que estão por vir. Para isso, lembre-se:

> "É preciso mudar de estado, alterar o seu padrão de vida."

Não faça o básico, o possível para isso, faça uma mudança drástica, uma revolução por você.

Desafie-se e vá em busca da sua felicidade, se for preciso comprometa-se com alguém dizendo o que vai fazer para tudo acontecer com data para sua conquista e mexa-se, mude todos os padrões de sua vida para fazer acontecer mude completamente transforme-se.

O que a palavra revolução lembra você?

Já parou pra pensar que as grandes revoluções trazem grandes transformações? Aprendizado, mudanças e muita evolução.

O seu resultado depende só de uma coisa, da sua vontade de fazer uma mudança em sua vida, uma grande transformação e para isso é preciso fazer uma revolução no seu ser a começar pelas decisões.

Que tal decidir que a partir de hoje começa a sua revolução de vida e consequentemente a sua evolução?

Chega de vitimismo, o mundo pouco se importa se você está sofrendo mas seu consciente pede que mude, que seja livre, que lute pelas suas conquistas, pelos seus sonhos que nunca chegaram nem se quer no papel, liberte-se do seu passado de suas crenças limitantes, realize, pare de admirar as pessoas que conquistaram seus sonhos, elas não tem nada de diferente de você, apenas tomaram a decisão de lutar sem parar, sem dar a importância aos obstáculos.

A sua vitória vai ser do tamanho de sua luta.

Não fique com medo do fracasso ele só virá se você não tentar

Se não consegue sozinho peça ajuda mas faça!

Faça com vontade, com "garra" pensando que já é vitorioso por ter decidido comprar este livro e revolucionar sua vida e, quanto mais decisões for tomar, melhor vai ficar em tomá-las.

Comece a mudar a sua forma de pensar, não deixe que os pensamentos negativos tomem conta de você, note cada pensamento e troque pelos positivos, essa maneira transformará você em uma pessoa pra cima com pensamentos elevados atraindo somente coisas positivas.

Liste seus sonhos ou objetivos colocando-os em ordem de prioridade independente do obstáculo ou sacrifício que precisa ser feito para obtê-lo, com certeza as pessoas que você admira também passaram por isso.

Seja persistente com seu sonho ou objetivo, as coisas não acontecem simplesmente, você tem que fazer acontecer e para isso é preciso que estejas comprometido com ele e com você.

Conecte-se com outras pessoas, seja em redes sociais, por telefone ou presencial, lembrando que o poder da presença é muito grande e relacionar-se faz muito bem tanto para você quanto para seus sonhos ou objetivos. Reserve um momento do seu dia em sua agenda para essa finalidade.

Percepção e comunicação são sempre fundamentais em qualquer relacionamento uma grande parte da população tem um problema enorme com esses dois fatores, tem dificuldade em perceber o que o outro deseja e assim fica mais difícil de corresponder às expectativas alheias, dessa forma a comunicação não flui como deveria e você pode perder oportunidades.

Declarar o que você deseja é muito importante, o primeiro passo é declarar por escrito, seja num caderno, agenda ou até mesmo em uma carta. Escreva o que você deseja de uma forma clara e rica em detalhes o que você quer e como quer e depois declare também as outras pessoas, muitas vezes tem alguém disposto a colaborar em algo para você e ela não fará nada para ajudar se não souber.

Fazer um planejamento é muito importante para a realização de um sonho ou objetivo e esse é o próximo passo que deve ser feito, alinhar como tudo deve ser de acordo com o que deseja estipulando metas para cada etapa e ter a responsabilidade de executar em tempo hábil.

Coloque em um lugar de fácil acesso a imagem do que você sonha em conquistar, se for mais de uma pode ser colocada em um mural ou quadro e se não conseguir a imagem exata não tem problema, pode ser uma semelhante, importante é que seja em um lugar que você veja frequentemente.

Ao visualizar está imagem se enxergue nela, vibre como se já estivesse acontecendo, como se já tivesse adquirido, deixe seu coração transbordar de alegria, pois essa conquista já é sua.

Procure as pessoas a quem ainda não perdoou e perdoe-as, pessoalmente ou por telefone, aquelas que não tenha mais contato escreva o que gostaria de dizer, perdoar é muito benéfico e ainda mais para quem concede o perdão, esse feito lhe desprenderá de uma série de sentimentos negativos e te liberta para uma vida mais leve e feliz.

Exerça a gratidão, seja grato a todas as coisas que acontecem com você é fundamental para que tudo funcione.

Então você se pergunta: gratidão até pelas coisas que não foram tão boas?

A resposta é sim! Certamente você precisava de algum aprendizado para que as coisas boas acontecessem, importante é saber enxergar porque não aconteceu e ver com positividade a situação e ser grato, tudo flui naturalmente e os seus desejos chegam até você quando age dessa maneira.

Faça uma lista de agradecimentos das coisas boas que você recebeu e coloque em uma outra folha as coisas que ainda não aconteceram com sensação de já ter ganho, pois é só uma questão de tempo para que elas cheguem até você.

Viva intensamente o hoje, ao acordar sinta-se vivo, note a oportunidade de fazer diferente e como um real presente abra-o com carinho, sinta-o com o coração de uma criança e receberá todos os presentes desejados.

A vida nos é ofertada de forma singela, simples e nós complicamos muitas vezes.

Se olharmos com a ideia de que é uma escola, aprenderemos enxergar as lições que tiramos das situações que passamos.

Ao abrirmos os olhos pela manhã enxergaremos um verdadeiro milagre, o presente que nos dá a oportunidade de revolucionar o que não concordamos e evoluir com tudo o que passamos.

Interessante é sentir a vida fluindo em seu corpo e a cada instante saber que você tem o domínio e o poder sobre ela.

Pratique, use os seus poderes para gerar felicidade a você e aos que se aproximam e deixe a sua bela história e a sua marca no mundo.

44

Carreira: seis momentos cruciais!

Quando se fala em carreira é muito comum só pensar na juventude, na universidade e nas escolhas que se apresentam neste importante momento da vida, mas lembre-se: nenhuma escolha é definitiva e é possível fazer grandes mudanças sem mudar de profissão ou fazer outra graduação. O *coaching* pode ajudá-lo muito na definição de seu futuro profissional, evitando inúmeras frustrações e prejuízos em relação ao investimento e ao retorno financeiro que sua carreira lhe proporciona

Walace Alves

Walace Alves

Escritor e *Coach* de Produtividade & Carreira. Graduado em Administração, com pós-graduação em Gerenciamento de Empresas e em *Marketing*. Sócio-diretor da empresa *My Enterprise*, foi Gerente Regional de Vendas em grandes empresas multinacionais e nacionais, nas quais se destacam: *Merck Sharp&Dohme, Ultragaz* e *Coca-Cola*. Possui grande experiência na montagem, treinamento e liderança de equipes de alta *performance* em vendas.

Contatos
www.myenterprisecoaching.com
walacealves@myenterprisecoaching.com
contato@myenterprisecoaching.com
(31) 97301-0477

> "Neste mundo não existe verdade universal. Uma mesma verdade pode apresentar diferentes fisionomias. Tudo depende das decifrações feitas através de nossos prismas intelectuais, filosóficos, culturais e religiosos."
>
> Dalai Lama

A carreira de qualquer pessoa é baseada em pelo menos, seis momentos importantes. Identificar, entender e saber lidar com essas etapas é fundamental para construir um caminho bem-sucedido e estruturado. Independentemente do seu momento, saiba que o *coaching* pode ajudá-lo bastante a se preparar para enfrentar o que ainda vem pela frente!

Escolhendo a profissão

O primeiro momento e, talvez um dos principais, para se ter uma carreira de sucesso é a escolha da profissão. O grande desafio desta situação é que, normalmente, quando ela ocorre nós somos muitos jovens, com poucas certezas e grandes questionamentos.

> "No começo, eu tinha o entusiasmo da juventude. Pedia a Deus que me desse forças para mudar a humanidade. Aos poucos, percebi que isto era impossível. Então passei a pedir a Deus que me desse forças para mudar quem estava a minha volta."
>
> Paulo Coelho

A família, assim como os amigos e/ou parceiros, podem ser facilitadores para o crescimento educacional e o profissional quando dialogam, dão suporte e/ou ajudam no início da atuação no mercado de trabalho por indicação; ou impedimentos quando colocam expectativas altas demais em relação à escolha da profissão focando em seus aspectos financeiros, ou quando a proximidade familiar impede que o jovem opte por um curso superior em outro lugar. Portanto, é a convivência com pessoas que influencia a escolha profissional (FREITAS, 2002).

A escolha do curso de graduação é uma etapa importante na vida de uma pessoa, pois o homem é valorizado socialmente, na maioria das vezes, pela atividade que exerce. Por essa razão, a sua identidade pessoal está estreitamente relacionada ao que se faz profissionalmente.

A opção por um curso superior e o exercício de uma profissão são pontos que requerem atenção, uma vez que decidir o que fazer também significa quem ser, de acordo com Bohoslavsky (1998).

A decisão de ingressar num curso de graduação leva a questionamentos que se prolongam, desde a descoberta pelo campo de interesse até a preocupação em acertar na escolha de uma profissão que atenda aos interesses pessoais e financeiros, frente a insegurança do mercado de trabalho num ambiente de constante transformação (SILVA e CUNHA, 2001; CASTELHANO, 2005). Em face destes desafios e da pouca idade do momento, como aumentar as nossas chances de tomar uma decisão acertada?

DICA DO COACH: autoconhecimento – Conhecer-se, considerar sua história de vida, saber quais são os seus gostos, habilidades e sonhos é a melhor forma de definir um curso de formação. É importante fazer uma escolha baseada em algo que você realmente tenha prazer em fazer, para se ter uma carreira de sucesso.

Entrando no mercado de trabalho

O segundo momento importante na nossa carreira é a entrada no mercado de trabalho, que não é uma tarefa fácil. Para Fior e Mercuri (2004), o mercado de trabalho é um mercado de encontro entre trabalhadores que oferecem os seus serviços e as empresas que os procuram para satisfazer as suas necessidades produtivas. Dessa forma, a transição da vida acadêmica para o mercado de trabalho é um dos trajetos centrais para o jovem no caminho da construção da vida adulta.

Segundo Super, Savickas e Super (1996), a satisfação profissional do indivíduo resulta da percepção de que o trabalho é uma demonstração do seu autoconceito, ou seja, por meio do exercício profissional, é possível expressar os próprios valores, interesses e características de personalidades. Com essa definição e num contexto de formação profissional como o período universitário estudado, pode-se entender a satisfação como uma percepção de identificação, regulando o campo de formação em termos de bem-estar e compromisso.

DICA DO COACH: estágio – questione-se e, mais uma vez, a identificação de algo que lhe traga satisfação é fundamental, então busque saber o que você gosta de fazer dentro da sua área para nortear o seu futuro. Os estágios são um período de experimentação e aprendizado, além disso, um estágio pode abrir portas para próximas oportunidades.

Qualificando-se profissionalmente

A falta de profissionais qualificados no mercado de trabalho faz com que seja atribuído grande valor à especialização. Isto é mais evidente ainda dependendo da sua área de formação, segundo Rafael Ribeiro, diretor-executivo da ABStartups, "vale uma provocação para o setor acadêmico, que eu acho que está um pouco distante da nossa realidade. A gente ainda está passando por problemas de contratação. O aluno sai da faculdade e não está pronto para entender sobre a nova economia que está acontecendo, ele não conhece as novas vagas que estão surgindo no mercado".

A mudança do mercado de trabalho, com o reflexo das inovações tecnológicas e da robótica na indústria, alterou os métodos, as rotinas, os dispositivos e a quantidade de trabalho, exigindo mais do profissional em vários campos do conhecimento (SILVA e CUNHA, 2002; CASTELHANO, 2005).

O reflexo destas mudanças sobre a força de trabalho é que muitos trabalhadores ou ingressantes no mundo do trabalho apresentam deficiências em competências e habilidades para desempenhar atividades dentro das empresas. A qualificação do trabalhador no ambiente organizacional pode ser entendida como o treinamento e "as empresas não podem escolher se treinam ou não seus empregados, porque as pessoas são admitidas com qualificações genéricas e toda empresa tem suas peculiaridades". E somente desta maneira as empresas conseguiriam aperfeiçoar as capacidades e as competências das pessoas (LACOMBE, 2011, p. 379).

DICA DO COACH: cursos e treinamentos - Além de se aprofundar em algo de que você já gosta, quanto maior a qualificação, maior será o reconhecimento e a posição do profissional. Correr atrás de maneiras de se manter atualizado é um passo importante para a carreira de qualquer pessoa. Não fique esperando só o que a empresa pode fazer, invista em você, dê claros sinais para a empresa do seu objetivo e da sua disponibilidade.

Lidando com problemas

Segundo Tom Morris, professor de filosofia da Universidade de Notre Dame, "O verdadeiro sucesso nos negócios e na vida envolve três coisas – descobrir nossos talentos, desenvolvê-los e utilizá-los tanto para o bem alheio quanto para o próprio bem". Mas, nem tudo são rosas, temos vários problemas e lidar com problemas é a regra básica para qualquer relação humana, e no mercado de trabalho não é diferente. O momento de correr riscos é indispensável para que você seja reconhecido como profissional. O mercado está à procura de pessoas que estão dispostas a mudar e procurar maneiras de lidar com problemas e conflitos encontrando soluções.

E a visão de conflito tem variado bastante de acordo com o tempo. O entendimento mais aceito atualmente é o de que a existência, por si só, do conflito não é prejudicial, antes pelo contrário, promove o crescimento e desenvolvimento das pessoas. A sua anulação ou inexistência não seriam de modo algum benéficas quer para os indivíduos quer para as organizações, já que o conflito faz parte da nossa vivência enquanto seres sociais em constante interação com os outros, se tornando, portanto, parte integrante da vida dos seres humanos. E como geri-los? Em linhas gerais usamos três estratégias para a gestão de conflitos: a Partilha, a Colaboração e o Evitamento. Por Partilha, entendemos que os colaboradores quando enfrentam uma situação de conflito cedem sempre algo nas suas posições ou opiniões. Colaboração, como o próprio nome já diz, implica a colaboração entre as partes e, consequentemente, leva a uma maior abertura de negociação, pressupondo uma alta preocupação consigo próprio e com os outros. O evitamento, ou seja, o fugir do problema pressupõe uma reduzida preocupação consigo mesmo e com os outros.

DICA DO COACH: duro com os problemas, suave com as pessoas - Veja o conflito como uma força positiva, algum conflito é absolutamente necessário para o desempenho eficaz de um grupo. Mantenha o foco na resolução de problemas e não personalize/individualize as situações. Se já é um líder, lembre-se: incentive um nível mínimo constante de conflito suficiente para manter o grupo viável, autocrítico e criativo e não se esqueça de que para isto dar certo é preciso antes criar um ambiente de confiança.

Enfrentando a mudança

A carreira nas organizações tem sido tradicionalmente associada à ocupação e à profissão, como um caminho a ser trilhado profissionalmente, e que possibilita progresso em posições ao longo do tempo. Usualmente a trajetória profissional pressupõe diferentes fases, no formato de um ciclo similar ao desenvolvimento humano. As intervenções partem da exploração de fantasias sobre o trabalho e o ingresso no mundo profissional, até abordarem o desligamento da empresa (ou a aposentadoria).

Entretanto, é preciso entender que o modelo tradicional de carreira estava em conformidade com um contexto estável, em que o emprego era entendido como sinônimo de trabalho. As organizações possuíam diversos níveis hierárquicos e os empregados aspiravam alcançar o sucesso mediante ascensão na carreira.

Atualmente, esta conjuntura mudou bastante, a estabilidade no emprego bem como no mercado praticamente não existe. Os avanços tecnológicos mudaram as empresas e as carreiras de forma drástica. Níveis hierárquicos foram diminuídos, posições foram extintas e empresas se reinventaram.

Diante desse cenário, é preciso contextualizar a vida profissional, a carreira e as mudanças pelas quais ela passa. Estar disposto a mudar, e principalmente a se adaptar é de extrema importância para uma carreira de sucesso. Haverá um momento em que você provavelmente vai ter o sentimento de já ter cumprido tudo o que poderia dentro de determinado emprego. Sendo assim, é chegada a hora de buscar novos projetos dentro dele ou mudar o rumo profissional que você quer seguir. Mudar faz parte e é um fator importante do crescimento profissional.

DICA DO COACH: mudanças são uma constante - Os menores ajustes já podem trazer um imenso salto para sua saúde e qualidade de vida, mas se você trabalha com algo que suga as suas energias ou não tem nada a ver com você, é melhor partir para outra.

Descobrindo o seu propósito
A felicidade pode influenciar na produtividade e na qualidade de engajamento no trabalho. Uma pesquisa publicada no *Journal Of Applied Psychology* mostra que os colaboradores com altos níveis de satisfação no trabalho são mais propensos a ajudar os outros e são mais cooperativos e felizes com o resultado de suas atividades.

Um outro estudo, realizado pela Net Impact-Rutgers University, mostra que 88% dos funcionários acreditam que, além de importante, é imprescindível ter felicidade no trabalho aliado a uma atmosfera positiva na vida pessoal. A *Microsoft* e *Toyota*, por exemplo, introduzem técnicas para gerar o *flow* no ambiente profissional para o aumento dos níveis de prazer, felicidade e bem-estar. No seu livro – *Por que fazemos o que fazemos?* O filósofo Mario Sergio Cortella fala que, "no âmbito do mundo do trabalho, a pergunta sobre o propósito vem ganhando crescente relevância. Boa parte das pessoas hoje deseja encontrar no emprego algo que ultrapasse o mero ganho salarial. Há uma busca por ser reconhecido, por ser valorizado pelo que se faz. Não querem que o esforço seja desperdiçado ou inútil. Tampouco que seja mal-intencionado".

Em relação aos fatores que podem levar à (in)satisfação no trabalho, as situações que mais se percebe são: satisfação com o reconhecimento profissional, com o suporte organizacional, com o relacionamento afetivo no trabalho, com a utilidade social da organização e do trabalho e insatisfação com a sobrecarga de trabalho e com a falta de suporte psicossocial. Independentemente de área de atuação, há sempre o momento em que o reconhecimento bate à porta e a oportunidade de crescimento profissional aparece. É muito difícil prever quando será essa fase da carreira por se tratar de algo muito relativo, mas garanta seu esforço e dedicação que esse momento certamente chegará e você estará pronto para enfrentar esse novo desafio.

DICA DO COACH: tenha propósito – encontre sentido no seu trabalho e não se deslumbre com os elogios e reconhecimentos que você terá ao longo da sua carreira, mantenha-se humilde e procure melhorar sempre. Se você já for um líder, lembre-se de evitar a mensagem de que "não ser mandado embora já é um elogio" ou que "o silêncio é a melhor maneira de dizer que está tudo em ordem". Para finalizar este artigo, reforço alguns conceitos importantes para o *coaching*, palavra da língua inglesa (*coach*) que foi utilizada pela primeira vez na cidade localizada no condado de Komárom-Esztergom na Hungria, para designar as *coches* de quatro rodas.

O trabalho de *coaching* se inicia descobrindo qual é a meta desejada pelo cliente. Essa meta pode abranger as mais diversas áreas e tem o objetivo de ajudar profissionais, independentemente da área, a maximizar seu potencial e trazer mais resultados para sua empresa, para si mesmo ou para o seu negócio. Durante uma sessão de *coaching*, as responsabilidades e intervenções de um *coach* devem incluir:

1. Entendimento, esclarecimento e alinhamento com os objetivos de mudanças que o cliente quer promover. 2. Encorajamento do cliente na busca permanente do autodesenvolvimento. 3. Fornecimento de informações sobre os temas das conversas, com base em experiências e conceitos. 4. Confirmação ou retificação dos conceitos e percepções do cliente sobre sua situação. 5. Evidenciamento das relações causais entre fatos, comportamentos e capacidades do indivíduo em atuar sobre eles. 6. Reformulação do relato do cliente de forma que certas habilidades adquiram maior relevo. 7. Sugestão de comportamentos específicos e novas abordagens. 8. Foco e enquadramento às tarefas. 9. Oferecimento de apoio técnico e emocional para ajudar o cliente a desenvolver sua autoconfiança e a ultrapassar obstáculos e resistências decorrentes das mudanças que venha a realizar. 10. Conscientização e manutenção do cliente responsável pelos resultados dos trabalhos.

O *coaching* de carreira vem ganhando importância nas organizações como uma metodologia poderosa e eficaz, ligada à melhoria de desempenho dos indivíduos com a consequente geração de resultados para a empresa. Tornou-se um importante aliado para as pessoas que buscam uma profissão ideal, de acordo com suas aptidões, habilidades e objetivos de vida. Além disso, é indicado para profissionais que desejam um redirecionamento em suas carreiras, alinhando a vida profissional e pessoal de acordo com suas prioridades. Por ser um processo que busca resultados por meio de técnicas e recursos de diversas teorias do comportamento humano, o *coaching* prima pelo desenvolvimento pessoal e profissional, sendo capaz de gerar os melhores resultados na escolha da carreira a ser seguida.

Essas conquistas são obtidas por planos de ação bem consolidados, elaborados com base nas necessidades e nas metas estabelecidas pelo cliente e apoiadas pelo *coach*, que o ampara na visualização dos objetivos. Também é necessário ter motivação para efetivar as ações que impulsionam o cliente para a escolha da carreira profissional. Outra abordagem relevante do *coaching* de carreira é capacitar o cliente a eliminar alguns comportamentos sabotadores, fazendo com que expanda sua visão alavancando sua autoconfiança e autoestima, conhecendo melhor a si próprio e decidindo seus objetivos com mais clareza. Isso faz com que o cliente caminhe na busca dos resultados profissionais e pessoais desejados.

Referências
BOHOSLAVSKY, R. (1998). Orientação vocacional - a estratégia clínica. Originalmente publicado em 1977. São Paulo, SP: Martins Fontes.
CASTELHANO, L. M. *O medo do desemprego e a(s) nova(s) organizações de trabalho.* Psicologia & Sociedade, v.17, n.1, p. 17-28. 2005.
FIOR, C. A.; & MERCURI, E. *Formação universitária: o impacto das atividades não obrigatórias.* Em: E. Mercuri& S. A. J. Polydoro (Orgs.), Estudante universitário: características e experiências de formação. Cabral Editora e Livraria Universitária, São Paulo, SP, p.129-154, 2004.
FREITAS, M. de F. V. de. Barreiras e condições facilitadoras do desenvolvimento de carreira percebidas por estudantes do ensino médio. Campinas, SP:[s.n], 2002.
LACOMBE, Francisco José M. *Recursos Humanos: Princípios e Tendências.* 2 ed. São Paulo: Saraiva, 2011.
ROBBINS, Stephen P. *Administração: mudanças e perspectivas.* São Paulo: Saraiva, 2001.
SILVA, E. L. da; CUNHA, M. V. da. A formação profissional no século XXI: desafios e dilemas. Ci. Inf. Brasília, v.31, n.3, p. 77-82, set./dez. 2002.
SUPER, D.E., SAVICKAS, M. L. & SUPER, C. M. *The lifespan, life-space approach to careers.* Em: D. Brown & L. Brooks (Orgs), *Career choice and development.* (pp. 121-178). San Francisco, CA: Jossey-Bass (1996).